구급방류 의서 연구

구급방류 의서 연구

김남경 지음

景仁文化社

책 머리에

이 책이 나오기까지 참 오래 걸렸다. 학위 논문을 책으로 내야겠다는 생각이 10년을 넘겼다. 시간이 흐를수록 출판해야겠다는 마음의 문은 점점 좁아져만 가고, 이러저러한 핑계들만 쌓여갔던 것 같다. 이제 마음의 문을 열기보단 눈을 질끈 감으며, 슬며시 내놓기로 한다.

이 책은 1997년 학부 졸업 논문으로 《구급간이방》을 입력하면서부터 시작되어 석사과정, 박사과정을 거치며 지금에 이르기까지 구급방류에 대한 연구와 관심들을 모은 것이다.

《구급방》, 《구급간이방》, 《언해구급방》을 주된 대상으로 국어학적 특성을 밝히고자 하였다. 구급방이란 백성들이 질병을 구급할 수 있도록 방문을 기록한 것으로 국어학적 가치뿐 아니라, 의학서로서의 가치도 상당하다. 내용이 방대하나 주로 단문의 명령형으로 된 문법요소가 대부분이어서 종전에는 문법적인 면보다는 약명이나, 희귀 어휘의 발굴을 목적으로 연구되었었다.

이 책에서는 의학서로서의 가치와 더불어 방대한 어휘와 표기, 음운, 문법 등을 중세한국어 문헌 자료로서 그 가치를 밝혀보고자 하였다. 그 과정에서 경북대학교 문헌정보학과 남권희 선생님께서 구급 의서들이 여러 번 간행된 것들을 여러 차례에 걸쳐 책으로 묶어 놓았다는 서지적 정보를 주셨다. 이것은 문헌을 국어학적으로 분석하는 데 있어 매우 놀라운 사실이었다. 국어학계에서는 《구급방》은 1466년, 《구급간이방》은 1489년, 한 시기의 언어현상을 반영한다고 보고 있었기 때문이다. 그러나 이것은 원간본의 시기에서부터 목판의 마모로 인해 새롭게 번각하거나 판을 보충하여 다시 인출하여 이루어져 만들어진 것이므로 적어도 한 책 안에 100년에서 150년의 시차가 발생할 수 있는 문제임을 알게 되었다. 이 책에서는 형태서지와 체재를 살펴 시기를 추정해보고, 목록화하였으며 이들 차이를 비교 분석하여, 세 문헌의 서지적 특성을 밝히기도 하였다. 이때 서지적인 것이 국어학 문헌을 연구하는 데 있어 매우 절실한 조건임을 깨닫게 되었다.

세 문헌은 유사한 한문 원문을 공유하면서 시기 차이를 두고 번역되었기 때문에 번역학적 입장에서 비교·분석하는 작업도 국어학적으로 매우 의의 있을 것이라 생각하고 세 문헌이 지니고 있는 원문의 한자와 언해문의 고유어를 일대일로 전산화하여 대응 양상을 고찰하기도 하였다.

문법적인 면에서는 대부분 단문으로 이루어진 구급방류의 문법적인 특성을 밝혀보고 싶었고, 의서라는 문헌의 성격에 착안하여, 구문 연구를 시작하게 되었다. 박사 후 과정 연구사업으로 서울대학교 이현희 선생님께 지도를 받으며, 구문연구를 진행하였다. 그 과정에서 문헌을 더 깊이 이해하고 해석하는 방법을 생각하게 되었다.

또한 의서에 나타난 문체의 특성을 살펴보고 그 원인을 고찰하기도 하였다. 의서 문체의 형성 요소를 병의 증세, 처방, 치료, 의술인의 심리, 전거 문헌의 답습으로 나누어 파악하였는데, 대체로 명령형으로 실현되며, 강경하고 딱딱한 문체가 엿보였다. 이는 의술인의 권위와 신뢰감을 위한 문체적 장치들로 해석되며, 이전 문헌의 답습을 통한 매우 유사한 문체가 유지되는 경향이 있었다.

그간 정말 많으신 분들의 도움이 있었다. 학문이 무엇인지 몸소 보여주신 김동소 선생님, 참된 스승을 눈과 마음으로 느끼게 해주신 이은규 선생님, 선배이자 길이신 남경란 선생님께 감사드린다. 또한 귀한 자료와 가르침을 주신 남권희 선생님께 감사드린다. 넓고 따뜻한 마음으로 지원해주신 이현희 선생님께 감사드린다. 20년 이상 스승으로서 변함없는 격려와 애정을 주시는 학부 선생님들께도 감사드린다. 그 외에도 힘이 되어주신 선배와 후배들에게 감사드린다. 구급방류를 연구하면서 총 3번 한국연구재단의 지원을 받았다. 재단에도 감사드린다. 또한 책을 낼 수 있는 기회를 주신 경인문화사와 까다로운 편집에도 성의를 다해주신 김지선 과장님께 감사드린다. 그리고 흔들림 없이 든든하게 지지해주는 남편 김형태 씨와 엄마가 일찍 들어오는 날은 행운이라는 아들 김동환에게 진심으로 고맙다는 말을 전하고 싶다. 무엇보다도 칠순이 넘은 연세에도 딸의 버팀목이 되어주시는 존경하는 어머니 강순구 여사와 아버지 김융부 선생님께도 감사의 마음을 전한다.

2016년 10월 5일
연구실에서
저자 씀

차 례

1. 서 론

1.1. 연구 목적

이 글은 백성들이 질병을 구급할 수 있도록 간행된 《구급방》,1) 《구급간이방》, 《언해구급방》을 대상으로 구급의서들의 국어학적 특징을 밝히는데 그 목적이 있다. 이들 자료는 의학서로서의 가치와 더불어 방대한 어휘와 표기, 음운, 문법 등 중세한국어 문헌 자료로서 그 가치가 매우 높을뿐만 아니라 한문원문에 언해를 병기하고 있어 번역학적인 면에서도 그가치가 크다. 그러므로 구급방류에 나타나는 문자체계, 표기, 어휘들을 비교·분석하여 세 문헌의 특징을 밝히고, 원문의 한자와 언해문 고유어의 대응 양상을 고찰하여 구급방류 언해들의 특징을 밝히는 데도 그 목적이 있다. 아울러 형태 서지와 체재를 살펴 각 자료들의 간행 시기와 번각 상태를 살펴보고, 목록 등을 비교·분석하여 세 문헌 각각의 특성을 밝히는 데도 그 목적을 둔다.

또한 새로운 자료인 내의원활자본 《언해구급방》〈권下〉를 소개하는 데도 그 목적이 있다.

《구급방》와 《구급간이방》 및 《언해구급방》은 의서 중에서도 '위급한 상황에서의 응급 처치'에 관한 것들로서 왕명에 의해 간행되었지만 궁중이나 양반, 즉 지배계층을 위해 간행된 것이 아니라 일반 백성들을 위해 쓰여졌다. 또한 이들 문헌은 왕명에 의해 1차적으로 중앙에서 간행하고, 그것을

---

1) 국어학계에서는 ≪구급방≫과 ≪구급간이방≫이 흔히 ≪구급방 언해≫와 ≪구급간이방 언해≫라고 알려져 있다. 여기에서는 문헌에 표기된 서명 그대로 ≪구급방≫, ≪구급간이방≫으로 나타내기로 한다.

다시 지방에서 2차적으로 인출하게 하였다. 그렇기 때문에 1차, 혹은 2차 인출 후에 판의 마모나 훼손 등으로 인한 수차례의 번각 또는 보각이 이루어졌는데 이와 같은 흔적이 한 문헌 안에서뿐만 아니라 한 권의 책 안에서도 시기가 달라 보이는 번각과 보각이 함께 나타난다는 점이 이 세 문헌이 지니는 서지적 특징이라 할 수 있다. 그러나 일반적으로 중세 한국어 문헌을 연구할 때에는 이와 같은 점은 대체로 간과되고 문헌의 최초 간행 시기에 초점을 두어 국어학적인 분석을 행해온 것이 사실이다.

본 연구의 주된 대상인 《구급방》와 《구급간이방》 및 《언해구급방》은 의학서로서뿐만 아니라 방대한 어휘 자료와 함께 표기, 음운, 문법 등의 분야에서 중세 한국어의 특징을 잘 보여주는 문헌으로서 그 가치가 매우 높다. 또한 유사한 한문 원문을 공유하면서 시기 차이를 두고 번역되었기 때문에 번역학적 입장에서 비교·분석하는 작업도 국어학적으로 매우 의의 있을 것으로 본다. 또한 《구급방》와 《구급간이방》 및 《언해구급방》 세 문헌이 지니고 있는 서지적인 특징에 근거하여 문자 체계, 표기, 어휘들을 비교·분석하고, 원문의 한자와 언해문의 고유어의 대응 양상을 고찰하고자 한다. 나아가 구문의 분석과 문체의 특성도 함께 살펴보고자 한다.

1.2. 연구 범위 및 방법

본 연구의 대상은 《구급방》〈권上〉·〈권下〉와 《구급간이방》〈권一〉·〈권二〉·〈권三〉·〈권六〉·〈권七〉, 그리고 내의원활자본 《언해구급방》〈권上〉·〈권下〉2)이다.

---

2) 선행 연구된 필사본 《언해구급방》은 연구 대상에서 제외하며, 수진본 《구급신방》 및 《백병구급신방》도 내용면에서 유사한 부분이 많으나, 연구범위를 중세 한국어의 시기로 한정하였으므로 여기에서는 다루지 않는다. 《구급신방》과 《백병구급신방》에 대하여는 각각 이은규(1999)와 (2003) 등을 참고할 수 있다.

본 연구의 대상을 이들 세 문헌으로 한정한 것은 앞서 언급한 바와 같이 (1) 세 문헌 모두 왕명에 의해 간행되었지만 지배계층을 위해 간행된 것이 아니라 일반 백성들을 위해 쓰여졌다는 점, (2) 판의 마모나 훼손 등으로 인한 수 차례의 번각 또는 보각이 이루어졌다는 형태 서지의 특성,3) (3) 구급방류 의서 중 비교적 체재가 완비되었다는 점, (4) 방대한 어휘 자료와 함께 표기, 음운, 문법 등의 분야에서 중세 한국어의 특징을 잘 보여주는 문헌으로서 그 가치가 매우 크다는 점, (5) 유사한 한문 원문을 공유하면서 시기 차이를 두고 번역되었다는 점 등에서 공통되는 부분이 크다고 여겨졌기 때문이다. 이 가운데 특히, 내의원활자본 《언해구급방》4) 〈권下〉는 최근에 알려진 자료이기 때문에 국어학적으로 연구된 바가 없으므로 기존의 구급방류 연구를 보완할 수 있을 것으로 믿는다.

본 연구에서는 이들 문헌의 특성을 밝히기 위해서 (1) 서지학적 방법, (2) 통계학적 방법, (4) 국어학적 방법, (3) 번역학적 방법을 이용하고자 한다.

먼저 서지학적 방법을 통해서는 세 문헌의 형태 서지와 내용 체계를 비교·분석한다. 연구 대상 자료들은 대개 원간본이 전해지지 않고 수 차례의 번각 또는 보각이 이루어진 판본이다. 그러므로 서지학적인 방법론을 통해 각 문헌의 형태 서지적 성격을 규명하고 나아가 자료의 번각 시기를 추정하고 어미의 유형으로 자료의 특성을 밝히고자 한다.

다음으로 통계적 방법을 위해서는 대상 자료의 모든 내용, 즉 언해뿐만 아니라 한자원문을 모두 입력하여 각종 색인(어절 단위 색인, 한자와 언해를 대응시킨 병행 색인, 역순 색인, 세 문헌 비교 색인 등) 자료를 만들어 이를 비교·통계적 방법의 기초 자료로 이용한다. 이를 바탕으로 세 문헌에 표기된 문자와 연철, 분철, 중철의 경향, 모음조화의 경향을 비교 도식화한

---

3) 내의원활자본 ≪언해구급방≫은 한 시기에 이루어진 책이다.
4) ≪언해구급방≫은 필사본만이 전하다가 목활자본으로 上卷이 발견되었고, 또 최근에 下卷이 발견되면서 완전한 모습을 드러내게 되었다.

다. 이 때 구급방류 고유어들을 추출한 뒤, 고빈도의 고유어들을 체언, 용언, 수식언으로 나누어 행해지는 통계학적 방법은 국어학적 특성이 문헌에 따라 어떻게 나타나는가를 살펴볼 수 있는 과학적 근거를 제공해 줄 수 있다고 여겨진다.

또 국어학적 방법을 통해서는 중세 한국어의 일반적인 표기 및 음운이 세 문헌에서는 어떻게 나타나는지를 통계학적 방법을 이용하여 분석하며, 한자음 자료도 제시한다. 또한 언해문에 보여지는 어휘는 문헌의 특성을 보여주는 어휘, 간행시기(번각 또는 보각 시기)를 추정하게 하는 어휘에 주안점을 두어, 이들을 사전에 실리지 않은 어휘, 용례가 가장 앞선 시기인 어휘 등으로 분석한다.

마지막으로 번역학적 방법을 통해서는 동일한 한문 원문이 문헌별로 어떻게 다르게 번역되었는가에 초점을 맞추어 분석할 것이며, 이는 다시 한자와 고유어의 대응 양상과 문헌별 구문의 비교로 나누어 분석하게 될 것이다.5)

---

5) 이들을 분석할 때 이용한 인용 문헌과 그 약호(이조어 사전 참조)는 다음과 같다. ≪내훈(內)≫, ≪노걸대언해(老)≫, ≪동국신속삼강행실도(新續)≫, ≪동문유해(同文)≫, ≪동의보감(東醫)≫, ≪두시언해 중간(杜重)≫, ≪두시언해(杜)≫, ≪마경초집언해(馬經)≫, ≪물보(物譜)≫, ≪박통사 중간 언해(朴重)≫, ≪박통사 초간 언해(朴初)≫, ≪방약합편(方藥)≫, ≪백련초해(百聯)≫, ≪번역소학(飜小)≫, ≪법화경 언해(法華)≫, ≪벽온신방(辟新)≫, ≪분문온역이해방(分瘟)≫, ≪사성통해(四解)≫, ≪석봉천자문(石千)≫, ≪소학언해(小諺)≫, ≪신간구황촬요(救荒)≫, ≪신증유합(類合)≫, ≪언해태산집요(胎要)≫, ≪언해두창집요(痘)≫, ≪역어유해(譯))≫, ≪왜어유해(倭)≫, ≪우마양저염역병치료방(牛方)≫, ≪월인석보(月)≫, ≪유희 물명고(柳物)≫, ≪첩해신어(捷)≫, ≪촌가구급방(村救)≫, ≪한청문감(漢)≫, ≪향약구급방(鄕救)≫, ≪향약채취월령(鄕採)≫, ≪훈몽자회(字會)≫.

I.3. 선행 연구 검토

본 연구에서 다루게 될 구급방류는 상호간의 관련성이 매우 높음에도 불구하고 지금까지 종합적으로 다루어진 바가 없고 개별 문헌의 연구 성과만이 있을 뿐이다.

《구급방》의 선행 연구는 김지용(1971), 김영신(1976)·(1978), 원순옥(1996)·(2003), 김동소(2003ㄷ), 박영섭(2004) 등을 들 수 있다. 김지용(1971)에서는 해제와 더불어 표기에 관해 언급하였다. 김영신(1976)에서는 희귀어를 가려내었고, 김영신(1978)에서는 허웅의 《우리옛말본》의 체계에 따라 굴곡법을 다루었다. 원순옥(1996)·(2003)에서는 《구급방》에 관한 기존의 연구에서의 오류를 바로잡고, 희귀 어휘를 찾아내어 분석하였다. 김동소(2003ㄷ)에서는 《구급방》〈상권〉을 주해하고, 해제 및 희귀 어휘를 정리하였으며, 약명을 중심으로 한 전문용어 색인을 제시하였다. 박영섭(2004)에서는 《구급방》의 한자 대역 어휘를 《태산집요언해》, 《납약증치방언해》, 《두창경험방언해》 등을 중심으로 비교하였다.

《구급간이방》의 선행 연구로는 이기문(1957), 유재영(1985), 전광현(1987), 김남경(2000ㄱ)·(2000ㄴ), 남권희·김남경(2001), 김남경(2002) 등을 들 수 있다. 이기문(1957)과 유재영(1985)에서 자료의 소개 및 어휘와 표기의 특징적인 몇 가지에 대한 간략한 고찰이 있었으며, 전광현(1987)의 〈권1, 2〉를 대상으로 한 해제가 있다. 《구급간이방》에 대한 전반적인 연구는 김남경(2000ㄱ)·(2000ㄴ)을 통해 이루어진 바 있는데, 판각의 상태, 어미와 글자의 모양 등을 기준으로 시기를 추정하여 판본을 분류하고 자료의 특성을 구명하였으며 《구급간이방》의 판본별 비교 작업을 바탕으로 하여 방점 혼란의 정도, 표기의 차이점, 음운, 어휘 등을 기술하였다. 또 김남경(2000ㄴ)에서는 한자 대응 색인을 이용하여 한자대역 및 언해 양상의 제시와 분석을 통해 《구급간이방》의 어휘적 특성을 밝힌 바 있다. 남권희·

김남경(2001)에는 학계에 보급되지 않은 권7의 영인과 원문, 원문 색인을 부록으로 실었고, 《구급간이방》의 전권에 나타나는 서지적 특성을 기술하고, 서지적 특수성을 고려하여 국어학적인 분석을 시도하였다. 서형국(2002)에서는 만송문고본 《구급간이방》〈권7〉을 홍문각 영인본 《구급간이방》〈권7〉과의 비교를 통하여 판식의 선후관계를 논하고, 체제 및 언어를 고찰하였다.

《언해구급방》은 필사본과 목판본의 2가지 종류가 있는데 그 선행 연구로는 채인숙(1986), 고정의(1984), 남권희(1994), 윤혜정(1996), 남권희(2002) 등을 들 수 있다. 이 가운데 채인숙(1986), 고정의(1984)는 필사본을 소개, 연구한 것으로 필사본 《언해구급방》은 한독의약박물관에 소장되어 있으며 1973년에 국어국문학 자료 총서로 영인된 바 있다. 채인숙(1986)에서는 '목판본은 전하지 않고 필사본만이 전한다'고 밝히고 필사본의 필사 연대를 18세기 중엽으로 추정한 바 있다. 또다른 필사본이 고정의(1984)에 의해 소개되었다.

내의원활자본 《언해구급방》은 〈상권〉이 남권희(1994)에 의해 발표되면서 실물이 학계에 처음 소개되었고 윤혜정(1996)에서는 표기, 음운, 어휘, 문법 등에 대해 논의하였다. 또한 내의원활자본 《언해구급방》〈하권〉이 남권희(2002)에 의해 소개되면서 《언해구급방》 목활자본이 완전한 모습을 갖추게 되었다. 김동소(2003ㄴ)에서도 《언해구급방》을 언급하고 있다.

세 문헌을 함께 다룬 연구로는 김남경(2005)에서 구급방류 의서의 음운, 표기, 어휘, 언해양상을 두루 소개한 바 있다. 이에 대한 후속 연구로는 김남경(2006), 김남경(2007), 김남경(2008)에서 구급방류 의서의 구문을 각각 처방구문, 증세구문, 치료구문으로 분석한 것이 있고, 김남경(2010)에서는 병명에 관련된 어휘를 고찰하며, 세 문헌에서는 대체로 한자어를 병명으로 다루고 있음을 밝혔다.

김남경(2012)에서는 한글의서 자료에 나타나는 문체적 특성을 연구하기 위해 세 문헌을 주된 자료로 삼았으며, 의서 문체의 형성요소를 병의 증세, 처방, 치료, 의술인의 심리, 전거 문헌의 답습으로 나누어 분석하였다.

2. 서지 특성

2.1. 형태 서지

2.1.1. 《구급방》

《구급방》은 세조 12년(1466년)에 을해자(乙亥字)로 상하 2책으로 간행되었다. 흔히 《구급방 언해》라고 부르나 이 책의 내제(內題)는 《救急方》이다. 원간본은 금속활자인 을해자(乙亥字)로 찍은 책이나 전하지 않고, 현재까지 알려진 판본은 중앙에서 먼저 간행한 후, 지방에 널리 배포하도록 지역별로 간행[1]하여 다량 인출하게 한 목판본으로 된 번각본들이다. 《세조실록》에 의하면 12년 6월조에 '賜八道救急方各二件'이라는 기록이 있어, 1466년 무렵에 간행, 배포된 것으로 추정할 수 있다.

내용은 응급처치법에 관한 병명과 그에 대한 처방을 36개의 항목에 걸쳐 수록하고 있다. 처방을 쓸 때는 반드시 출전을 밝히고 있는데, 《화제국방(和劑局方)》, 《태평성혜방(太平聖惠方)》, 《성제총록(聖濟總錄)》, 《백일선방(百一選方)》, 《위생십전방(衛生十全方)》, 《본조경험방(本朝經驗方)》, 《천금방(千金方)》, 《관견대전양방(管見大全良方)》, 《경험양방(經驗良方)》, 《비급대전양방(備急大典良方)》 등 다양하게 나타난다.[2]

---

1) 1554년에 어숙권에 의해 이루어진 《고사촬요(攷事撮要)》에 의하면, 청주와 평양조에 《구급방》이 간행되어 있었던 것으로 나타난다.

2) 성종 10년(1479)의 기록에 의하면, "세조(世祖) 때에 《구급방(救急方)》을 찬집(撰集)하였으나 그 약재가 중국에서 산출되는 것은 백성이 쉽게 얻을 수 없으므로 《향약의방(鄕藥醫方)》을 찬집하여 민간에 널리 펴기를 청한다."라고 되어 있어, 《구급방》에 쓰인 약재를 구하기가 어려워, 백성들에게 편리하게 이용되지 못했음을 또한 알 수 있다.

《구급방》은 1466년 을해자본인 원간본이 간행되었으나 전하지 않는다. 현전하는《구급방》의 번각본은 한 책 안에서 여러 차례 번각된 것들이 함께 묶어져 있는데, 번각본의 번각 과정을 먼저 살펴보면, 1446년에 원간본이 만들어졌고 이 해 6월, 이를 간행, 인출, 광포하게 하였으므로 을해자의 번각본은 1466년 6월 이후로 추정이 가능하다. 또한 마모·결락에 의해 보각이 이루어졌는데, 그 시기는 대략 15세기 말에서 16세기 초로 추정된다. 이후 판목의 노후로 인해 번각이 이루어졌는데 번각은 대체로 50년을 주기로 이루어지므로 번각본이 만들어진 시기는 16세기 후반으로 추정할 수 있다. 각각이 이루어진 대략의 시기를 도식화하면 아래와 같다.

[표 1]《구급방》의 번각 과정

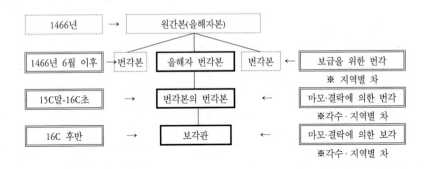

[표 2] 판종 용어 설명

원고(原稿)	집필 원고.
판서본(板書本)	책 간행 시 판에 새기기 위해 종이에 붓으로 직접 쓴 저본 원고. 등재본(登梓本)이라고도 함.
목판본(木版本)	목판에 판서본의 낱장을 뒤집어 붙여서 그대로 새긴 판으로 먹을 발라 인출한 책.(木板本도 같은 의미로 사용)
번각본(飜刻本)	활자본이나 목판본 등이 간행한 지 오래되어 책이 없어지거나, 판목이 닳아서 사용할 수 없을 경우, 남아 있는 현재의 책을 목판에 뒤집어 붙이고 다시 새겨 인출한 책. ※ 이 연구에서 다루는 ≪구급방≫과 ≪구급간이방≫ 등은 금속활자 을해자로 간행한 후, 빠른 시일 내에 각 지방에서 볼 수 있도록 의도적으로 목판본으로 번각한 경우에 해당한다.
보각(補刻)판·본	목판이 마모되거나 결실되어 완전한 책을 간행하기 어려울 때 해당면을 다시 쓰고 새겨내어 보충한 판. 그 보충한 판으로 먹을 바르고 인출해낸 책을 보각본이라 함.
번각본의 번각판	일차적으로 번각된 판에 의하여 인출된 책이 다시 마모되거나 없어져 이를 전체적으로 다시 뒤집어 새긴 판. 대체로 획이 굵어지고 부드러운 필체가 나타나지 않는다.
번각판의 보각판	번각된 판 중 손상된 면이 발생하여 해당 판을 다시 새겨 보충한 판.

  현재 일본의 호사[蓬左]문고에 상·하권이 모두 전하고, 본문 중에 묵서로 쓰여진 일본의 토와 훈점(訓点)들이 표시되어 있으며, 서울대 가람문고에는 상권만이 전하는데, 호사[蓬左]문고와 같은 지역에서 번각한 것이다. 1975년에 한글학회에서, 1978년에는 대제각에서 영인된 바 있다. 또한 2003년 세종대왕기념사업회에서 〈상권〉이 영인되었다.

  《구급방》의 표지는 검푸른 표지에 제목을 새로 써 붙였는데, 표지 서명은 상권은 '救急方 上', 하권은 '救急方 下'로 적고 있다. 상권의 표지 안쪽에는 '總持寺拾物'이라는 도장이 찍혀 있고, 상하권 뒷

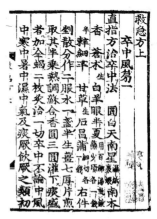

[그림 1] 《구급방》 - 목판본

표지 안쪽에는 '當山拾八世 眞空和尙 寄進'이라 필사한 것이 있는데, 이는 일본에 간 뒤의 경위를 말하는 것으로 보인다.3) 책의 크기는 김지용의 해제에 의해 세로·가로 각각 '30cm×19cm'로 파악된다. 표지 안쪽에는 상권은 '救急方上' 하권은 '救急方下'라는 내제가 있다. 사주쌍변에 판심은 어미는 '상하내향단선흑어미(上下內向單線黑魚尾)'이나 다양한 형태들이 뒤섞여 있고, 판심제는 각각 '救急方上', '救急方下'인데, 하권의 1장은 판심제가 글자의 순서가 바뀐 "救方急"4)이다. 원문은 8행 17자(언해는 16자)이며 계선이 있다. 5자와 10자 사이에 판심제와 권차가 있고, 14자와 16자 사이에 장차가 있다. 낙장은 없다. 서울대학교 가람문고의 《구급방》은 상권만 전하는데, 봉좌문고본과 동일한 판이다. 목차 부분과 1장에서 5장까지가 낙장되었고, 5장 뒷면은 필사한 것이 남아 있다. 판본은 6장 앞면부터 78장 뒷면까지 남아 있고, 79장 앞면에서 마지막 장인 89장까지 모두 낙장되었다.

다음은 같은 같은 판본으로 보이는 호사문고본과 가람문고본이다.

호사문고본과 서울대본의 같은 장 63장의 뒷면이다. 글자의 형태 및 판의 형태가 같은데, 위에서 표시한 판의 괘선이 떨어져 나간 부분이 정확히 일치하는 것으로 보아, 같은 지역에서 같은 판으로 찍은 동일한 판임을 알 수 있다.

---

3) 김지용(1975: 388) 참조.

4) 판심제가 이와 같이 '救方急'으로 나타나는 것은, 원간본이 을해자 활자본이었음을 나타내는 증거가 된다. 활자본은 판에다 글자를 끼워 넣는 방식이기 때문에 글자의 순서가 뒤바뀌어질 수 있는 것이다. 목판본이라면 글자의 뒤바뀜이 일어나기 어렵다. 이 장(하권 1張)에서 번각 당시 '救急方'으로 수정하지 않은 것은, 원간본을 충실하게 번각한 흔적이라 할 수 있다.

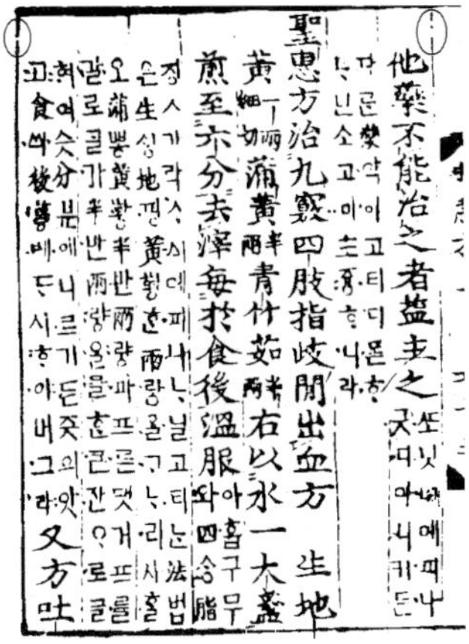

[그림 2] 호사문고

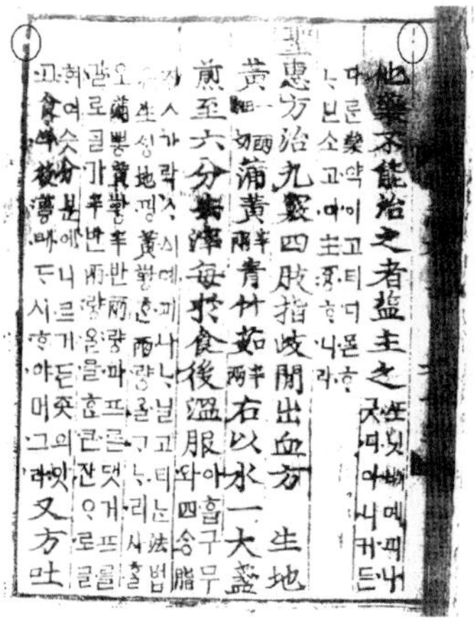

[그림 3] 가람문고본

[표 4] 《구급방》의 형태 서지

소장처			호사문고, 가람문고(上권만 전함)
표지 서명			救急方上·下
서 문			없음
목 록			一中風 ～ 三十六血暈(36 항목)
권수제			救急方上·下
책크기(㎝)			30×19
판 종			을해자 번각본
판식	사주		단변
	계선		○
	행수 및 자수		8행 17자
	판심	어미(魚尾)	상하내향단선흑어미가 가장 많고, 그 외에 16가지가 있음.
		판심제	救急方上·下 (하권 1장에는 "救方急")
낙 장			없음

위 표에서 주목해야 하는 것이 '어미(魚尾)'이다. 문헌에 있어서 어미는 책을 반듯하게 접기 위한 수단이 될 뿐 아니라, 시대에 따라 대체적인 어미의 형태적인 차이가 있으므로 시대 판정의 중요한 기준이 되기도 한다.5) 하나의 문헌 안에 여러 가지의 어미가 뒤섞여 있다는 것은 책판이 일률적이지 않다는 것을 나타내고 수차례 번각되었음을 보여주는 단서가 될 수 있다.6) 특히, 대흑구어미는 임란 전과 직후에 나타나는 것이므로 더욱 그러하다. 졸고(2000)에서는 《구급간이방》을 대상으로, 어미의 모양을 참조하고, 마모의 정도, 글자의 모양·크기·굵기를 기준으로 크게 판종을 크게 3가지로 분류한 바 있다. 《구급방》의 어미의 형태는 모두 10가지이다.

[표 4] 《구급방》 권별 어미의 형태

번호	유형	어미의 형태	상권	하권
1	A		◎	◎
2				
3				
4	B		○	○
5				
6				
7				
8	C			○

5) 고서를 인쇄할 때에는 한 쪽씩 하지 않고 두 쪽을 한번에 인쇄한다. 이것을 반으로 접어 한 장의 앞면과 뒷면이 되도록 한다. 이 때 한 가운데를 쉽고 정확하게 접을 수 있게 해 주는 것이 이 어미이다. 어미는 중국에서 먼저 쓰이기 시작하였으나 우리 나라처럼 다양하고 시기별로 잘 정돈되고 그 형태가 다양한 나라는 없다고 한다. 따라서 어미는 우리 나라의 고서에서 대강의 발행 시대를 추측할 수 있는 중요한 근거가 된다.(안춘근 1992: 180-182 참조.)

6) 문헌의 번각 주기는 대체로 50년이다.

| 9 | | |
| 10 | | |

어미의 모양이 유사한 것들을 위와 같이 ‘A’, ‘B’, ‘C’로 묶을 수 있다. 을해자를 번각한 것으로 추정되는 ‘A’형[7]은 《구급방》에서 기본이 되는 어미 형태이다. 을해자의 번각이 마모가 심하고, 일실(逸失), 결락되어 판을 보충해 넣은 것이 ‘B’형이고, 이후 판목의 노후로 인해 다시 번각된 것이 ‘C’형이다.

대체로 활자본일 경우 같은 어미가 배열된 판을 반복해서 사용하므로[8] 어미가 일률적인 경우가 대부분이다. 그러나 ‘A’형에서와 같이 번각본에서 조금씩 다르게 나타나는 것은 지방에서 간행할 때 급히 간행하기 위해 지역별로 면수를 나누어 새기는 分刻의 형태를 취했거나, 또는 각수가 달랐을 가능성이 많다.[9]

판본을 분류하자면, 판본[10]은 번각의 시기를 기준으로 ① 을해자본의

---

7) 가장 많이 나타나고, 을해자의 번각본으로 분류할 수 있는 어미의 형태가 ‘A’형으로, 표 안에서는 ‘◎’로 표시하였다.

8) 활자판의 경우, 변란과 어미 2~3판을 고정시킨 채 그 판에 활자를 배열하고 먹을 발라 인출하므로 어미는 바뀌지 않는다.

9) 김동소(2003 ㄷ)에서도 <상권>과 <하권>의 차이를 밝혔다. 어형의 차이, 목적격 조사 ‘-올/을’의 차이, 양성 모음으로 끝나는 한자어 뒤의 주제격 조사 ‘-은/은’의 선택 경향, 모음조화표기 경향 등의 차이에서 <상권>과 <하권>의 언해자가 서로 달랐을 가능성을 제기한 바 있다.

10) 이들은 다음과 같이 구분된다.
　① 원간본 : 세조 12년(1466)의 원판 또는 초판본을 말한다.
　② 번각본 : 원본을 따라 새로 판본을 새긴 것이다.
　③ 보각판 : 판목의 일부분이 마모 또는 분실되어 뒤에 그 부분만을 보각(補刻)하여 만들어 낸 판이다
　여기에서 ‘본’과 ‘판’을 구분하면, ‘판’은 ‘판목’을 뜻하고, ‘본’은 하나의 책으로 묶은 것을 뜻하는데, ‘번각본(本)’이란 번각한 판들을 인출하여 한 권으로 묶은 책을 의미하는 것이고, ‘번각판(板)’은 없어지거나 손상된 판목을 다시 뒤집어 새긴

번각본, ② 번각본의 번각본, ③ 보각판의 세 가지로 나눌 수 있다.

그들 각각의 특징을 살펴보면, ① 을해자 번각본은 글자의 마모가 심하다. ② 번각본의 번각본은 글자의 굵기, 크기가 일정하지 않고, 탈획 및 오각이 많다. ③ 보각본은 글자의 크기가 일정하지 않으며 오각이 많고 한 자음도 달리 표기되었다. 이들을 예시하면 다음과 같다.

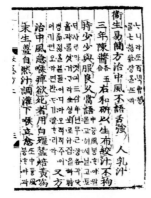
[그림 4] 《구급방》
을해자본의 번각본

[그림 5] 《구급방》 번각본의 번각본

[그림 6] 《구급방》 보각판

(목)판을 의미하는 것이다.

앞서 제시한 《구급방》의 번각본을 번각 정도 및 판의 특성에 따라 판종을 3가지로 분류한 것을 장차로 나타내면 다음과 같다.

[표 5] 《구급방》 판종별 장차 분류

구분	을해자본의 번각본	번각본의 번각본	보각판	
			보각판	후기 보각판
상권	목록, 1-10, 12-21, 23-30, 32-45, 48-57, 62-68, 70-73, 75-79, 81-84, 86, 87	11, 22, 46, 47, 52, 53, 58-59, 60, 61, 69, 74, 80, 85, 88	50, 51	
하권	1-2, 4-8, 10, 13-17, 19- 21, 23-26, 29-32, 34-36, 38-43, 47, 52-54, 57-58, 62-64, 66-67, 69, 74-76, 80, 82-84, 86, 88, 93-95, 97	9, 12, 18, 22, 27, 28 37, 44, 48, 49, 56, 59-61, 65, 68, 70-73, 77-79, 81, 85, 87, 90, 94	3, 33, 89, 91, 92, 96	55

각 판종별 특징을 예를 들어 살펴보면 다음과 같다.

[1] 을해자본의 번각본

다음은 을해자본의 번각본[11])에서 탈획되었거나 오각된 예와 표기 및 어휘가 이 판종에서만 나타나거나 드물게 나타나는 경우를 제시한 것이다. 이를 통해 을해자본의 특성을 살펴보고자 한다.

---

11) 이하 을해자의 번각본은 '을해자본'으로, 번각본의 번각판은 '번각판'으로, 보각판은 '보각판'으로 줄여서 적는다.

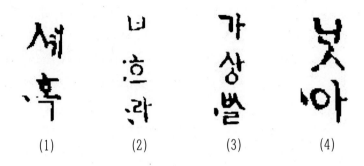

(1) (2) (3) (4)

오각으로 보이는 '셰혹, 녀:흐:라'와 탈획된 '가상ㅄㄹ, 봇아'가 나타난다. (1) '셰혹'은 '시혹'의 오각이다. 한자 '或'의 대응 언해는 한결같이 '시혹'으로 나타나는데, 을해자본인 '上65ㄴ3'에서 단 1회 '셰혹'으로 나타난다. 원래의 '시혹'에서 번각 당시 괘선을 획으로 착오하여 판각한 것으로 추정된다. 또한 (2) '녀:흐:라(구上19ㄱ2)'는 같은 장 안의 '녀흐·라(구上19ㄱ4)'와 방점표기가 다르다. (3) '가상ㅄㄹ(구上19ㄱ2)'은 '기장쌀'을 표기하려던 것으로 보이는데, '기+·'는 오른편 의 방점을 획으로 오인한 것이고, '상'은 탈획된 것이며, 'ㅄ+ㄹ'도 '·'가 탈획된 것으로 보인다. 또한 (4) '봇아(末)(구上19ㄱ3)'는 19장에서 유난히 탈획이 많고, 《구급방》에 'ㅿ'의 표기가 활발하고, '末'의 또다른 언해 '봇아(구下83ㄱ5)'로 보아, 'ㅿ'의 아래 획이 탈획된 것으로 보여지나 표기는 'ㅿ'을 표시하려던 것이 아닌 'ㅅ'을 적은 것임을 알 수 있다.

        뎌
        롱

(5)   斤근올   고툐디/고튜디

(5)   (6)   (7)

'되를, 근을, 글휸, 고툐딕/고튜딕'는 모음이 혼란된 표기인데, 특히 '되를, 斤근올'은《구급방》에서 단 1회 나타나는 예인데, 을해자본에서 보인다.《구급방》에서 (5) '되를(升)(구上65ㄴ5)'로 표기된 것이 단 1회이고, 나머지 31회는 모두 '되롤(구上22ㄴ2)'로 나타나고, (6) '斤근올(구上26ㄱ3)'이 단 1회, '斤근을(구上06ㄴ4)'로 9회 나타난다.

(7)의 예 '고툐딕'와 '고튜틱'는《구급방》에서 모두 높은 빈도를 보이는 어휘이다. '고툐딕'는 144회, '고튜딕'는 91회 출현한다. 그러나 '고툐딕(구下57ㄴ4), 고튜딕(구下57ㄱ6), 고툐딕(구下58ㄱ6), 고튜딕(구下58ㄱ3), 고튜딕(구下58ㄱ8)'에서처럼 57장과 58장 안에서도 'ㅛ'와 'ㅠ'가 함께 쓰였다.

(8) 먹그며

《구급방》에서는 거의 나타나지 않는 중철 표기 '먹그며(구上19ㄱ7)[12]'가 을해자본에 보인다.

(9) 사나ᅌᆞ래(數日)/잇사나ᅌᆞ (10) 麤 굵게 (11) 이슥고

(9) '사나ᅌᆞ래'는 한자 '數日'에 대응되는 언해인데, '數'은 주로 2 혹은 2·3이에 대응되므로, 2·3일로 언해해야 하나 3·4인 '사나ᅌᆞ래(數日)(구上81ㄴ4)'로 언해된 예가 을해자본에 보인다.[13] 대체적으로 '두서(구上20ㄱ8)(구上53ㄴ8)(구上54ㄴ5)(구上72ㄱ5)(구下21ㄱ8)(구下36ㄴ1)(구下46ㄴ5)', '두세(구下02ㄴ3)'로 언해된다.[14] (10) '굵게'는《구급방》에서 한자 '麤'

---

12) '먹다'에 관련된 중철표기는 구급방류 전체에서도 잘 나타나지 않는 것인데, ≪언해구급방≫에서 '먹기면(呑之)(언上30ㄱ02)'이 1회 보일 뿐이다.

13) 또다른 예로 을해자본에서 '잇사나ᅌᆞᆯ(구上83ㄴ1)'로 나타나기도 하였다.

에 대응하는 언해인데, 한자 '鬣'는 '鬣총케(구上56ㄱ7), 鬣총히(구上64ㄴ
5)'가 각 1회씩, '鬣총흔(구上13ㄱ5)'이 3회 나타나는 등 주로 한자 그대로
언해하고 있는데, 을해자본에서 '굵게(鬣)(구下20ㄱ4)'로 1회 나타난다. 또
한 (11) '이슥고'(上72ㄴ3)가 나타나는 부분이 수정 후 메꾼 부분으로 보
이는데, 글자가 굵다. '슥'의 글자가 배열이 고르지 못하고 굵고 진하다.

그 외 한자 자형도 판본에 따라 다른 양상을 보여주는데, (12)의 '爲'와
(13)의 '於'가 대표적인 예이다.

(12)

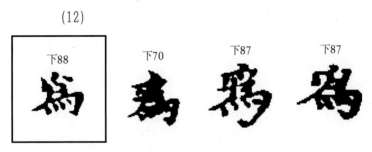

[그림 7] 을해자의 爲

(12) '下88'의 '爲'는 을해자본에서 나타나는 것으로, '下88'과 같이 한자
'爲'의 윗부분 '爪'의 오른쪽 획이 오른쪽 바깥 방향으로 찍혀 있는 것이
을해자의 원래의 형태를 지니고 있는 것인데, 오른쪽의 '下70, 87 등과 같
이 오른편의 획을 안으로 모아서 찍은 것은 원래의 을해자의 모습에서 멀
어진 것으로, 번각의 흔적을 보여주는 것이다.

(13)의 한자 '於'는 '於'의 부수 부분이 '方'으로 보이는 것이 원래의 형태
이나, 이것이 '扌'로 바뀐 '下72, 73'과 같은 형태는 번각임을 나타내는 것
이다.

---

14) ≪언해구급방≫에도 '흔이틀(數日)(언上18ㄴ07)'을 볼 수 있다.

(13)

[그림 8] 을해자의 於

또한 을해자본에는 '부븨여(挼)(구上87ㄱ3)' 등 구급방류에서는 빈도가
낮은 어휘가 쓰였다.

[2] 번각본의 번각본

다음은 번각본에서 탈획되었거나 오각된 예와 표기 및 어휘가 이 판종
에서만 나타나거나 드물게 나타나는 경우를 제시한 것이다. 이를 통해 번
각본의 특성을 살펴보고자 한다.

쳑	과	쌀	과
쳑	글	롤	돌
흔	이	흔	이
(14)	(15)	(16)	(17)

'최최훈, 과글이, 쏃롤훈, 과굘이'는 오각으로 보인다. (14) '최최훈(구下61ㄴ6)'은 을해자본에서 '칙츠기(密)(구下62ㄱ2)'로, 번각본에서는 '칙치기(구下61ㄴ8)'로 나타나므로 '[칙칙훈]'의 오각이다. 이것은 '칙'의 받침 'ㄱ'의 세로획을 위에서부터 계속되는 'ㅣ'로 오인한 것으로 보인다. (15) '과글이(忽)(구上46ㄴ5)'는 구급방류 의서를 통틀어 단 1회 나타나는데, '과굘이'의 오각으로 보인다. '과글이'가 쓰인 판은 흐트러져 있는데, 탈획이 많다. (16) '쏃롤훈(尖)(구下77ㄴ7)'은 '쏃론훈'의 오각으로 보인다. (17) '과굘이'의 '굘'의 'ㄱ'이 좌우로 뒤집어져 있다.

(18) 봇까   (19) 엄지가랎앉밯토ㅂ로셔   (20) 뿌쏘
(21) 둪-   (22) 뿌구로   (23) 어우러히   (24) 가ㄹ기
(25) 밧바(卒)   (26) 잢간 ㅅ싀롤(湏臾)   (27) 病병

(18) 한자 '炒'의 언해로 '보까(구上58ㄱ3)'의 빈도가 5회이고, '봇가'의 빈도가 26회이다. 번각본에서 중철표기인 '봇까(구上74ㄱ4)'가 단 1회 보인다. (19) '엄지가 앉 토ㅂ로셔(구上74ㄱ7)'에서는 'ㅅ'의 과잉 표기가 나타나기도 한다. (20) '뿌쏘(擦)(구上65ㄴ2)'는 같은 을해자본에서 '뭇고(구上77ㄱ8)'로 나타나기도 한다. (21) '둪-'은 '盖'에 대응되는 언해로, 6회가 '덮-(구下61ㄴ8)'으로 언해되고, 단 1회 '둪-(구上38ㄱ5)'으로 언해되었다. (22)는 한자 '艾'를 '뿌구로(구下79ㄱ4)'로 표기한 것이다. 같은 번각본인 下65ㄴ2'에서는 '뿌그로(구下65ㄴ2)'가 나타난다. (23)의 '어우러히'는 '雙'에 대응하는 것으로 번각본에서 보인다. 같은 번각본에서 '어우러일(구下69ㄴ2), 어우러이(구下18ㄴ2), 어우러이롤(구下19ㄱ7)'로 나타난다. 또한 한자 '卒'에 대응되는 언해로 (24)의 '가ㄹ기(卒)'가 번각본(구下79ㄴ2)에서 1회, 을해자본인 24장에서 1회 나타난다.[15]《구급방》에서는 '卒'의

___

15) 이 예 외에도 한자 '暴'에 대응되는 언해 중 '가ㄹ기(暴)(구下94ㄱ7)'가 《구급방》

2. 서지 특성 27

언해로 '과글이'가 14회, '믄득'이 22회 나타난다. 또한 '卒'이 (25)와 같이 '밧바(구上85ㄴ7)'로 언해된 예가 보인다. '卒'이 '밧브다'로 언해된 유일례이며, '밧브다'는 다른 문헌 및 사전류에서는 한자 '忙'에 대응되는 것이다. '湏臾'의 언해는 번각본에서 (26) '잢간 스시롤(구下81ㄴ7)'로 1회 나타난다. '湏臾'는 '이슥고(구上72ㄴ3)(구上55ㄱ1)'로 2회, '아니 한 덛-(구上88ㄱ8)'로 8회, '아니 한 스시예(구上10ㄱ4)'로 13회, '즉재(구下44ㄱ3)'로 5회 나타난다. 구급방에서는 한자 '病'의 한자음을 '뼝'으로 쓰고 있는데, 탈각된 '病뼝을(구下83ㄴ7)'까지 합하여 모두 21회 나타난다. 그러나 번각본에서 현실한자음인 (27) '병'으로 표기하고 있다. '병'의 표기로는 유일례이다.

[3] 보각판

다음은 보각판에서 탈획되었거나 오각된 예와 표기 및 어휘가 이 판종에서만 나타나거나 드물게 나타나는 경우를 제시한 것이다. 이를 통해 보각판의 특성을 살펴보고자 한다.

下55

下55
즉
자
히

下55
브
스
면

下91
드
스
빼

새

(28)   (29)   (30)   (31)

에 있고, ≪구급간이방≫에서 '가ᄆ기(暴)(간七063ㄴ8)'가 1회 나타난다.

(28)은 한자 '三'의 언해를 '새(구下55ㄴ1)'로 표기한 것이다. 오각으로
보이기는하나, 《구급방》 전체에서 단 1회 나타난다. 또한 '즉자히'의 오각
인 (29)는 '측자히'인데, 이것은 《언해구급방》에서 나타나는 표기이기도 하
다. (30) '브스면'은 '브스면'의 오각으로 보이는데, '스'는 'ㅿ'을 표기하려
던 것으로 여겨진다. (31)은 '心'의 언해부분인데, 'ᄆᅀᆞ매'가 'ᄃᅀᆞ매(구下
91ㄴ4)'로 보이는데, 탈획된 것이 아니라 잘못 새겨진 것으로 보인다.

(32) 젼국을

한자 '豆豉'에 대응하는 표기로 '젼구글(구上62ㄴ4), 젼구글(구下72ㄴ
1)'이 나타나나, 보각판에는 분철된 '젼국을(구下50ㄱ2)'이 나타난다. 이 장
의 어미는 상하내향6엽화문어미이다.

(33) 防방   (34) 서너

(33)은 한자음이 다른 것인데, 한자 '防'의 음을 '防팡葵꿩(上56ㄴ7), 防
팡風붕을(上56ㄱ7), 防팡風붕을(下73ㄱ7)' 등 '팡'으로 달았으나, 보각판
에서는 한결같이 '防방風붕과(구下55ㄱ4), 防방風붕과(下55ㄱ4), 漢한防
방己긩(下55ㄱ1)'로 현실한자음 '방'으로만 표기하였다. 이러한 표기가 나
타나는 장은 대흑구상하화문어미이다. 또한 한자 '三兩'은 '두서(구上10ㄴ
8)(구上83ㄱ2)(구下38ㄴ7)(구上58ㄴ2)', 혹은 '잇사ᄋᆞ래(三兩日)(구上23
ㄱ3)'로 나타나는데, (34)와 같이 '三兩 서너(구下91ㄴ6)(구下96ㄴ6)'로 언
해한 곳이 2군데 있다. 둘 다 보각본에서 보이는 것이다.

2.1.2. 《구급간이방》

이 자료는 조선시대 성종(成宗) 20년(1489)에 언해된 의서(醫書)이다.[16] 《구급간이방》은 서문이 실려져 있는데 纂定한 《醫方類聚》, 《향약제생방》, 《구급방》이 모두 백성들이 보기에 적당하지 않으므로, 민생들이 병을 고치는 데 편리하게 쓸 수 있도록 하고자 윤호, 임원준, 박안성, 권건 및 허종에게 명하여 책을 완성하니 모두 8卷[17] 127문(門)이며, 이름을 《구급간이방》이라고 하였다는 내용이 담겨 있다.

또한 《구급간이방》의 간행에 대해 《성종실록》(성종 20년 5월30일)에서는 '모든 고을에 반포하기는 어려우니, 모든 도의 감사로 하여금 본도에서 개간하여 계수관이 찍어내도록 하였다'는 기록이 있다.[18] 이렇듯 《구급간

---

16) 그 이전의 의학서에 관한 언해 사업으로는 世宗조에 ≪辟瘟方≫을 俚語로 번역한 것이 있고, 世祖조에 "賜八道救急方各二件"이라 하여 ≪구급방≫의 정리와 언해가 이루어지면서 뒤이어 ≪구급간이방≫이 언해되었다. (전광현(1982: 517) 참조)

17) ≪구급간이방≫의 권수에 대해서는 실록과 허종의 서문에서 기록의 차이를 보인다.
"內醫院提調領敦寧尹壕等 進新撰救急簡易方九卷"
　　　　　　　　　　　　　　　　(『성종실록』(성종20년 5월))
"必精簡而不略又飜以方言使人易曉書成凡爲卷八爲門一百二十七命日救急簡易方"
　　　　　　　　　　　　　　(허종의 「서문」 성종20년 9월)
이 책의 신찬된 기록이 실록에서는 성종 20년 5월이고 허종이 쓴 서문은 성종20년 9월로 되어 있는 것으로 보아 처음에는 9권으로 만들었으나 후에 8권으로 한 것으로 볼 수도 있고, 혹은 서문과 목록을 별권으로 한 것일 수도 있겠다.(金信根(1987: 123-129) 참조.) 그러나 짧은 시기에 다시 간행하기는 어려웠을 것이며 무엇보다도 서문과 목록에 모두 8권으로 되어 있음을 보아 8권일 가능성이 크다.(전광현 1982: 521 참조)

18) 下書諸道觀察使日 今送救急簡易方 及時開刊印出廣布(제도관찰사에게 하서하기를 이제 보내는 ≪구급간이방≫을 곧 간행, 인출하여 광포하게 하였다.)
　內醫院提調領敦寧尹壕等進新撰救急簡易方九卷 傳日宜多印遍頒中外諸邑 且令閭閻小民皆得印出 壕等啓日 諸邑難以遍頒 諸令道監司開刊于本道界首官印行 傳日可 (내의원 제조 영돈녕 윤호 등이 ≪신찬 구급간이방≫ 9권을 바치자, 전교하기를, "많이 인출하여 중외 모든 고을에 두루 반포함이 가하다. 또 민간의 소민들도 모두 인출한 것을 얻도록 하라." 하니 윤호 등이 아뢰기를, "모든 고을에 두루 반포

이방》은 중앙 관청에서 간행한 것을 지방에서 개간하여 반포하도록 한 뒤,
수차례 번각되었는데, 현전하는《구급간이방》자료에는 그러한 흔적이 권
별 혹은 한 책 안에서도 발견된다. 이 문헌은 여러 시기에 걸쳐 번각된 것
인데, 한 책 안에서도 원간본을 번각한 것, 번각을 다시 번각한 것, 판의
마모나 소실로, 새로 판을 만들어 넣은 것 등이 뒤섞여 있다.

《구급간이방》은 1489년 간행된 이후 원간본은 전해지지 않고 한 책 안
에서 여러 차례 번각된 것들이 함께 묶어져 있기 때문에 현전하는 번각본
의 번각 과정을 먼저 살펴보아야 한다. 번각 과정을 추정해 보면 1489년에
원간본이 만들어졌고 이를 간행, 인출, 광포하게 하였으므로 을해자본은
대략 1490-1500년대로 추정이 가능하다. 이후 판목의 노후로 인한 번각은
대체로 50년을 주기로 이루어지므로, 1550년 이후의 번각본의 번각판과
1600년 이후의 보각판이 이루어진 대략의 시기를 다음 도표와 같이 추정
할 수 있다.

[표 6] 《구급간이방》의 번각 과정

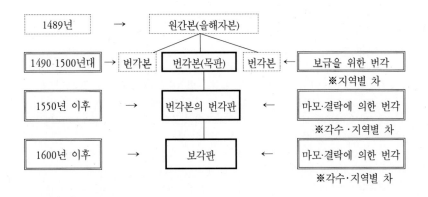

하기는 어려우니, 모든 도의 감사로 하여금 본도에서 개간하여 계수관이 찍어내
도록 하소서." 하니, 전교하기를, "가하다." 하였다.(증보판 CD-ROM 국역 조선왕
조실록 제1집의 번역)

《구급간이방》은 〈권1, 2, 3, 6, 7〉의
5권만 전해지는데, 그 권별 소장처를
살펴보면, 〈권1〉은 一簑文庫에, 〈권2〉
는 김영탁 씨에게, 〈권3〉은 동국대 도
서관에, 〈권6〉은 1996년 1월 19일 보
물 제1236호로 지정되어 충북 음성군
대소면 한독의약박물관에 소장19)되어
있고 또다른 책이 통문관 이겸노 씨에
게 소장되어 있다. 〈권7〉은 대구 개인
소장,20) 영남대, 만송문고, 고 김완섭
씨 등21)에 소장되어 있다.22) 그 중 권1,

[그림 9] 《구급간이방》 목판본

2는 단국대에서, 〈권3, 6, 7〉은 홍문각에서 각각 영인된 바 있다.

책의 표지에 '救急簡易方 全'이라고 씌어 있는데 후대에 써 붙인 것으
로 보인다. 〈권1〉의 책의 크기는 29.5cm×19.1cm이고, 반광의 크기는
21cm×15.2cm이다.23) 책 내에는 '救急簡易方序'라는 허종의 서문이 3張
있고 그 다음에 '救急簡易方目錄'이 卷之一부터 卷之八까지 一百二十七
項目에 걸쳐 나열되어 있다. 목록 다음 장부터 卷之一이 시작된다. 사주단
변(四周單邊)에 판심(版心)의 어미는 대체로 상하내향흑어미(上下內向黑
魚尾)이나 다양하게 나타난다.24) 판심제(版心題)는 '簡易方'25)이다. 원문

---

19) 문화관광부 문화재 관리국(1998: 75) 참조.

20) 이 글에서 연구 대상으로 삼은 자료이다.

21) 三木榮(1976: 60-61)에 의하면 황의돈 씨가 〈권3, 4, 6, 7〉을, 이인영 씨가 〈권
6〉을 소장하고 있음을 지적하고 있다. 이 점에 대해서는 좀더 면밀한 조사가 필
요하다.

22) 田光鉉(1982: 518)에 의함.

23) 〈권2〉, 〈권3〉, 〈권6〉은 원본을 확인하지 못하였으므로 책의 크기를 알 수
없으나, 〈권2〉는 전광현(1982: 518)에 의하면, 26.1cm×18.5cm, 반광(半匡)의 크
기는 21cm×15.2cm이다.

은 8행 17자(언해는 16자)이며 계선이 있다. 5자와 9자 사이에 판심제와 권차가 있고 10자와 12자 사이에는 장차가 있다. 〈권1〉은 모두 116장, 〈권6〉은 95장,26) 〈권7〉은 85장으로 낙장이 없고, 〈권2〉는 51장이 낙장, 〈권3〉은 22장 뒷면과 23장 앞면이 낙장되었다.

〈권1〉은 서울대 규장각에 소장되어 있는 원본을 확인한 결과, 단국대 동양학 연구소에서 간행된 영인본이 몇 가지 점에서 다름을 확인할 수 있었다. 먼저 영인본에서는 장차가 모두 바르게 되어 있었으나 원본에는 11장이 15장과 16장 사이에 있고, 10장 다음에 12, 13장이 있었다. 이와 같은 점은, 〈권7〉에서도 발견할 수 있는데, 41장과 44장이 바뀌어 있고 83뒷면에 84뒷면이, 84앞면과 85앞면의 자리가 서로 바뀌어 있다. 이것은 여러 판이 뒤섞인 증거의 하나가 될 수 있다. 〈권1〉의 원본의 글자와 방점 부분들을 확인한 결과, 영인본에서 '듯'으로 보이는 부분이 원본에서는 '둣(一012ㄴ1)', '의'로 보이는 부분은 '위(一036ㄱ1)', '시'로 보이는 부분은 'ᄉᆡ(一058ㄱ1)', '미'로 보이는 부분은 '미(一066ㄱ4)'임이 확인되었다. 방점의 경우는 권1의 지질(紙質)이 잡티가 많이 섞여 있는 것이어서 원문에는 점이 아닌데도 영인본에는 방점으로 보이는 부분이 매우 많았다. 또한 〈권7〉의 원본에서는 탈획이나 오각이 많이 나타난다.

---

24) <권3>의 42장에는 임란 전후로 추정하는 대흑구 상하 내향 흑어미(大黑口上下 內向黑魚尾)가 나타난다. 이 장에는 계선과 방점이 없다(또한 3장, 9장 전면에 걸쳐서도 방점이 보이지 않는다.).

25) <권2>의 90, 91장은 판심의 책명은 '簡易'로 보이는데, 방점도 나타나지 않는다.

26) 문화관광부 문화재 관리국(1998: 75)에서는 "前部 5張 後尾 1張이 缺落되어 복사하여 보수하였다."라고 설명하고 있다. 이는 <권6>의 앞부분 5장, 뒷부분 1장이 떨어져 나간 것을 <권6>의 또다른 본인 통문관 이겸노 씨 소장본을 복사하여 보수한 것으로 추정된다.

[표 7] 《구급간이방》의 형태 서지

소장처			<권1> 일사문고 <권2> 김영탁 <권3> 동국대 <권6> 한독 의약 박물관, 이겸노 <권7> 대구 개인 소장, 김완섭, 영남대, 만송문고
표지 서명			<권1>에 '救急簡易方全' 개장. <권2·3·6·7> 표지 없음
서　　문			"救急簡易方序"라는 허종의 서문(3張)이 있다.
목　　록			卷之一에서 卷之八까지의 127항목이 있다.
권 수 제			救急簡易方卷之一
책크기(cm)			29.5×19.1
판　　종			목판본
판식	반엽광곽(cm)		21×15.2
	사　주		단변
	계　선		○
	행수 및 자수		8행 17자
	판심	魚　尾	대체로 상하 내향 흑어미이지만 매우 혼란되어 나타남.
		판심제	簡易方
낙　　장			<권2> 51張 낙장, <권3> 22張 뒷면과 23張 앞면

　《구급간이방》은 특이하게도 글자의 모양이나 크기, 굵기가 일정하지가 않을 뿐더러 반광의 크기와 어미(魚尾)의 모양이 다른 장들이 많이 뒤섞여 있다.[27] 《구급간이방》 〈권1, 2, 3, 6, 7〉에 나타나는 어미들을 비교해 본 결과, 그 형태가 매우 다양하였고 같은 권 내에서도 여러 가지가 나타났다. 현전하는 《구급간이방》에 나타나는 어미는 모두 전권을 통틀어 14종류이다.

　각 권의 주된 어미 유형을 살펴보면 〈권1, 2, 3〉에는 2의 형태가, 〈권6, 7〉에는 1의 형태가 가장 많이 나타난다. 권별로는 〈권3〉(8가지)과 〈권6〉

---

27) 《구급간이방》의 모든 권에서 이와 같은 현상들이 발견된다.

[표 8]《구급간이방》권별 어미의 형태

번호	유형	어미의 형태	권수 1	2	3	6	7
1	A		◯	◯		◎	◎
2			◎	◎	◎	◯	◯
3			◯		◯		
4					◯		
5			◯				
6				◯	◯		◯
7					◯		
8						◯	◯
9	B		◯	◯	◯		
10					◯		
11						◯	
12	C				◯		
13						◯	
14						◯	
계			5	4	8	6	4

(6가지)에 가장 다양하게 나타난다. 특히 〈권6〉에 나타나는 '대흑구 상하 세화문 어미(大黑口 上下細花紋魚尾)'(표의 13번)는 중종부터 임란직후까 지의 문헌에 자주 보이는 것이다.[28] 그러나 어미가 시기를 추정할 수 있는 절대적인 기준은 아니므로 여기서는 각 장(張)별로 몇 가지 기준으로 나누 어 살펴보았다.

　판본은 각 장에 따라 정도의 차이를 보이는 마모의 정도, 글자의 모양·

---

28) 안춘근(1991: 182) 참조.

크기·굵기를 기준으로 ① 을해자의 번각본,[29] ② 번각본의 번각판, ③ 보각판[30]의 세 가지로 나눌 수 있다.

그들 각각의 특징을 살펴보면, ① 현전하는 을해자의 번각본은 번각후 시간이 많이 경과한 후에 인출되었으므로 마모가 심하고 글자의 굵기가 굵으면서도 크다. ② 번각본의 번각판은 마모는 심하지 않으나 탈획이나 오각이 많다. ③ 보각판은 글자의 모양이 날카롭고 크기가 작고 굵기도 가늘다. 보각판 중 좀더 이후의 것으로 보이는 판은 계선도 없고 방점도 거의 생략되었다. 이들을 제시하면 다음과 같다.

[그림 10] 《구급간이방》 을해자의 번각본

[그림 11] 《구급간이방》 번각본의 번각판

---

29) 여기에서는 을해자본을 번각한 것이라는 의미가 아니라, 원간의 일차 번각인지, 아닌지는 모르나, 원간의 형태에 가까운 것이라 추정할 수 있다는 뜻이다.
30) 《구급간이방》의 판종은 다음과 같이 구분된다.
　① 원간본 : 성종 20년(1489)의 원판 또는 초판본을 말한다.
　② 번각본 : 원본을 따라 새로 판본을 새긴 것이다.
　③ 보각본 : 판목의 일부분이 마모 또는 분실되어 뒤에 그 부분만을 보각(補刻)하여 만들어 낸 책. 《구급간이방》의 보각판은 괘선이 없고 방점이 없는 경우가 많다.

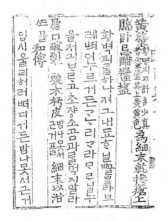

[그림 12] 《구급간이방》 보각판

앞서 제시한 《구급간이방》의 번각본을 번각 정도 및 판의 특성에 따라
판종을 3가지로 분류한 것을 장차로 나타내면 다음과 같다.

[표 9] 《구급간이방》의 판종별 분류

	을해자의 번각본	번각본의 번각판	보각판	
			보각판	17C 보각판
권1	나타나지 않음	(001-025) (027~036) (042)(044~049) (052~057)(059~077) (081~088) (089~097)(106~116)	(026) (037~041) (043)(050) (051)(058) (078~080) (098~105)	나타나지 않음
권2	나타나지 않음	(001~010)(013~023)(027~029) (031)(034) (043~050)(053~055) (058~081)(082~089)(092~101) (102~108)(109~121)	(024~026) (030)(032)(033) (035~038) (039ㄴ~042) (052)(056) (057)(090)(091)	나타나지 않음
권3	(058ㄱ) (077ㄴ) (087) (095) (106)	(001~002)(004~041) (043~057) (059~076)(078~086) (088~092) (096~105)(107~120)	(093)(094)	(003)(042)

권6	(027ㄴ) (028)	(001~004)(011~014) (015~026) (029~032)(035~060)	(007~010) (034) (061~095)	(005)(006) (033)
권7	(002)(025) (026)(036) (040)(041) (053ㄴ)	(001)(003~011) (013ㄱ)(014~015)(016~ 022)(024) (027)(029)(030)(033)(034~035) (042~046)(048~053)(055~085)	(012)(023) (028)(031) (032)(047)	나타나지 않음

보각판은 한 면을 전체적으로 보각한 것과 부분적으로 보각한 것이 있
는데, 부분적인 보각판은 2가지 이상의 판종의 특성이 함께 나타나므로,
앞으로의 논의에서는 제외될 것이다. 이러한 부분은 아래 (35)에 제시된
장차와 같다.

(35) (－012ㄴ)(－052ㄱ)(－088ㄴ)(二011ㄱ)(二012)(二039ㄱ)(二
     081ㄴ)(二101ㄴ)(二108ㄴ)(六014ㄴ)(七013ㄴ)(七015ㄴ)(七
     022ㄴ)(七034ㄴ)(七038ㄱ)(七038ㄴ)(七039ㄱ)(七039ㄴ)(七
     054ㄱ1)(七054ㄴ)

을해자본31)이 가장 많이 나타나는 권은 〈권7〉이며 〈권1〉과 〈권2〉에는
나타나지 않는다. 〈권1〉과 〈권2〉의 경우 〈권7〉에 비해 보각판이 훨씬 많
이 나타남을 알 수 있다. 〈권1〉과 〈권2〉를 비교해 보면, 〈권2〉의 보각판
에서 방점이 없는 부분이 빈번하다.

〈권3〉과 〈권6〉은 을해자본의 비율32)이 매우 낮고, 위에서 언급한 대로
임란 이후의 것으로 추정되는 대흑구가 나타난다. 또 〈권6〉에서는 〈권3〉

---

31) 여기에서의 을해자본(즉 을해자의 번각본)은 을해자 원간본을 번각했다는 뜻이 아
   니라, 판종 중 을해자의 형태를 가장 많이 가지고 있는 번각본이라는 뜻이다.

32) 김남경(2000: 19)에서 각 판종별 비율을 제시하였는데, 을해자본은 2.53%, 번각판
   은 76.86%, 보각판은 17.83%, 기타(한 장 안에 보각되어 분류하기 어려움) 2.13%
   이다.

보다 훨씬 많은 보각판이 보이며, 이 〈권6〉의 보각판에서는 대흑구가 많이
발견된다. 대체로 〈권7〉이 을해자본의 모습을 가장 많이 지니고 있고 〈권
6〉이 원래의 모습을 가장 적게 포함하고 있음을 알 수 있다. 《구급간이방》
에서 권마다 이와 같은 차이를 보이는 것은 판각의 지역적 차이로 볼 수
있다.

아래에서 각 판본별 특징을 살펴보기로 한다.

[1] 을해자의 번각본

(36) 오조매　　(37) 난ᄂ니/난ᄂ니와

(36) '오조매(六027ㄴ1)'는 〈권6〉의 을해자본에 보이는 것으로 연철로
표기되어 있다. 번각판에서는 '오·좀애(六037ㄴ3)'로 3회 나타난다. (37)은
〈권7〉의 을해자본에서는 자음동화된 '난ᄂ·니(七025ㄴ8)'가 1회, '난ᄂ니
와(七25ㄴ8)'가 2회로 자음동화 표기가 반영되어 있으나, 번각판에서는
'날ᄂ니와(七25ㄴ8)'로, 보각판에서 '날ᄂ니(七47ㄴ5)'로 나타난다.

[2] 번각본의 번각판

(38) 혜다(七014ㄱ4)　볼근(七014ㄱ8)　리허(七073ㄴ2)
　　　솔(七078ㄱ1)　맏(七071ㄱ4)　ᄒ간(七014ㄱ3)
　　　날굽(七080ㄱ5)

(39) 시ᄒ로니와룰(七014ㄴ6)　느르게(七016ㄱ5)　닐급(七016ㄱ6)
　　　히ᄂ디(七018ㄱ1)　쇠쭝을(七019ㄱ5)　글허(七019ㄱ8)
　　　셕둑화(七019ㄴ7)　아ᄀ(七021ㄱ8)　돈금(七024ㄱ4)
　　　쯰디(七048ㄴ2)　셜다물쫑(七065ㄱ7)　슷블(七068ㄱ5)

골ᄂ니(七070ㄱ6) 아혹(七070ㄴ4) 흐르돗(七085ㄱ5)

위에 제시한 (38)은 오각의 예이고, (39)는 탈획으로 보이는 예들이다.[33] (38)의 '혜다(七014ㄱ4)'는 '혜[디]', '볼근(七014ㄱ8)'은 '블근', '리허'는 '디허(七073ㄴ2)', '솔(七078ㄱ1)'은 '술'을 오각한 것으로 보인다. 또한 방점을 획으로 잘못 인식하여 판각한 것으로 보이는 'ᅙᅡᆫ(七014ㄱ3)'은 '힌'의 오각이고, '날굽(七080ㄱ5)'은 '닐굽'의 오각이다.

(39)는 판의 마모나 소실 등으로 탈획된 예들이다. 번각판에서 이러한 예가 많이 보인다. 위에 탈획된 예를 어휘 및 문맥에 맞게 재구해 보면 '시[사]ᄒ로니와롤(七014ㄴ6), 느[누]르게(七016ㄱ5), 닐급[굽](七016ㄱ6), 히ㄴ[힌]디(七018ㄱ1), 쇠쓩[쭁]을(七019ㄱ5), 글허[혀](七019ㄱ8), 셕둑[둑]화(七019ㄴ7), 아ᄀ[기](七021ㄱ8), 돈금[곰](七024ㄱ4), ,뗘디[게](七048ㄴ2), 셜[졀]다ᄆᆯ쓩(七065ㄱ7), 슛[슛]블(七068ㄱ5), 골[곪]ᄂ니(七070ㄱ6), 아혹[혹](七070ㄴ4), 흐르[르]돗(七085ㄱ5)'와 같다.

(40) 쎄븨여[34]   (41) 사바래   (42) 어미

(40)의 예 '쎄븨여'는 〈권2〉의 번각판에 1회 나타나는 것으로, 〈권2〉의 번각판에서는 '비·븨여(二028ㄱ7)'로 5회, 보각판에서는 '비븨여(二037ㄱ4)'로 1회 나타난다. (41)의 연철 표기된 '사·바래(二014ㄱ8)'는 번각판에서 단 1회 나타나는 것으로, 〈권2〉의 다른 번각판에서는 분철 표기된 '사발애(二006ㄱ7)'로 4회 나타나고, 보각판에서도 분철표기되어 1회 나타난다.

---

33) ≪구급간이방≫ <권7>의 원본을 확인하였으므로, 여기에서 제시되는 오각과 탈각의 예는 주로 <권7>을 대상으로 하였다.

34) 이 예는 번각판으로 분류된 장에서 나타나는 것이다. 그러나 '쎄븨여'가 보이는 부분만은 보각된 것으로 판단된다. '쎄븨-'는 <권2>의 이 부분과 <권6>의 보각판에서 4회 나타나는 것이다.

또 (42)와 같이 〈권7〉의 번각판에서는 '어미(七019ㄱ6)'의 표기가 단 1회
나타나는데, 또다른 번각판에서는 '어믜(七035ㄴ3)'로 5회, 보각판에서도
'어믜'로 2회 나타난다.

[3] 보각판

(43) 몰[믈](七015ㄱ7) ㅂㅏ[비]야미(七054ㄱ4)

(44) 긱[각](七028ㄱ4) 미[머]기라(七047ㄴ4)
    앙[양]으로(七028ㄱ7)

보각판에서는 (43)과 같이 오각된 예와, (44)와 같이 탈획된 예가 보이
는데, 보각판은 글자가 가늘지만 선명하게 나타나 탈획은 많이 나타나지
않는다. (43)의 '몰(七015ㄱ7)'은 '믈'을 오각한 것으로, 'ㅂㅏ야미(七054
ㄱ4)'는 '비야미'를 오각한 것이다. (44)의 '긱(七028ㄱ4)'은 '각', '미기라
(七047ㄴ4)'는 '머기라', '앙으로'는 '양으로'가 탈획된 것으로 보인다.

(45) 믈벌리집

중철의 '믈벌리집(三003ㄱ6)'은 《구급간이방》에서 1회 나타나는 것으
로 보각판에 보이는데, 연철 표기된 '믈버리집(三003ㄱ3)'도 보각판에서
함께 나타난다.

(46)　　　　(47)　　　　(48)

(49) ᄀ라 ᄒ여 (50) 둦ᄃ시

구급방류를 통틀어 (46)과 같이 구개음화된 '먹지(三003ㄴ5)'가 1회 나타나는데, 이 판은 계선도 없고 방점도 없다. 후대에 보각한 것으로 파악된다. (47)의 예, '하나져그내(三003ㄴ3)'도 '먹지'가 나타나는 판에서 보이는 것으로 단 1회 나타난다. 이것은 번각판에서 '하나져그나(三034ㄴ4)'로 5회 나타나는 것이다. (48)의 '멀쩡기셔(六80ㄱ3)'와 같이 각자병서 'ㅉ'이 보이는 예가 있는데, 'ㅉ'은 17세기에 이르러서야 나타나는 표기35)로 보각의 시기를 추정할 수 있는 예이다. 또한 을해자본과 번각판에서 'ᄀ라'로 나타나는 예가 보각판에서는 (49)처럼 'ᄀ라 ᄒ여(三003ㄱ8)'로 나타나는데 이것 역시 《구급간이방》에서 유일하다. 또 번각판의 'ᄃ시'가 보각판에서는 (50) '둦ᄃ시(三094ㄴ4)'로 나타난다.

그 외 《구급간이방》에서는 방점의 표기가 분류된 판에 따라 다르게 보이는 예들이 많은데, 김남경(2000)에서 논의된 것을 간략히 제시하면 다음과 같다.

---

35) 구급방류 언해서의 각자병서에 관해서는 3장 참조.

[표 10] 《구급간이방》의 판본별 방점 표기 비교

방점	을해자의 번각본		번각본의 번각판		보각판		17C보각판	
·ㄱㄴ·리	·ㄱㄴ·리(七036a3) ·ㄱ·ㄴ·리(七024a7)	3 1	·ㄱㄴ·리(七003b2) ·ㄱㄴ·리(七011a8) ·ㄱㄴ리(七077b5) :ㄱㄴ·리(七042a2) ㄱㄴ·리(七074a7)	23 1 1 2 2	ㄱㄴ·리(七031a7)	5	없음	
ㄱ·늘·에	·ㄱ늘·에(七077b7)	1	·ㄱ늘·에(三121a3) ·ㄱ늘·에(三007a6)	36 6	ㄱ늘에(三042b7) ㄱ늘·에(三042b8)	1 1	없음	
달·혀	달·혀(三087b5)	3	·달혀(三086a5) 달:혀(三053b7) 달혀(三077a7) 달·혀(三006b2) :달·혀(三097a2)	1 2 6 44 1	달혀(三093b4)	3	없음	
머·그면	머·그면(七026b6)	4	·머·그면(七078b1) 머·그·면(七007b8) 머·그면(七016a6) 머그·면(七006a6) 머:그면(七035a1) 머그면(七006b3)	1 2 28 1 1 2	머·그면(七028b3) 머그면(七031b1)	3 1	없음	
·ᄆᆞ레	·ᄆᆞ레(六027a3)	3	·ᄆᆞ레(六002a2) ᄆᆞ레(六013a2) ᄆᆞ·레(六052b2)	17 12 1	·ᄆᆞ레(六069b8) ·ᄆᆞ·레(六078a4) ᄆᆞ레(六008a8)	12 1 7	ᄆᆞ레 (六005a7)	4
밍·ᄀᆞ라	밍·ᄀᆞ라(六028a2)	2	밍·ᄀᆞ라(六002b6) 밍ᄀᆞ라(六013a1)	7 3	밍·ᄀᆞ라(六069a1) 밍·ᄀᆞ·라(六083b4) 밍ᄀᆞ라(六008a1)	8 1 7	밍ᄀᆞ라 (六006a3)	2
ㅂㄹ·라	ㅂㄹ·라(六027b6)	2	ㅂㄹ·라(六036b4) ㅂㄹ라(六043a1) ·ㅂㄹ·라(六027a7)	5 2 1	ㅂㄹ·라(六062a1) ㅂ·ㄹ·라(六075a6) ㅂㄹ:라(六063b4) ㅂㄹ라(六063b8) ㅂㄹ·라(六062b6)	2 1 1 4 20	ㅂㄹ라 (六033a6)	2
·ᄉᆞ론	·ᄉᆞ론(三106b3)	8	·ᄉᆞ론(三013a6) ᄉᆞ론(三030b8) :ᄉᆞ론(三053b4)	19 2 1	ᄉᆞ론(三094a6)	1		
아·니커·든	아·니커·든(六028b3)	3	아·니커든(六060a1) 아·니커·든(六001b7) 아니커든(六026b5)	1 4 2	아·니커·든(六087b1)	2	아니·커든 (六005b7) 아니커든 (六005b3)	1 1

《구급간이방》의 방점 표기36)를 분류된 판에 따라 비교한 것이다. 《구급간이방》은 현전하는 책이 모두 다섯 권이고, 지역별 차이와 시기적 차이가 혼재되어 있다. 이 점을 고려하여 권마다 방점의 양상을 따로 비교하였는데, 한 권안에서도 판종에 따라 방점의 양상이 다름을 알 수 있다. 대체로 을해자본에서는 비교적 일정하게 쓰이고 있으나, 번각판에서는 매우 혼란된 양상을 보이고 있는데, '머그면'을 예로 들면, 을해자본에서는 4회 모두 일정하게 방점이 찍혀 있으나, 번각판에서는 무려 6가지로 나타나고 있기도 하다. 이 때 을해자본과 같은 형태를 보이는 표기가 대체로 빈도가 높음을 알 수 있다. 또한 보각판에서는 방점이 없는 표기가 높은 빈도로 나타난다. 보각판의 방점 표기의 혼란 정도는 권에 따라 차이가 있는데, 〈권7〉, 〈권3〉에서는 비교적 일정하게 나타나지만, 〈권6〉의 경우, 한 장 안에서도 혼란되어 나타난다. 또한 빈도를 고려해 보면, 번각판에서는 혼란되는 방점 표기 중 을해자본의 방점 표기와 같은 형태로 나타나는 것이 높은 빈도를 보였으나, 보각판에서는 을해자본에서 적힌 형태의 방점 표기의 빈도가 높지 않다.

2.1.3. 《언해구급방》

《언해구급방》은 선조 40년(1607년) 내의원에서 허준에 의해 상하 2책으로 간행되었다. 임진왜란 후, 조선 전역에 기근과 전염병이 난무하여 사망자가 속출하고, 1602년에 함경도, 전라도에 발생한 전염병이 1604년까지 계속되어 조정에서는 의관들을 각도에 파견하였다.37) 1603년에는 왕세

---

36) 맨 앞에 제시한 방점의 표기는 《구급간이방》의 을해자본을 중심으로 《석보상절》과 《月》의 방점을 참조하여 제시하였고, 뒤의 숫자는 빈도를 표시한 것이다.
37) "전라도 관찰사 韓浚謙이 馳啓하기를, 나주지역에 전염병이 크게 일어나 일가족이 몰살하므로 의약을 보내어 급히 구활하게 하소서." (《선조실록》 선조36년 2월 9일조.)

자 제2남과 왕녀가 전염병으로 죽고, 1604년에는 왕마저 병환으로 눕게 되어, 선조는 내의원이었던 허준에게 명하여 이 책을 편찬하게 하였고, 이 때 허준은 《동의 보감》을 집필 중이었으나 《언해구급방》을 먼저 편찬하게 되었고 다음해 《언해 두창 집요(諺解痘瘡集要)》와 《언해 태산 집요(諺解 胎産集要)》를 편찬하였다.[38]

이 책은 크게 상하 2권으로 되어 있으며 구급에 관한 내용뿐 아니라, 전염병에 관한 내용까지 포함하고 있다. 필사본만이 전하였으나, 내의원활자본[39] 상하 2책이 발견되었다. 내의원활자본 《언해구급방》은 모두 2권 2책이며, 현재 개인소장이다.[40]

《언해구급방》의 형태 서지를 살펴보면 다음과 같다. 《언해구급방》의 표지는 소실된 것으로 보이며, 책의 크기는 세로×가로 각각 '31.8cm× 21.2cm'이고, 半匡은 세로×가로 각각 '25.1cm×17.4cm'이다. 목차는 필사본을 참조하면 3장이 있었던 듯하나 마지막 장만이 파손된 채 남아 있다. 표지 안쪽의 내제는 '諺解救急方上'이다. 사주쌍변이고, 판심의 어미는 上下內向 6葉花紋黑魚尾이고, 판심제는 '諺解救急方上'이다. 원문은 11행 20자(언해는 19자)이며 계선이 있다. 5자와 10자 사이에 판심제와 권차가 있고, 14자와 16자 사이에 장차가 있다. 책 앞 목록은 1장이 남아 있고 나머지는 소실되었다. 본문은 47장으로 온전하며, 하권은 책의 앞뒤가 낙

"전라도 내에서 癘疫 및 大小疫, 大頭瘟의 병이 크게 발생하고, 게다가 뜻밖에 중악으로 폭사하는 사람이 폭사하는 사람이 무일무지하자, 관찰사 韓浚謙이 馳啓하여 該曹로써 전고를 참고하여 급속히 거행케할 것을 청하였다."(《선조실록》 선조36년 3월 6일조.)

38) 김중권(1994: 671-677) 참조.

39) 내의원활자본은 훈련도감에서 만들어진 활자를 빌려와 내의원 의서를 간행할 때 그것으로 찍은 것이다. 그 후 빌려온 활자는 훈련도감으로 되돌려주는데, 다시 말해, 같은 활자로 훈련도감에서 찍으면 훈련도감자이고, 내의원에서 찍으면 내의원 활자가 되는 것이다. 《東醫》도 내의원활자임.

40) 《언해구급방》<하권>은 1988년 국어사학회에서 남권희 교수에 의해 학계에 알려졌다.

장되어 9장 뒷면부터 46장 뒷면까지가 남아 있다.

[표 11] 《언해구급방》의 형태 서지

소장처			개인서명
표지 서명			없음
서 문			없음
목 록			中風을 비롯한 77가지 항목.
권수제			諺解救急方上·下
책크기(㎝)			31.8 × 21.2
판 종			내의원활자본
판식	사주		단변
	계선		○
	행수 및 자수		8행 17자
	판심	어미(魚尾)	상하내향 6엽 화문흑어미
		판심제	諺解救急方 上·下
낙 장			하권 - 9장 뒷면 - 46장 뒷면

[그림 13] 《언해구급방》 목록
(마지막 장)

[그림 14] 《언해구급방》 상권

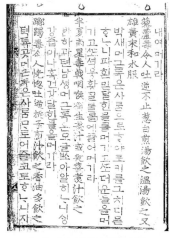

[그림 15] 《언해구급방》 하권

2.2. 목록과 체계

2.2.1. 목록 비교

《구급방》, 《구급간이방》, 《언해구급방》 3가지의 목록을 비교하였다.

《구급방》은 목록과 내용이 모두 현전하고 있다. 《구급간이방》은 〈권4, 5, 8〉이 현전하지 않고 그 목록만 남아 있다. 《언해구급방》 역시 하권의 앞부분과 뒷부분이 훼손되어 그 내용을 완전하게 알 수 없어 그 부분은 필사본의 목록41)으로 대신하였다.

---

41) 필사본 《언해구급방》는 목록도 함께 필사되어 있다. 上권과 下권의 목록 모두 를 '一부터 七五'로 한꺼번에 제시하고 있다. 이 중 上권에 해당하는 것은 '一 ~ 四二'까지이고, 下권은 '四三 ~ 七五'까지이다. 그러므로 下권의 목록을 모두 33가 지로 제시하고 있음을 알 수 있다. 그러나 위의 목록표의 '21번인 疔瘡'의 경우, 필사본의 목록에는 보이지 않으나, 목활자본에서는 권점 'O'을 달고, 그 아래 병 명 '疔瘡'을 표기하고, '뎡죵이라'라고 그에 대한 간단한 설명을 하고 있는 것으로 보아, 하나의 목록으로 다루고 있음을 알 수 있다. 또한 《구급간이방》에서도

이들 세 문헌의 목록은 이름과 순서가 일치하지 않아, 체계적으로 정리하는 데 어려운 점이 있었다. 모든 목록을 모아 가나다순으로 나열한다면 간단하긴 하지만 비슷한 종류를 묶는 데는 일관성이 없다. 이를 보완하기 위해, 역순 색인을 하여, '一風, 一痛, 一傷' 등으로 묶어 정리하였다. 목록 뒷부분에 그 목록이 나오는 문헌과 순서를 표시하였다. ' ' 표시는 부록 부분에서 발견된 목록을 표시한 것이고, '*' 표시는 《구급간이방》과 《언해구급방》에 목록만 있고 내용이 없는 것을 표시한 것이다.

[표 12] 구급방류 전체 목록 비교표

번호	목록	구급방	구급간이방	언해구급방	비고
1	大便不通		(간三)	(언上)	
2	大小便不通	(구上)	(간三)		
3	小便不通		(간三)	(언上)	
4	姙娠大小便不通		(간七)		
5	頭痛			(언上)	
6	心痛	(구上)		(언上)	구-卒心痛
7	腹痛	(구上 ')		(언上)	구-[卒心痛]附
8	心腹痛		(간二)		
9	姙娠心腹痛		(간七)		
10	疝痛			(언上)	
11	耳痛		*(간四)		
12	卒腰痛		(간二)		
13	口瘡		(간三) (간八)		
14	金瘡	(구上)	*(간五)		
15	大風瘡			(언下)	
16	凍瘡	(구上 ')	*(간五)		구-[中寒]附
17	杖瘡	(구下 ')	*(간五)		구-[打撲傷損]附
18	面上生瘡		(간三)		
19	陰蝕瘡			(언下)	

'丁瘡'이라는 목록을 찾아 볼 수 있으므로 여기에서 ≪언해구급방≫의 필사본의 목록에 '疔瘡'을 추가하여 34가지로 제시하였다. 그러므로 <상권> 42, <하권> 34가지로 ≪언해구급방≫의 목록은 모두 76가지이다.

20	疔瘡		(간三)	(언下)	간-丁瘡
21	天疱瘡			(언下)	
22	漆瘡		*(간五)		
23	車馬墮傷	(구下)			
24	狂犬傷	(구下)	(간六)	*(언下)	구-猘犬咬 간-風咬傷
25	筋斷骨折傷			(언下)	
26	金鎗傷			*(언下)	
27	毒蛇傷		(간六)		
28	常犬傷	(구下′)	(간六)		구-[猘犬咬]凡犬咬附
29	諸獸傷			*(언下)	
30	諸蟲傷	(구下)	(간六)	*(언下)	간-諸惡虫傷
31	諸刺傷			(언下)	
32	蜘蛛傷		(간六)		
33	打撲傷	(구下)	*(간五)	(언下)	간-打撲傷損
34	墮壓傷	(구下′)	(간一)	(언下)	구-[車馬墮傷]從高墮下壓傷, 간-木石壓死
35	湯火傷	(구下)	*(간五)	(언下)	
36	急慢驚風			*(언下)	
37	白處風		(간一)		
38	姙娠中風		(간七)		
39	紫白癜風		(간六)		
40	中風	(구上)	(간一)	(언上)	
41	破傷風		(간六)	(언上)	
42	背腫		(간三)		
43	舌腫	(구上′)	(간二)	(언上)	구-[纏喉風喉閉]附
44	腮腫		(간三)		
45	喉腫	(구上′)	(간二)		구-[纏喉風喉閉]附 간-咽喉腫
46	臍腫		(간八)		
47	蠱毒		*(간五)	(언下)	
48	菌毒	(구下)	*(간五)		간-一切蕈毒
49	丹毒		(간三)		
50	蜂薑毒		(간六)		
51	砒礵毒	(구下)	*(간五)		구-中砒礵毒
52	烟熏毒			(언下)	
53	飮食毒			(언下)	
54	諸果毒			(언下)	

55	諸藥毒	(구下´)	*(간五)	(언下)	구-[中砒礵毒]附
56	諸肉毒	(구下)	*(간五)	(언下)	구-魚肉毒 간-六畜肉毒
57	諸魚毒	(구下)	*(간五)	(언下)	구-魚肉毒 간-一切魚毒
58	諸菜毒	(구下)	*(간五)	(언下)	구-菜毒 간-一切菜毒
59	便毒		(간三)		
60	蚯蚓咬		(간六)		
61	馬咬	(구下)	(간六)		구-馬咬馬踏馬汗 馬骨馬踢
62	猫咬	(구下´)	(간六)		구-[虎咬]附
63	鼠咬	(구下´)	(간六)		구-[虎咬]附
64	蜈蚣咬		(간六)		
65	猪咬	(구下´)	(간六)		구-[虎咬]熊猪傷附
66	虎咬	(구下)	(간六)		간-虎傷
67	子死腹中		(간七)		
68	竹木刺人肉中	(구下´)	(간六)		구-[箭鏃金刃入肉 及骨不出]竹木刺 附
69	針刺折肉中		(간六)		
70	氣厥			(언上)	
71	痰厥			(언上)	
72	尸厥	(구上)		(언上)	
73	食厥			(언上)	
74	産後腸出		(간七)		
75	眼睛突出		*(간四)	(언上)	간-目珠子突出
76	箭鏃金刃入肉及 骨不出	(구下)			
77	九竅出血	(구上´)	(간二)	(언上)	구-[吐血下血]附
78	齒間出血	(구上´)			구-[吐血下血]附
79	尿血		(간三)		
80	衄血		(간二)	(언上)	간-鼻衄
81	吐血	(구上)	(간二)	(언上)	구-吐血下血
82	斷穀不飢藥			*(언上)	
83	俗不藥			*(언下)	
84	瘧疾藥			*(언下)	
85	凍死	(구上´)	(간一)	(언上)	구-[中寒]附 간-冬月凍死
86	餓死			(언上)	

87	五絶死		(간一)		
88	溺死	(구上)	(간一)	(언上)	언-溺水死
89	自縊死	(구上)	(간一)	(언上)	구-自縊
90	入井塚卒死			(언上)	
91	卒死	(구上)	(간一)	(언上)	
92	產後血不下		(간七)		
93	乳汁不下		(간七)		
94	胎衣不下		(간七)	*(언下)	언-胞衣不下
95	邪祟			(언上)	
96	癲狂			(언上)	
97	乳癰		(간七)		
98	骨鯁	(구上)	(간六)	(언上)	언-諸骨鯁
99	治瘢痕		(간六)		
100	脫肛		*(간四)		
101	諸蟲			(언上)	벌어지들 숨낀 병
102	泉神方			*(언下)	
103	痘瘡陷入		(간八)		
104	諸淋		(간三)		
105	失音	(구上´)	(간二)	(언上)	구-[纏喉風喉閉]附
106	鬼魘	(구上)	(간一)	(언上)	구-鬼魘鬼打 간-夜魘死
107	痘瘡黑陷		(간八)	*(언下)	
108	牙疳		(간八)		
109	走馬疳		(간三)		
110	大小便血		(간三)		
111	手足裂		*(간五)		
112	誤吞金鐵		(간六) (간六)	(언上)	간-誤吞金銀 간-誤吞針類
113	誤吞竹木		(간六)		
114	生下氣絶		(간八)		
115	重舌		(간八)		
116	口出白沫		(간八)		
117	脣口緊		(간三)		
118	血暈	(구下)		(언下)	
119	諸穴論			*(언下)	
120	夜多小便		(간三)		
121	中寒	(구上)	(간一)	(언上)	
122	痘瘡入眼		(간八)		
123	物入眼		*(간四)	(언上)	언-飛絲入口眼
124	難產	(구下)	(간七)	(언下)	구-孕婦逆生

					[難產]附
125	癩疝		*(간四)		
126	痘瘡爛		(간八)		
127	霍亂	(구上)	(간二)	(언上)	구-霍亂吐瀉
128	驚癎		(간八)		
129	諸風癎		(간一)		
130	酒同食			*(언下)	
131	陰縮	(구上)	*(간四)		구-脫陽陰縮
132	眯目	(구下)		(언上)	
133	兒在腹中哭		(간七)		
134	陰陽易			(언上)	
135	傷寒時疫		(간一)		
136	咳逆			(언上)	
137	腦然有核		*(간八)		
138	中惡	(구上)		(언上)	구-中忤中惡鬼氣
139	眼卒生翳膜		*(간四)		
140	遍身無皮		*(간八)		
141	外痔		*(간四)		
142	產後血不止		(간七)		
143	物入耳		*(간四)		
144	百虫入耳	(구下)	*(간四)	*(언下)	구-諸蟲入耳 언-諸虫入七竅
145	赤白痢		*(간四)		
146	上氣			(언上)	
147	中氣	(구上)	(간一)		
148	常食相忌			*(언下)	
149	不飮乳		*(간八)		
150	吐乳		*(간八)		
151	失欠頷車蹉候	(구上)	(간三)		
152	煩熱少睡		(간一)		
153	卒咳嗽		(간二) (간七)		간-姙娠咳嗽
154	客忤		*(간八)		
155	大小便閉		*(간八)		
156	纏喉風喉閉	(구上)	(간二)	(언上)	간-纏喉風 언-喉閉
157	疫癘			(언下)	
158	夜啼		*(간八)		
159	癧疽			(언下)	
160	中暑	(구上)	(간一)	(언上)	간-夏月熱死
161	噎塞		(간二)		

162	口噤不開		*(간八)		
163	絞腸沙	(구上´)	(간二)		구-[霍亂吐瀉]附
164	泄瀉		*(간四)		

전체 목록은 164가지였으나, 세 문헌의 목록 모두에서 나타나는 병명은
中風, 舌腫, 骨鯁, 狂犬傷, 諸蟲傷, 打撲傷, 墮壓傷, 湯火傷, 失音, 鬼魘,
九竅出血, 吐血, 中寒, 難產, 霍亂, 諸藥毒, 諸肉毒, 諸魚毒, 諸菜毒, 百
虫入耳, 纏喉風喉閉, 凍死, 溺死, 自縊死, 卒死의 25가지이고, 그 중 打
撲傷, 湯火傷, 諸藥毒, 諸肉毒, 諸魚毒, 諸菜毒 등의 6가지는 《구급간이
방》에 목록만 있고 내용이 없는 부분이고, 狂犬傷, 諸蟲傷, 百虫入耳 등
3가지는 《언해구급방》에 그 내용이 없다. 그러므로 내용 비교가 세 문헌
모두에서 가능한 목록은 中風, 舌腫, 骨鯁, 墮壓傷, 失音, 鬼魘, 九竅出
血, 吐血, 中寒, 難產, 霍亂, 纏喉風喉閉, 凍死, 溺死, 自縊死, 卒死 모두
16가지에 불과하다.

그리고 하나의 문헌에만 나오는 목록들도 있는데, 《구급방》에만 있는
목록은 車馬墮傷, 齒間出血의 2가지뿐이다.

《구급간이방》에만 나타나는 목록은 모두 66개로 아래와 같다.

處風, 紫白癜風, 子死腹中, 針刺折肉中, *姙娠大小便不通, 心腹痛,
姙娠心腹痛, 耳痛, 卒腰痛, 背腫, 腮腫, 臍腫, 乳癰, 治癜痕, *脫肛, 口
瘡, 面上生瘡, *漆瘡, 毒蛇傷, 蚼蛛傷, 痘瘡陷入, 諸淋, 牙疳, 走馬疳, 產
後腸出, 大小便血, 尿血, *手足裂, 誤吞竹木, 生下氣絕, 重舌, 口出白沫,
脣口緊, 夜多小便, 痘瘡入眼, *癩疝, 痘瘡爛, 驚癇, 諸風癇, 丹毒, 蜂蠆
毒, 便毒, 兒在腹中哭, *傷寒時疫, *腦然有核, *眼卒生翳膜, *遍身無皮,
*外痔, 產後血不止, *物入耳, *赤白痢, *不飲乳, *吐乳, 煩熱少睡, 卒咳
嗽, 蚯蚓咬, 蜈蚣咬, *客忤, *大小便閉, *夜啼, 噎塞, *口噤不開, 產後血
不下, 乳汁不下, *泄瀉, 五絕死.

또한 《언해구급방》에만 나타나는 목록은 모두 31가지로 다음과 같다.

*急慢驚風, 邪祟, 癲狂, 頭痛, 疝痛, 大風瘡, 陰蝕瘡, 天疱瘡, 諸蟲,
筋斷骨折傷, *金瘡傷, *諸獸傷, 諸刺傷, 氣厥, 痰厥, *諸穴論, *酒同食,
烟熏毒, 飲食毒, 諸果毒, 陰陽易, 咳逆, *斷穀不飢藥, *俗不藥, *瘧疾藥,
上氣, *常食相忌, 疫癘, 癰疽, 餓死, 入井塚卒死.

2.2.2. 내용 체계 비교

목록 비교를 바탕으로, 구급방 3종의 내용 체계[42]를 살펴보면, 다음과
같은 몇 가지 점들을 찾아볼 수 있다. 원간본의 편찬 시기를 기준으로《구
급방》,《구급간이방》,《언해구급방》의 순으로 그 내용을 살펴보겠다. 세
문헌 비교에서 '霍亂' 부분을 예로 든 것은, 세 문헌 목록 비교를 통해 내
용 비교까지 가능한 병명 중 체계를 비교하는데 있어, 내용이 정연하고 분
량도 많으며, 문헌 마다의 특징이 잘 드러났기 때문이다.

(1)《구급방》

《구급방》은 대체로 '병명 - 원인 - 증세 - 처방'의 순서로 구성되어 있다.

> [병명] …霍亂吐瀉第九沙證附
> (한문원문 생략)
> [원인] …처서믜 춘 믈 마쇼믈 因힌커나 시혹 치위에 든니거나 시혹
> 비 골커나 시혹 너무 怒눙커나 시혹 비와 술위와 타 胃ㅇ氣
> 를 傷샹ᄒ면
> [증세] …사ᄅ미 우흐로 吐퉁케 ᄒᄂ니 우흐로 吐퉁호믈 그치디 몯ᄒ
> 면 사ᄅ미 아래로 즈츽에 ᄒᄂ니 吐퉁와 즈츽유미 ᄒ쁴 니르와
> ᄃ면 霍확亂란이 ᄃ외야 머리 횟두르며 누니 횟두르며 손밠히
> 미 올ᄆ며 四ᄉ肢肢징 ᄎᄂ니 藥약을 디마니 ᄒ면 아니 한 ᄉᄉ

---

42) 이글에서 내용 체계는 국어 현상을 제외한 언해자의 태도 및 언해서 자체의 특징
 을 중심으로 다룬 것이다.

예 救굴티 몯ᄒᄂ니

[처방] …吳옹茱슈萸유와 木목瓜광와 소곰 各각 半반 兩량을 흔듸 봇
가……(후략)

먼저, 한자로 병명을 밝히고, 그 병에 걸리게 된 원인을 세분화하여 설
명한다. 이어 그에 해당하는 증세를 간단하지만 매우 전문적이고 과학적으
로 기술하고 있다. 그리고 그 증세에 해당하는 처방을 다양하게 제시하고
있다. 특히 처방에는 주로 '먹는 약'이 높은 빈도를 차지한다.

또《구급방》에는 '힌 ᄢᆯ와 ᄆᆯ죵과 두 가지를 새 므레 프러 즛의 앗고
흔 보ᅀᆞ를 다 머그라 비록 더러우나 神씬奇긩흔 功공이 잇ᄂ니 ᄢᆯ 업서
도 ᄯᅩ ᄒ리라(白蜜馬糞二味不以多少擂新水化下去滓頓服一碗雖曰穢汚
却有神功無蜜亦可)'와 같은 구절이 나오는데, '비록 더러우나'와 같은 어
구는 다른 문헌에서는 찾아보기 힘든 것으로, 집필자의 관점이 드러난 부
분이었다.

《구급방》은 '얼우는 흔 되옴 ᄒᆞ르 세 번 먹고 져므닌 닷 호블 머그면
됴ᄒ리라(구上05ㄴ2)', '흔 큰 盞잔(구上06ㄱ7~8), 흔 中듕盞잔(구上09
ㄴ2)(구上09ㄴ4)'에서처럼 복용량과 계량의 단위가 비교적 세분되어 나타
난다. 또한《구급방》은 다른 문헌보다 구완시 금기사항이 많은 것도 또 다
른 특징이라 하겠다.[43]

(2)《구급간이방》

《구급간이방》은 대체로 '병명 - 전문처방 - 간단한 증세 - 매우 다양한

---

43) '此皆禁酒猪 이 다 술와 도틱 고기와   고기와 生싱菜칭를 禁금止징홀디니라(구
   下67ㄱ7), 終身禁食狗肉若食 모미 뭇ᄃ록 가희고기를 먹디 말라(구下72ㄴ8)' 등
   과 같이 나타난다. 《구급방》에서는 한자 원문에 '禁'이 3회, '忌'가 '6회' 나타나
   는데 비해 《구급간이방》에서는 '禁'이 3회, '忌'가 2회 나타나는데, 이렇듯 《구
   급방》의 전체 분량이 《구급간이방》에 비해 적음에도 불구하고, '금지'를 의미
   하는 한자의 빈도가 더 높다.

구급 처방'의 순서를 거친다.

[병   명] …霍亂(·도와리라)
[전 문 처 방] …宜服和劑方理中湯治中湯藿香正氣散
　　　　　　화·졔방·애 :리튱탕·과 티듕탕·과 ·곽향:졍·긔:산·과를
　　　　　　머·고미·맛당ᄒ·니라
[간단한 증세] …霍亂洞下不止 艾(·뿍)一把水三升煮取一升頓服之良
　　　　　　·도와·리 ·ᄒ야 ᄀ·장 즈   요·미 긋·디 아·니 커·든
[구 급 처 방] …뿍 흔 :줌·을 ·믈 :서 ·되예 글·혀 흔 ·되 ᄃ외어·든 믄·
　　　　　　득 머·고미 :됴ᄒ·니라(후략)

　위와 같이 한자로 된 병명을 밝히고 세주에 그 병명에 대해 간단히 설
명한다. 바로 다음에는 전문적인 처방전을 제시한다. 그리고는《구급방》과
같은 자세한 병의 원인과 증세에 대한 설명은 뛰어 넘고, 간단한 병의 증
상과 그에 해당하는 처방을 기술하였다.《구급간이방》은 처방하는 방법이
매우 다양한데, 분량도 위에 제시한 '霍亂'의 경우를 예로 들면,《구급방》
의 약 1.5배,《언해구급방》의 약 3배에 달한다. 비슷비슷한 증세들과 그에
해당하는 각각의 처방들이 대부분을 차지하고 있다. 그러나 양적으로는 많
으나 짜임새는 허술하여 '霍亂'의 경우, 내용의 일부 중 '乾霍亂'에 해당하
는 부분을 전반부에서 언급하였다가, 후반부에 다시 비슷한 내용으로 중복
설명을 하기도 한다. 아마도 다양한 치료법들을 모으는 게 급선무였던 듯
하다.
　또한《구급간이방》은 ':수·빅신·을 :시·험ᄒ·니 :다 ·쁨 ᄆ·ᄎ며 ·즉재
니·러 앉·더라(已試數百人皆灸畢即起坐)'에서처럼 신뢰도를 높이기 위한
예도 찾아 볼 수 있다.

(3) 《언해구급방》

《언해구급방》은 대체로 '병명 - 증세 - 처방 - 침구법'의 순서를 거친다.

> [병　명] …霍亂 가슴 빅 알코 토코 즈치는 병이라
> [증　세] …곽난중에 토코 즈치기를 극히 흐야 수지 츠고 인수를 모릭 거든
> [처　방] …텬람셩 ᄀᄅ 두 돈을 싱강 다숫 편과 대쵸 둘 녀허 달혀 머기면 즉시 씨ᄂᆞ니라(중략)
> [침구법] …침구법은 토샤 긋디 아니커든 텬츄를 일빅 붓 쓰고 긔히 일빅 붓 쓰고 듕완 세닐굽 붓 쓰라(후략)

위와 같이 한자로 된 병명을 밝히고, 그 병명에 대한 설명을 비교적 자세히 하였다. 그 뒤의 언해부분부터는 한자어로 된 병명을 직접 제시하면서 간단한 증세와 처방을 설명하고 있다.

증세와 처방을 기술할 때는 《구급방》과 《구급간이방》보다 훨씬 더 체계적인 양상을 보인다. 좀더 관련이 깊은 증세끼리는 모아서 그에 해당하는 처방을 한꺼번에 제시한다. 예를 들면, '霍亂'의 경우, 토사를 하는 '곽란'과 토사를 하지 못하는 '건곽란'을 구별하고 있는데, 《구급방》과 《구급간이방》에서는 단순 나열식으로 이들의 증세와 처방을 제시하는데 비해, 《언해구급방》에서는 '곽란'과 '건곽란'을 명확하게 가려 분류하고 '곽란'을 제시한 뒤, 그에 해당하는 처방을 한꺼번에 모으고, 또 '건곽란'의 경우도 그 처방을 한꺼번에 제시하고 있다.

또한 《언해구급방》은 새로운 내용이 추가되기도 하는데, '곽란'의 경우는 《구급방》에서 '배멀미'가 발병의 원인으로만 언급되고 그에 해당하는 처방이 제시되지 않았는데, 《언해구급방》에는 '船暈症'으로 배멀미 부분을 추가하고 그에 대한 처방을 함께 설명하기도 하였다. 《언해구급방》의 가장 두드러진 특징은 처방의 마지막에 '침구법'이 다루어진다는 것이다.

그 외에도 《언해구급방》은 중세와 발병 정도에 따라 구완 가능한 자와 불가능한 자를 구별하고 있고, 일찍 구하는 정도에 따라 치료 가능성을 다음과 같이 다르게 제시하고 있다. '일즉 구ᄒ니ᄂ 열헤셔 닐굽여 이 됴코 버거 구ᄒ니ᄂ 네다ᄉ시 됴코 늣거야 구ᄒ니ᄂ 열헤 ᄒ나히 됴티 몬ᄒ느니라(早者十全七八次則十全四五遲則十不全一)(언上16ㄱ3~5)'와 같이 《구급방》과 《구급간이방》에 비해 매우 현실적이다.

이들 세 문헌의 특성을 요약하면, 《구급방》은 발병의 원인과 증세에 관해 비교적 전문적이고 과학적으로 설명하고 있다. 또한, 성인과 노약자의 복용량에 차이를 두고 계량 단위도 세분되어 나타나는 점, 구완시 금기사항이 많다는 것이 특징이다. 《구급간이방》은 양이 매우 방대하고 처방 또한 매우 다양한 점을 큰 특징으로 들 수 있고, 신뢰도를 높이기 위한 언급들을 찾아볼 수 있었다. 《언해구급방》은 《구급방》과 《구급간이방》에 비해 구체적이고 체계적인데, 처방의 마지막에 침구법을 다루고 있고, 처방 내용도 추가된 부분이 있다. 그 외에 구완가능한 자와 불가능한 자를 구분하고 있는데 '죽었던 자도 살리는' 다른 문헌에 비해 매우 현실적이다.

3. 표기

3.1. 문자 체계

3.1.1.《구급방》

문자 체계상의 특성 중, 한자음 표기에 있어서,《구급방》에서는 동국정
운식으로,《구급간이방》과《언해구급방》에서는 현실한자음으로 표기하고
있다. 그러므로《구급방》의 문자체계는 고유어 표기와 한자음 표기로 나누
어 제시하기로 한다.

3.1.1.1. 고유어 표기

《구급방》에는 방점이 있고, 'ㅿ'이 쓰였다. 종성의 'ㅇ'의 표기 또한 탈
획을 제외하면 일정하게 쓰이고 있다. 병서 표기에 있어서는 각자병서는
주로 한자음 표기에서 보여지며, 합용병서는 고유어 표기에 다양하게 나타
난다.

《구급방》에서 고유어 표기에 쓰인 초성자를 표로 제시하면 다음과
같다.[1]

---

[1] 대상 문헌에서 나타나는 문자를 김동소(2003ㄴ: 64)의 방법으로 제시한 것이다.

초성자	ㄱ ㄷ ㅂ ㅅ ㅈ
	ㅋ ㅌ ㅍ ㅊ ㅎ
	ㄲ ㅆ
	          ㅸ
	ㅇ ㄴ ㅁ ㅿ ㆁ ㄹ
	ㅈ ㅅ ㅉ ㅆ (ㄶ)
	     ㅳ ㅄ ㅶ ㅷ
	  ㅴ ㅵ

초성자의 'ㅸ, ㅿ, ㅇ'및 병서 표기의 예를 제시하면 다음과 같다.

(1) ㅸ - 傷用梨削貼不爛止痛易瘥 또 湯탕火황傷샹을 고튜딗 비를
   데며 브티면 므르디 아니ᄒ며 알ᄑ디 아니ᄒ며 수비 둗ᄂ니
   라(下15ㄱ5)

(2) ㅿ - 겨스레 (上74ㄱ3), 긔싀니와(下27ㄱ2), ᄆᆞ새(上71ㄱ3), ᄆᆞᅀᆞ라
   기(下37ㄴ7), 다 ᄒ야ᅀᅡ(下01ㄴ2), 댓무읏벗(上68ㄱ2), 두서
   (上10ㄴ8)(上83ㄱ2), 보ᅀᅭ(下60ㄱ7), 보ᅀᅩ로(上35ㄴ8), 브ᅀᅥ
   (上38ㄱ5)

(3) ㅇ - 그어긔(下71ㄴ1), 니기홍두윤(上09ㄴ6), 니기홍두여(上28ㄴ
   5), 알ᄑ고(下28ㄱ6)

(4) ㅋ - 킈(下60ㄴ1), 캇ᄀᆞ로(下79ㄱ5) / ㅌ - 턍만ᄒ고(上68ㄱ6)

(1)의 예와 같이 구방에서 'ㅸ'은 딘 1회 나타난다. 'ㅸ'은《원각경 언해》
에서부터 완전히 없어진 표기[2]이나 그 후 문헌인《목우자 수심결(牧牛子
修心訣) (언해)》과《몽산 법어(蒙山法語) (언해)》에서 나타나기도 한다.[3]

---

[2] 《원각경(圓覺經) (언해)》(10권 10책의 목판본)는 1465년 간행되었으며, 한문 속
   의 입곗과 언해문에서 'ㅸ'및 'ㆆ', 각자 병서를 완전 폐기한 것이 두드러진 점이
   다.(김동소 2003ㄴ: 34 참조)

[3] 김동소(2003ㄴ: 76-77)에서는 비현실적 자음 표기 문자로 'ㅸ'과 'ㅿ'을 들고 있다.
   'ㅸ'에 대하여는 남부 방언의 'ㅂ'음 유지형 낱말과 중부 방언의 'ㅂ'음 탈락형 낱
   말의 절충형을 표기하기 위해 겨우 20년간 쓰인 문자로 보았다. 'ㅸ'은 《용비 어
   천가》,《훈민 정음 (해례)》,《훈민 정음 (언해)》,《석보 상절》,《월인 천강지

(2)의 예 'ㅿ'은 구방에서 '겨슬', 'ㄱ새', 'ㄱ스라기', '보슻' 등의 어휘에서
표기되었으며, 종성에서도 'ㄹ긋-', '봊-'등의 어휘에서 다수 표기되고 있다.
(3)의 예 'ㆁ'의 표기는 '그어긔, 니기흥두윤, 니기흥두여' 등에서 나타난
다. '알ㅍ고'에서도 'ㆁ'이 보이는데, 덧칠한 것일 가능성이 있다. 그 외 (4)
'ㅋ'는 '킈', '캇ㄱ로' 등에서 보이는데, '캇ㄱ로'는 단 1회 나타나는 것으로,
한자 '倒'에 대응하는 것이나, 이를 제외한 '倒'의 대응어휘는 '갓ㄱ로(下84
ㄱ4)(下84ㄴ7)(下85ㄱ4)(下85ㄱ7)'로만 4회 나타난다. 역시 영인 당시 덧
칠한 것으로 보인다. 또한 병서 표기를 살펴보면 다음과 같다.4)

  (1) ㄲ - 믈까(上79ㄴ1)
      恐誤囓傷人指也 사르미 숤가라를 그르 믈까 저프니라(上79ㄴ1)
  (2) ㅆ - 쐬면(구上52ㄱ5)
      熏一二時久骨自下 흔두 時씽刻킉을 쐬면 쎼저 나ᄂᆞ니라(구上52ㄱ5)

《구급방》에는 고유어에 'ㄲ'과 'ㅆ'으로 표기된 각자병서가 위의 예와
같이 나타난다. 각자병서의 표기는 고유어 표기에서는 'ㄲ'과 'ㅆ'이 보인
다. (5)의 'ㄲ'의 경우, 하권에는 위의 예와 같은 경우인 'ㄹ'다음에 어미
'-가'가 오는 경우, '수욿 毒독氣킝이 사르미 챵ᄌᆞ를 석게 홀가 저혜니(下
77ㄴ3)'와 같이 'ㄱ'을 병서하지 않고 있다. 또한 김동소(2002:84)에서와

<hr>

곡》등 세종대 문헌에 쓰이던 'ㅸ'은 세조대 문헌에 오면 거의 사라져 버리는데,
세종대 문헌의 '이볼-, 셔볼, 스ᄀᆞ볼, ᄒᆞ볼샤, 글발, 가비야볼, 열본, 묻ᄌᆞ바, 치
뷔, 수비, 사비' 등이 세조대에 이르면 거의 모두 '이울-, 셔울, 스ᄀᆞ올, ᄒᆞ오샤,
글왈, 가비야온, 열운, 묻ᄌᆞ와, 치위, 수이, 사유/새요' 등으로 바뀜을 그 예로 들고
있다. 이것은 과거에 흔히 잘못 말해졌듯이 'ㅸ'이 비음운화되거나 탈락된 음운 변
화가 아니고, 정책적으로 제정하여 사용했던 'ㅸ'자를 세조대 이후 폐지하기로 한
표기법의 개정에 불과한 것으로, 이러한 개정은 지금까지의 표기법이 비현실적이
었음을 인식했기 때문으로 보았다.
4) 15세기 국어 표기에서 된소리는 크게 나누어 각자병서와 합용병서에 의해 표기되
었다(김중진1999: 32).

같이, 합용 병서 글자가 어중 위치에서 각자 병서 글자인 'ㄲ, ㄸ, ㅃ, ㅆ, ㅉ'으로 표기하다가 세조 시대《원각경 (언해)》이후부터 16세기 말까지 쓰이지 않았고, 15세기 말부터 'ㅆ'은 다시 쓰였으나, 'ㄲ'은 근대 한국어 시기인 18세기에 사용되었다는 점을 참고하면, 오각이거나, 영인 당시 덧칠한 흔적일 가능성도 생각할 수 있다.

《구급방》의 합용병서 표기는 다음과 같이 나타난다.

(3) [ㅂ류]

ㅂㄷ - 뻐(下94ㄴ6), 뻐올오미(下38ㄴ6), 뷰듸(下59ㄱ7), 쁘들(上31ㄴ4), 쁴롤(下60 ㄱ8)

ㅂㅅ - 싸(上01ㄴ5), 빼 단기고(上88ㄱ3), 뼈어나(下67ㄱ1), 뽀듸(上84 ㄴ4), 뿌구로 艾(下79ㄱ4), 뿌미(上85ㄱ2), 뿌쇠(上65ㄴ2), 뿌츠 라(上71ㄱ5), 쁜(下78ㄴ4), 삐(下81ㄴ8), 빗고(上82ㄱ2), 뿔(上60 ㄱ4)

ㅂㅈ - 짜(上03ㄱ5), 짝앤(下86ㄱ3), 쪄라(下80ㄴ3), 쩐 것과(上80ㄱ5), 쩌야(上49ㄱ7)

ㅂㅌ - 쁜고(下79ㄱ1)

(4) [ㅅ류]

ㅅㄱ - 써러워(下37ㄱ7), 쇠리롤(下79ㄱ5), 쉰(上61ㄱ7), 좌리라(上63 ㄱ2), 쐬쌀흔(上46ㄱ2), 신로듸(上71ㄴ6), 싄느니(上10ㄴ7), 上 72ㄱ4),

ㅅㄷ - 쩍(下63ㄱ7), 쏘(上06ㄱ5), 쏘드려(上42ㄱ6), 쫑(下16ㄱ6), 쓰고 (上18ㄴ8), 쁜(下10ㄱ1), 쁨 쓰는(下87ㄱ8), 싸허(下62ㄴ6)

ㅅㅂ - 쌔(上16ㄴ1), 쌔딘(上74ㄴ7), 쌔매(上43ㄴ4), 쌔미(下50ㄱ6), 쌔 혀ㅂ리면(下71ㄱ6), 쪠(下27ㄴ7), 쌰(上48ㄱ3), 쏀로돈(下87ㄴ 2), 쏭ㅅ(上81ㄱ7), 샥모라(上60ㄴ5), 쑬(下75ㄴ6), 쑴고(下94ㄴ 8), 싄리면(上26ㄱ4), 쎄 라(下80ㄴ5), 쎄코(下68ㄱ8), 쎄흐라 (下12ㄴ7), 쎨리(上02ㄴ8)

3. 표 기 65

(5) [ᄡ류]

ᄡ - 뻐혀(下27ㄱ3), 뼤오(上48ㄴ4), 뿔(上28ㄱ8), 삑(下74ㄴ8)

ᄢ - 뙈(下91ㄴ6), 뙬어(上75ㄴ7), 뜨려(下10ㄴ8)

15·16세기 문헌에서 파열음의 경음 표기는 어두에서는 'ᄉ'류 합용병서 방식으로, 어중에서는 각자병서 방식으로 하다가 17세기 이후에는 위치에 관계 없이 'ᄉ'류 또는 'ᄇ'류 합용병서 글자와 각자병서 글자를 함께 쓰게 되었다(김동소 2003ㄴ: 92-93). 《구급방》에서 합용병서는 (7)의 'ᄇ'류와 (8)의 'ᄉ'류가 모두 나타나며, 'ᄇ'류에는 'ᄠ', 'ᄡ', 'ᄧ', 'ᄩ'이, 'ᄉ'류에는 'ᄭ', 'ᄯ', 'ᄲ'이 표기되었다. (9)와 같이 'ᄡ'류인 'ᄡ'와 'ᄢ'도 나타난다. 또한 'ᄡ빅-'와 '비빅-'가 함께 쓰이는데, '쎄빅-(下80ㄴ5)'와 같은 경음 표 기가 4회, '비빅-(上52ㄱ7)'같이 평음으로 쓰인 표기가 8회 나타난다.[5] 《구급방》에 나타나는 합용병서의 빈도 및 비율을 제시하면 다음과 같다. 'ᄡ : 49 (0.04937%), ᄢ : 15 (0.01511%), ᄩ : 1 (0.00101%), ᄠ : 21 (0.02116%), ᄡ : 115 (0.11587%), ᄧ : 31 (0.03124%), ᄭ : 66 (0.06650%), ᄯ : 775 (0.78089%), ᄲ : 127 (0.12796%)'이며[6] 출현 빈도

---

5) 김동소(2003ㄴ: 93)에서는, 초기에는 평음이었다가 유기음·경음으로 바뀌어 표기 되는 낱말들이 15세기부터 있는 것으로 보아 (자히>차히, 둡>툽, 블>플; 그스 다>끛다, 비빅다>쎄빅다, 두드리다>쭈드리다) 이미 15세기 중반 이전부터 유 기음화·경음화는 진행되었던 것으로 설명하고 있다.

6) 참고로 《구급방》에 쓰인 각 글자별 출현 빈도 및 출현 비율을 제시하면 다음과 같다. 이 자료는 형태소 분석기 '깜짝새'를 이용하고 얻은 결과이다. 전체 글자의 총출현빈도는 99,246이다. 아래의 숫자는 각 글자의 출현 빈도이고 (   )안은 총빈 도에대한 백분율이다.

① 초성 ᄡ : 49 (0.04937%), ᄢ : 15 (0.01511%), ᄩ : 1 (0.00101%), ㄱ : 8328 (8.39127%), ㄲ : 23 (0.02317%), ㆆ : 121 (0.12192%), ㄴ : 4673 (4.70850%), ㄷ : 3649 (3.67672%), ㄸ : 172 (0.17331%), ㄹ : 4233 (4.26516%), ㅁ : 3393 (3.41878%), ㅂ : 1776 (1.78949%), ㅃ : 274 (0.27608%), ㅅ : 2380 (2.39808%), ㅆ : 146 (0.14711%), ㅇ : 4597 (4.63192%), ㅈ : 2059 (2.07464%), ㅉ : 97 (0.09774%), ㅊ : 770 (0.77585%), ㅋ : 415 (0.41815%), ㅌ : 859(0.86553%), ㅍ

는 'ᄯ > ᄲ > ᄢ > ᄡ > ᄉ > ᄨ > ᄠ > ᄥ > ᄩ'의 순서이다.

《구급방》에서 고유어 표기에 사용된 중성자를 제시하면 다음과 같다.

중성자	·· · — ㅣ ㅗ ㅏ ㅜ ㅓ ㅛ ㅑ ㅠ ㅕ ᆡ ㅐ ㅓ ㅚ ㅒ ㅟ ㅖ ㅙ ㅖ ㅞ ㅔ ㅘ ㅝ ㅙ ㅞ

ㅖ - 메오딕(下05ㄴ8), 빅예(上34ㄴ5)

ㅙ - 왜지그라(上05ㄱ8), 왜트닐(上88ㄱ6), 蕨왜(下23ㄱ1)

───────────────

: 535 (0.53906%), ㅎ : 3278 (3.30290%), ㅶ : 21 (0.02116%), ㅄ : 115 (0.11587%), ㅴ : 31 (0.03124%), ㅸ : 1 (0.00101%), ㅅㅣ : 66 (0.06650%), ㅼ : 775 (0.78089%), ㅺ : 127 (0.12796%), ㅿ : 424 (0.42722%), ㅇ : 123 (0.12393%), ㆅ : 279 (0.28112%)

② 중성 ㅏ : 5587 (5.62945%), ㅐ : 743 (0.74864%), ㅑ : 973 (0.98039%), ㅓ : 2803 (2.82430%), ㅔ : 934 (0.94110%), ㅕ : 1907 (1.92149%), ㅖ : 299 (0.30127%), ㅗ : 4504 (4.53822%), ㅘ : 1001 (1.00860%), ㅙ : 22 (0.02217%), ㅚ : 15 (0.01511%), ㅚ : 221 (0.22268%), ㅛ : 589 (0.59347%), ㅜ : 3339 (3.36437%), ㅝ : 74 (0.07456%), ㅞ : 9 (0.00907%), ㅟ : 207 (0.20857%), ㆋ : 31 (0.03124%), ㆌ : 36 (0.03627%), ㅠ : 344 (0.34661%), ─ : 3701 (3.72912%), ㅢ : 451 (0.45443%), ㅣ : 5258 (5.29795%), · : 6171 (6.21788%), ㆎ : 1498 (1.50938%), ㆊ : 2 (0.00202%), ㆉ : 18 (0.01814%)

③ 종성 ㄳ : 24 (0.02418%), : 318 (0.32042%), ㄱ : 1343 (1.35320%), : 6 (0.00605%), ㄴ : 3737 (3.76539%), ㄷ : 308 (0.31034%), ㄹ : 3510 (3.53667%), ㄺ : 40 (0.04030%), ㄼ : 6 (0.00605%), ㄿ : 11 (0.01108%), ㄽ : 72 (0.07255%), ㅁ : 677 (0.68214%), ㅂ : 499 (0.50279%), ㅄ : 25 (0.02519%), ㅅ : 1078 (1.08619%), ㅇ : 1445 (1.45598%), ㅈ : 1 (0.00101%), ㅌ : 1 (0.00101%), ㅿ : 21 (0.02116%), ㅇ : 1238 (1.24741%), ㅩ : 23 (0.02317%), ㆆ : 307 (0.30933%) (전체 글자의 총 출현빈도 = 99,246회이며, 《구급방》의 동국정운식 한자음 표기 글자도 포함된 것임.)

ㅖ - 닐 (下96ㄴ3), 누웨(下85ㄱ8), 누웻디(下77ㄴ2)
ㅚ - 쇠똥(下78ㄴ2)
ㅟ - 쉰여쉰(上62ㄴ4)

(10)의 예 중 'ㅖ'는 이른바 하향이중모음(ㅓ, ㅐ, ㅒ, ㅔ, ㅖ, ㅚ, ㅟ, ㅢ)의 글자로 'ㅖ' 다음에 '-오딕'는 '-요딕'로 나타나는 것이 일반적이나 《구급방》에서는 위와 같이 '몌오딕'로 나타나는데, 오각으로 판단된다. 'ㅙ'는 '왜지그라'와 '왜트닐'에서 표기되었으며, 이들 어휘는 뒤의 4.1.2.1.에서와 같이 희귀어로 다루어진 것으로 사전에 등재되어 있지 않은 어휘이다. 또한 '竅왜'와 같이 집단곡용시 자주 표기된다. 'ㅖ'는 '닐웻, 누웨, 누웻디' 등에서 표기되었고, 'ㅚ'는 '쇠'의 표기에서, 'ㅟ'는 '쉰여쉰' 등에서 쓰였다.

《구급방》에서 고유어 표기에 쓰인 종성자를 표로 제시하면 다음과 같다.

종성자	ㄱㄷㅂㅅㅈㅌㅍㅊ ㅇㄴㅁ(ㅱ)ㅇㄹ ㄹㄱ ㄹㅁ ㄹㅂ ㄱㅅ ㄴㅅ ㅂㅅ ㄹㅅ ㄸㅅ

ㄹㄱ - 둙곳(下29ㄴ2), 슬윗삐옛무든 훍(上10ㄴ3), 지즑(구上34ㄱ8)
ㄹㅁ - 곪디(上81ㄴ3)
ㄹㅂ - 넙고(上77ㄱ7), 숣숣ᄒᆞᄂᆞ니라(上04ㄴ6)
ㄱㅅ - 났(上48ㄴ5), 났긴(上48ㄴ4), 샀(下40ㄱ8)
ㄴㅅ - 앉(上74ㄱ7), 눈믈(下39ㄴ6)
ㅂㅅ - 값가와(下96ㄱ1), 없김드려(上10ㄱ6)
ㄹㅅ - 핧시우를(上61ㄱ8)
ㄸㅅ - 잢간(上52ㄱ7), 힚(上61ㄴ3), 푸짮(上39ㄴ1)

종성에는 'ㄱ, ㅇ, ㄷ, ㄴ, ㄹ, ㅁ, ㅂ, ㅅ'이 표기되었고, 겹받침으로 'ㄺ, ㄻ, ㄼ, ㄳ, ㄵ, ㅄ, ㄽ, ㅩ' 등이 표기되었다. 'ㄵ, ㅄ, ㄽ, ㅩ' 등의 'ㅅ'은 경음화 표기이거나 형태음소적 표기의 반영이다.7)

3.1.1.2. 한자음 표기

《구급방》은 구급방류의 다른 문헌들과 달리 동국정운식 한자음 표기를 하고 있다. 이 동국정운식 한자음은 현실 한자음과 상당히 달랐기 때문에8) 15세기 말 성종조부터는 사용되지 않았지만, 중국과 우리 나라의 한자음 연구에 큰 도움이 된다. 15세기 말까지의 훈민 정음 문헌은 한자 뒤에 한자음을 적을 때 모두 이 동국정운식 한자음을 써 두고 있다.(김동소 2003 ㄴ: 33). 여기에서는 《구급방》의 고유어 표기에서는 나타나지 않고 한자음 표기에만 나타나는 것을 중심으로 다루기로 한다.《구급방》에서 한자음 표기에 쓰인 초성자를 표로 제시하면 다음과 같다.

초성자	ㄲ ㄸ ㅃ ㅆ ㅉ ㆅ
	ㅇ ㆆ

---

7) 김동소(2003ㄴ:103)에 의하면, 둘째 자음을 'ㅅ'으로 적은 경우, 이 'ㅅ'은 후행 자음을 경음화하는 기능을 가지거나 형태 음소적 표기의 반영일 뿐 [s]로 발음된 것은 아님을 설명하고 있다.

8) 이숭자(2003: 73)에서는, 《동국정운》은 현실의 조선한자음이 중국음의 음운체계에 맞지 않는 와오음(訛誤音)으로 보고 중국어 음운체계에 맞추어 교정한 절충음인데 실제 쓰이고 있던 한자음과 상당한 차이가 있었음을 말하고 있다. 세조조에 예조(禮曹)에서 성균관 유생들에게 《동국정운》을 학습시키자고 건의한 사실이 여러 기록에서 보임을 말하고 있다. 또한 세종대왕은 《동국정운》을 반포할 때 백성들은 속습에 익숙해 있어서 갑작스러운 음의 변화를 감당하기 어렵다고 하여 백성들에게 그 사용을 강요하지 않았다는 점을 소개하고 있다.

(8) ㄲ - 蓮련麥믹과(下39ㄱ7)

　　ㄸ - 大땡戟격(下55ㄱ5), 絞끃腸땽沙샹ㅣ(上36ㄴ7), 輕켱重뜡과
　　　　(上73ㄴ7),

　　ㅃ - 便뼌安한ᄒᆞ리라(下72ㄱ5), 姜강附뿌湯탕(上05ㄴ6), 桂궹皮
　　　　삥ㅅ(上40ㄴ1)

　　ㅆ - 雞곙頭뚱實씷(上44ㄴ6), 滑쫭石쎡(上69ㄱ7), 四ᄉᆞ十씹九궇
　　　　壯장을(上38ㄱ7)

　　ㅉ - 臍쪵下행(上38ㄱ7), 車챵前쪈子ᄌᆞᆼ(下64ㄴ7), 穀곡賊쯕은(上
　　　　46ㄱ2), 鸕롱鷀쯩鸕롱鷀쯩ᄒᆞ야(上47ㄴ7)

　　ㆅ - 滑쫭石쎡(上69ㄱ7), 薑강黃勢과(下27ㄱ4)

(9) ㆆ - 陰흠莝쵀ㅅ(上69ㄴ3)

　　ㅇ - 疑읭心심(上68ㄱ2), 議읭論론(上02ㄱ3), 有울毒독흔(下73ㄱ1)
　　　　神씬驗엄흔(下30ㄴ4), 梧옹桐똥子ᄌᆞᆼ(上62ㄴ4), 吐통逆역ᄒᆞ
　　　　거든(上29ㄴ3)

　　《구급방》에서 (12)와 같이 전탁음 'ㄲ, ㄸ, ㅃ, ㅆ, ㅉ, ㆅ'가 한자어 표
기에서 쓰이고 있고, (13)과 같이 초성에서 'ㆆ, ㅇ'이 표기되고 있다. 이승
자(2003: 66-67)에 의하면, 《동국정운》의 편찬자들은 중국의 전통적인 자
모정국(字母定局)을 따라 현실 한자음을 정리하여 이론적인 표준 자모체
계를 세우게 되고. 그 첫 번째로 한자음 체계 내에 전탁자를 편입하였다.
중국 음운학의 청탁의 체계에 맞추어 'ㄲ(叫), ㄸ(覃), ㅃ(步), ㅆ(邪), ㅉ
(慈), ㆅ(洪)'등 6개의 전탁자를 설정하였다. 둘째 초성에서 의모(ㅇ), 영모
(ㆆ), 유모(ㅇ)9)를 분리하여 사용하였다. 《동국정운》에서는 이 세 자모를
분리시키고 개개의 자음을 명확히 구별하려 하였는데, 《구급방》에서도 이
와 같은 표기로 나타난다.
　　《구급방》에서 한자어 표기에 쓰인 중성자를 제시하면 다음과 같다.

---

9) 고유어에 나타나는 표기는 제외하였으므로 초성자에 한자음 유모 'ㅇ'는 제시되지
　　않았으나, 한자음 표기에서 이 'ㅇ'은 쓰이고 있다.

중성자	ᆑ ᆒ

(10) ᆑ - 川쳔芎쿵(下94ㄴ4), 川쳔大땡黃뢍(下28ㄱ8)
　　　ᆒ - 大땡歲쉥方방앳(上30ㄱ3), 桂꿼心심(上39ㄴ4)

《구급방》에서 고유어 표기에서 나타나는 중성자를 제외하면 (14)와 같
이 'ᆑ,　ᆒ' 등이 표기된 것을 알 수 있다. 중성자에 관하여는《동국정운》에
서도 특별한 언급이 없으며《동국정운》의 모음을 귀납하면 23중성이 사용
되었는데, 훈민정음 11중성(ㅡ ㅣ ㅗ ㅏ ㅜ ㅓ ㅛ ㅑ ㅠ ㅕ), 'ㅣ'상합
자 7중성(ㅓ ㅢ ㅚ ㅐ ㅟ ㅞ ㅖ), 2자 합용자 3중성(ㅘ ㅝ ㆌ), 3자 합용
자 2중성(ㅙ　ㅞ)이 그 예이다.[10]《구급방》의 한자음 표기에도 이와 같은
중성 표기가 모두 나타난다.

《구급방》에서 한자음 표기에 쓰인 종성자를 제시하면 다음과 같다.

종성자	ᅙ ㅱ

(11) ᅙ - 骨곯碎쇙補봉(下20ㄱ3), 不붏換훤金금正졍氣킝散산을
　　　　(上73ㄴ5)
　　　ㅱ - 濁똭酒즇(下87ㄱ3), 龍룡惱놀牛울黃뢍(上02ㄴ3), 九굴月
　　　　욿 九月(上81ㄱ8)

《구급방》에서 종성의 한자음 표기에 'ᅙ, ㅱ' 등이 쓰였다. 'ᅙ'은 'ㄹ'
종성에 'ᅙ'로써 입성자질을 나타내는 것으로《동국정운》에서 중국음운학

---

10) 이승자(2003;69-70) 참조.

의 영향으로 이 영모자를 가져다 'ㄹ' 아래에 절충적으로 사용한 것이다.
또한 'ㅱ'에 대하여는 이승자(2003: 71~73)에 의하면, 《동국정운》에서는
《훈민정음》해례에서 '초성, 중성, 종성의 세 소리가 합하여 글자를 이룬다
(初中終三聲合而成字)'고 한 원칙에 따라 모음으로 끝나는 한자음의 경우
에도 종성을 사용하여 모든 경우에 종성을 쓰고 있고, 새로운 'ㅇ, ㅱ' 종
성을 사용하였다고 한다. 이 때의 'ㅇ'과 'ㅱ'[11]은 음가가 없는 종성이며,
한자음에서 변별되지 않는 받침들이다.

또한 《구급방》의 한자음 중 둘 이상의 음을 가지는 예들이 있는데, 이를
제시하면 다음과 같다.

> 2가지 - 蝎 갏(下78ㄱ3)/혏(上02ㄱ2), 槐 욍(下81ㄴ8)/휑(上58ㄱ2), 亂
> 란(上31ㄱ7)/롼(上35ㄱ5), 淡 담(下56ㄱ8)/땀(上65ㄱ5), 米 뱅
> (下53ㄴ8)/ (下53ㄴ7), 發 밢(下66ㄴ6)/벓(下73ㄱ1), 防 방(下
> 55ㄱ1)/팡(上56ㄱ7), 白 빅(上44ㄴ1)/삑(上03ㄴ1), 病 병(下
> 90ㄱ5)/뼁(上12ㄴ1), 分 분(上02ㄴ4)/뿐(上32ㄱ2), 紗 상(上34
> ㄴ5)/샹(下84ㄴ2), 時 씨(上87ㄴ3)/씽(上39ㄴ6), 神 신(上82ㄱ
> 3)/씬(上37ㄱ2), 牙 앙(上83ㄴ2)/앙(上04ㄴ3), 牛 울(上02ㄴ3)/
> 울(上21ㄴ6), 益 혁(上14ㄱ4)/히ㄱ(下17ㄴ7), 紫 즁(上83ㄴ
> 4)/쨍(下33ㄴ4), 前 젼(上85ㄱ1)/쪈(下82ㄱ8), 絕 졇(下30ㄴ2)/
> 쩛(下21ㄱ1), 切 쳟(上01ㄴ7)/쳉(下38ㄴ4), 皂 죻(上04ㄴ3)/쫑
> (上23ㄱ2), 棗 죻(上14ㄱ5)/춍(下07ㄴ1), 地 딩(上65ㄱ2)/띵
> (上09ㄴ5), 車 챵(上85ㄱ1)/챠(下82ㄱ8), 川 쿋(上42ㄱ3)/쳔
> (下94ㄴ4), 醋 춍(上66ㄱ2)/총(下29ㄱ8), 取 츙(上29ㄱ6)/츙
> (上41ㄴ3), 荊 형(上60ㄱ3)/경(下28ㄱ7), 黃 휑(下24ㄴ6)/욍
> (下06ㄴ8)

4가지 - 血 혏(下89ㄴ7)/혏(上62ㄴ3)/휋(上59ㄴ4)/훯(上63ㄱ1)

---

11) 'ㅇ, ㅱ'은 중국음의 음성운 운미를 표기하기 위하여 인위적으로 사용한 무음가
종성이다.(이승자 2003: 73 참조.)

3.1.2. 《구급간이방》

《구급간이방》에는 전반적으로 방점이 나타나나 장에 따라 한 장 전체에 방점이 없거나, 일부분에서만 방점이 나타나는 장도 있다, 'ᅀ'은 나타나나, 'ᄫ'은 나타나지 않는다. 종성에는 'ㆁ'을 표기하고 있는데, 탈획되어 'ㅇ'만 남기도 하였다. 또한 'ㅆ', 'ㅉ'의 각자병서가 보이며 합용병서가 나타난다. 이러한 점을 중심으로 표기에서의 특성을 드러내고자 한다.

《구급간이방》에 표기된 문자를 표로 제시하면 다음과 같다.

초성자	ㄱ ㄷ ㅂ ㅅ ㅈ ㅋ ㅌ ㅍ ㅊ ㅎ ㄲ ㄸ ㅃ ㅆ ㅆ ㅉ ㆅ ㅇ ㄴ ㅁ ㅿ ㆁ ㄹ ㅅㄱ ㅅㄴ ㅅㄷ ㅅㅂ ㅂㄷ ㅄ ㅄㅈ ㅂㅌ ㅄㄱ ㅄㄷ
중성자	· ― ㅣ ㅗ ㅏ ㅜ ㅓ ㅛ ㅑ ㅠ ㅕ ㅢ ㅐ ㅚ ㅟ ㅔ ㅖ ㅒ ㆌ ㅖ ㅘ ㅝ ㅙ ㅞ ㅖ ㅖ
종성자	ㄱ ㄷ ㅂ ㅅ ㅈ ㅌ ㅍ ㅇ ㄴ ㅁ ㅿ ㆁ ㄹ ㄹㄱ ㄹㅁ ㄹㅂ ㄴㅅ ㅄ ㄹㅅ ㅁㄷ ㄷㅅ

(12) ᅀ - 댓무수(三033ㄱ4), 마슨(三047ㄴ7), 브스릆(三033ㄱ6), 브스면(二016ㄱ8), 봊오니와(二001ㄴ8), ᅀᅧ션히(六014ㄴ2), ᅀᅮᆺ(六005ㄴ2)

(13) ㅆ - 써(七031ㄱ3), 쓰고(七044ㄱ8)

(14) ㅉ - 범호쩐(六045ㄴ3), 귀쯔롤(一049ㄱ1), 직가쯔롤(七032ㄴ7), 날츨 쯔롤(七032ㄴ7)
       멀쯔기셔(六080ㄱ3)

(15) ᄧ - 아비부ᄍᆞ와 들입ᄍᆞ와 스고 ᄒᆞᆫ 빡앤 아ᄃᆞᄌᆞᄍᆞ와 날츌ᄍᆞ를 써(七39ㄱ2-3)

《구급간이방》에서 'ᅀ'은 (16)의 '댓무ᅀᅮ, 마ᅀᆞᆫ, 브ᅀᅳᇙ, 브ᅀᅳ면, ᄇᆞᇫ오니와, ᄌᆞᅀᅧᆫ히, ᄌᆞᅀᆞ'와 같이 두루 쓰이고 있다.12)

《구급간이방》에서 각자병서의 표기로 'ㅆ'과 'ㅉ'이 적혔는데, 특히 'ㅉ'이 쓰인 점은 주목할 만하다. 각자 병서 글자는 세조 시대《원각경 (언해)(1465년)》이후부터 16세기 말까지 쓰이지 않았고, 'ㅆ'은 15세기 말부터 다시 쓰이기 시작하여 16세기에는 널리 쓰였고, 'ㅉ'은 17세기가 되어야 다시 나타나는 것이다.13) 《구급간이방》의 'ㅆ - 써'는 보각된 판에서 보이는 것이며, '쓰고'는 번각본에 나타나는 것이다. 'ㅉ'은 한자 '글자 자'의 음을 적은 'ᄍᆞ'로 표기된 것이 대부분인데, 주로 '글자 字'를 의미하는 것으로 '범호ᄍᆞ(六045ㄴ3)', '귀ᄍᆞ(一049ㄱ1)' '직가ᄍᆞ(七032ㄴ7)', '날츌ᄍᆞ(七032ㄴ7)', '즈믄쳔ᄍᆞ(七40ㄱ8)'로 표기되었다. 이러한 표기는 된소리 표기이기도 한데, 예문 (19)의 '아비부ᄍᆞ와 들입ᄍᆞ와 스고 ᄒᆞᆫ 빡앤 아ᄃᆞᄌᆞᄍᆞ와 날츌ᄍᆞ를 써(七39ㄱ2-3)'에서는 같은 문장 안에서 된소리 '빡'은 합용병서인 'ᄧ'으로 나타나기도 한다. 'ᄍᆞ'가 각자병서인 'ㅉ'로 나타나는 점은, 한자 '字'의 동국정운식 한자음 표기가 'ᄍᆼ'14)였으므로 한자 표기에 이끌려 각자병서인 'ᄍᆞ'로 표기하였을 가능성을 생각하게 한다. 또한 '멀ᄍᆞ기셔(六079a3)'15)는 앞장에서 언급한 바와 같이 보각된 판에 나타나는 것이다.

(16) [ㅂ류]

---

12) ≪구급방≫에서는 'ᄇᆞᇫ아(下83ㄱ5)'와 'ᄇᆞᆺ아(上19ㄱ3)', '브ᇫ어디며(下27ㄴ1)'와 '븟어딘(下01ㄴ2)'이 함께 쓰였는데, 그 중 'ᄇᆞᇫ아'는 11회, 'ᄇᆞᆺ아'는 6회의 빈도를 보인다.

13) 김동소(2003ㄷ: 85~86) 참조.

14) ≪구급방≫에서는 모두 '字ᄍᆼ(구上05ㄱ4)'로 9회 나타난다.

15) '멀ᄍᆞ기셔'와 관련된 것으로 ≪노걸대 언해≫<상 34>에 '멀즈시 ᄆᆡ라(遠些兒絟)'가 나타난다.

ㅳ - 따(三034ㄴ4), 딸깃불휘롤(六012ㄱ7), 떠디거든(三003ㄴ8), 뚧고
　(七003ㄱ1), 떼혀(二045ㄱ6), 뗘(六086ㄴ4), 뜳고(二013ㄴ1), 빅
　얌딸기롤(一108ㄱ7)

ㅄ - 싸미라(三039ㄴ4), 뻐(一008ㄴ4), 뿍(一056ㄱ5), 쓸게(三029ㄴ7),
　쓸초(三055ㄴ6), 꿣ᄆ륵(三059ㄴ3)

ㅴ - 따(三012ㄴ8), 따미오(六072ㄱ5), 딱머리(二008ㄱ5), 똑(一073ㄴ
　4), 똔(三013ㄱ8), 뙤면(一077ㄱ3), 뙤짱이(三079ㄱ7)

ㅲ - 뻐디여(三060ㄴ4)

(17) [ㅅ류]

ㅺ - 꼬리(六004ㄴ6), 꼬아(三024ㄱ3), 꼬오딕(六010ㄴ3), 꽈리나모
　(三082ㄴ3), 씌모롭(一001ㄴ4), 끼어든(一069ㄴ1), 끈라(一044ㄴ
　8), 낄오(一069ㄱ6), 끼리라(一035ㄴ3)

ㅼ - 따해(一065ㄴ2), 써(一003ㄱ1), 떡(三063ㄴ5), 또(三006ㄱ4)

ㅽ - 쇠쌜(七057ㄴ5)

(18) [ㅄ류]

ㅴ - 뺏닙(六054ㄱ8), 뻐브리고(七067ㄱ7), 뼤(七040ㄴ4), 04ㄱ6), 삐
　(六016ㄴ8), 삐니(六078ㄱ1)

ㅶ - 삘어(二047ㄱ8), 뜨려(六051ㄴ1)

　병서표기로는 각자병서와 합용병서가 모두 보인다. 각자병서로는 'ㅉ'과
'ㅆ'이 쓰였고, 합용병서로는 'ㅂ'류에 'ㅳ, ㅄ, ㅴ, ㅲ'이, 'ㅅ'류에 'ㅺ',
'ㅼ', 'ㅽ'이, 'ㅄ'류에는 'ㅴ'와 'ㅶ'가 표기되었다. 《구급간이방》에 나타나
는 합용병서의 빈도 및 비율을 제시하면 다음과 같다. ㅴ : 195
(0.09942%), ㅶ : 22 (0.01122%), ㅲ : 17 (0.00867%), ㅳ : 68
(0.03467%), ㅄ : 654 (0.33344%), ㅴ : 217 (0.11064%), ㅺ : 169
(0.08616%), ㅼ : 514 (0.26206%), ㅽ : 210 (0.10707%)[16]이며 출현 비

---

16) 《구급간이방》에 쓰인 각 글자별 빈도 및 출현비율을 제시하면 다음과 같다.
　① 초성 ㄸ : 1 (0.00051%), ㅴ : 195 (0.09942%), ㅶ : 22 (0.01122%), ㅲ : 17

율은 'ᄡ > ᄮ > ᄢ > ᄱ > ᄢ > ᄭ > ᄠ > ᄧ > ᄩ'의 순서이다.
그 외에 오각으로 보이나 'ᄶ해(三9ㄴ01), 두부 늘개(左右翮)(六5ㄱ6)'
와 같은 표기가 보인다.

3.1.3. 《언해구급방》

《언해구급방》에는 방점이 없고, 'ᅀ' 등은 나타나지 않는다. 종성의 'ㅇ'
의 표기는 상당수 나타나나 일관성 없이 쓰여지고 있고 이전 시기의 종성
'ㅅ'이 'ㄷ'으로 바뀌어 표기된 것이 있다(갇치(皮), 귿-(止), 몯(釘), 온갇
(種種)- 김동소 2003ㄴ: 58). 또한 각자병서 'ㅆ'이 보이며 합용병서가 나
타난다.

(0.00867%), ㄱ : 12138 (6.18844%), ㅆ : 1 (0.00051%), ㆆ : 1 (0.00051%), ㄴ
: 5828 (2.97135%), ㄷ : 8269 (4.21587%), ㄹ : 10357 (5.28041%), ㅁ : 7768
(3.96044%), ㅂ : 4739 (2.41613%), ㅅ : 5102 (2.60120%), ㅆ : 6 (0.00306%),
ㅇ : 9860 (5.02702%), ㅈ : 4449 (2.26828%), ㅉ : 13 (0.00663%), ㅊ : 1536
(0.78311%), ㅋ : 454 (0.23147%), ㅌ : 1087 (0.55420%), ㅍ : 1356 (0.69134%),
ㅎ : 7623 (3.88651%), ㅳ : 68 (0.03467%), ㅄ : 654 (0.33344%), ㅄ : 217
(0.11064%), ㅺ : 169 (0.08616%), ㅼ : 514 (0.26206%), ㅽ : 210 (0.10707%),
ㅿ : 799 (0.40736%), ㆁ : 12 (0.00612%),
② 중성 ㅏ : 11715 (5.97277%), ㅐ : 1756 (0.89528%), ㅑ : 1359 (0.69287%),
ㅓ : 7063 (3.60100%), ㅔ : 2058 (1.04925%), ㅕ : 4098 (2.08932%), ㅖ : 589
(0.30030%), ㅗ : 8035 (4.09656%), ㅘ : 2160 (1.10125%), ㅙ : 33 (0.01682%),
ㅛ : 52 (0.02651%), ㅚ : 943 (0.48078%), ㅛ : 1103 (0.56235%), ㅜ : 4774
(2.43398%), ㅝ : 148 (0.07546%), ㅞ : 8 (0.00408%), ㅟ : 814 (0.41501%),ㅑ :
7 (0.00357%), ㅠ : 298 (0.15193%), ㅡ : 9740 (4.96584%), ㅢ : 1249
(0.63679%), ㅣ : 9694 (4.94239%),· : 12114 (6.17620%),ㅣ : 2748 (1.40104%)
③ 종성 ㄳ : 89 (0.04538%), ㄱ : 2206 (1.12471%), : 5 (0.00255%), ㄴ
: 8650 (4.41012%), ㄷ : 583 (0.29724%)ㄹ : 8094 (4.12664%), ㄺ : 242
(0.12338%), ㄻ : 5 (0.00255%), ㄼ : 26 (0.01326%), ㄽ : 257 (0.13103%),
ㅁ : 2212 (1.12777%), ㅂ : 1515 (0.77241%), ㅅ : 3184 (1.62333%), ㅇ : 498
(0.25390%), ㅿ : 38 (0.01937%), ㆁ : 2358 (1.20220%), ㅄ : 147 (0.07495%).
(전체 글자의 총 출현빈도 = 196,140회)

《언해구급방》에 표기된 문자를 표로 제시하면 다음과 같다.

초성자	ㄱ ㄷ ㅂ ㅅ ㅈ
	ㅋ ㅌ ㅍ ㅊ ㅎ
	ㄲ ㄸ ㅃ ㅆ ㅆ ㆅ
	    ㄴ ㅁ ㅇ
	ㅺ ㅼ ㅽ
	      ㅳ ㅄ ㅶ ㅷ
	ㅴ ㅵ

중성자	· ㅡ ㅣ ㅗ ㅏ ㅜ ㅓ ㅛ ㅑ ㅠ ㅕ ㅢ ㅓ ㅚ ㅐ ㅟ ㅔ ㅒ ㅖ ㅘ ㅝ ㅙ ㅞ ㅞ ㅞ
종성자	ㄱ ㄷ ㅂ ㅅ ㅇ ㄴ ㅁ ㅇ ㄹ 리 ㄿ ㄼ

《언해구급방》에서 각자병서는 'ㅆ'만 보이며, 'ㅂ'류 합용병서와 'ㅅ'류 합용병서가 모두 높은 빈도를 보인다.

(19) ㅆ - 싸흐라(언上04ㄱ08), 싸호는(下10ㄱ04), 씨브면(언上47ㄴ 09), 씨버(下16ㄱ04)

(20) [ㅂ류]
　　ㅳ - 뻐(上44ㄱ08), 뻐러디거든(上27ㄱ10), 뻐혀(下38ㄴ01), 쁘더 (下41ㄴ09), 쁴워(上12ㄴ10), (下35ㄱ10), 쁜리드시(上16ㄱ 10), 쁴과(下38ㄴ06)

　　ㅄ - 쑴애(上04ㄱ09), 쓸리(下36ㄴ05), 쌰민면(上41ㄱ07), 뼈(下14 ㄴ10), 쏘아(下23ㄱ08), 쏘이면(上26ㄱ11), 뿌츠면(上33ㄴ09), 뿍(上14ㄴ02), 쓴(下29ㄴ08), 쓰다듬고(上44ㄱ07), 쁠게(上29 ㄱ03), 쌔(下24ㄱ08)

　　ㅶ - 쯘(下27ㄴ03), 짜(上27ㄴ04), 짝으로(下15ㄱ03), 쪽을(上06ㄱ 03),

　　ㅷ - 쌰(上07ㄱ07), 뻐디여(下34ㄱ09), 또ㄱ또ㄱ(下39ㄴ10), 쀠디

(下39ㄴ11), 뼈면(下39ㄴ11)

[ㅅ류]

ㅺ - 짤짤ᄒᆞᆫ(上29ㄴ05), ᄭᆡᄅᆞ(下32ㄱ08), ᄭᅩ리를(上03ㄴ03), (下36ㄱ06), ᄭᅵᆼ(下26ㄱ05), ᄭᅵ티고(下41ㄱ07), ᄭᆡ애(下46ㄱ05), ᄭᅵ여(上15ㄴ09), ᄭᅵᄂᆞ니 (上24ㄴ06)

ㅼ - ᄯᅥ도(上35ㄱ08), ᄯᅩ(下09ㄴ08), ᄯᅩᆼ (언上29ㄱ07), ᄯᅳ라(上02ㄴ04), ᄯᅳ믈이나(下25ㄴ11), ᄯᅳᆫ(下46ㄴ02), (下46ㄱ08), ᄯᆞ미(上20ㄴ03)

ㅽ - ᄲᅡᆷ(上47ㄴ07), ᄲᅡ디여(下30ㄴ07), ᄲᅨ(上29ㄱ07), (下42ㄱ06), ᄲᅮᆷ고(上43ㄱ08), ᄲᅦ혀(下09ㄴ09), ᄲᆡ라내ᄂᆞ니(下39ㄴ02), ᄲᅧᆯ로미(上07ㄴ04), ᄲᅡᄆᆡ고(下09ㄴ07)

[ㅄ류]

ㅴ - ᄢᅧ텨(下11ㄴ02), ᄢᅵ고(下15ㄱ03), ᄢᅳ고(언上26ㄱ11), ᄢᅵᆷ에(언上14ㄴ02)

ㅵ - ᄣᅥ려(上17ㄴ05)

(16)의 예와 같이, 각자병서는 'ㅆ'만이 나타나는데, '싸ᄒᆞ라, 싸호ᄂᆞᆫ, 씨버'가 그 예이다. (17)은 합용병서의 예인데, 'ㅂ'류는 'ㅲ, ㅄ, ㅶ, ㅷ', 'ㅅ'류는 'ㅺ, ㅼ, ㅽ', 'ㅄ'류는 'ㅴ', 'ㅵ'이 사용되고 있는데, 이 중 'ㅽ'의 'ᄲᅡᄆᆡ고'는 'ᄲᅡᄆᆡ고'의 오자로 여겨진다. 《언해구급방》의 병서표기는 《구급방》과 《구급간이방》과 크게 다르지 않다. 《언해구급방》에 나타나는 합용병서의 빈도 및 비율을 제시하면 다음과 같다. ㅴ : 6 (0.01206%), ㅵ : 1 (0.00201%), ㅷ : 20 (0.04021%), ㅲ : 30 (0.06031%), ㅄ : 107 (0.21510%), ㅶ : 11 (0.02211%), ㅺ : 120 (0.24124%)이며, 출현 비율은 'ㅼ : 528 (1.06143%), ㅽ : 87 (0.17490%)[17] 출현 비율은 'ㅼ > ㅺ > ㅄ >

17) ≪언해구급방≫에 쓰인 각 글자별 출현 비율을 제시하면 다음과 같다.
① 초성 ㅴ : 6 (0.01206%), ㅵ : 1 (0.00201%), ㅷ : 20 (0.04021%), ㄱ : 3037 (6.10526%), ㄴ : 1929 (3.87785%), ㄷ : 1771 (3.56023%), ㄹ : 1926

ᄲ > ᄠ > ᄩ > ᄢ > ᄣ > ᄧ'의 순서이다.

세 문헌의 문자 체계를 비교하여 제시하면 다음과 같다.

[표 13] 세 문헌의 문자 체계 비교표

	구급방	구급간이방	언해구급방
초성자	ㄱㄷㅂㅅㅈ ㅋㅌㅍ ㅊㅎ(ㆆ) ㄲㄸㅃㅆㅉㆅ ㅸ ㅇㄴㅁㅿ ㅇㄹ ㅅㅣㅅㅣㅅㅏ ᄲ() ᄠ ᄢᄣ ᄩ ᄧᄦ	ㄱㄷㅂㅅㅈ ㅋㅌㅍ ㅊㅎ ㄲㄸㅃㅆㅉㆅ ㅇㄴㅁㅿ ㅇㄹ ㅅㅣㅅㅣㅅㅏᄲ ᄠ ᄢᄣ ᄩ ᄧᄦ	ㄱㄷㅂㅅㅈ ㅋㅌㅍ ㅊㅎ ㅆㆅ ㅇㄴㅁ ㅇㄹㅿ ㅅㅣㅅㅣㅅㅏ ᄲ(ㄴㅂ) ᄠ ᄢᄣ ᄩ ᄧᄦ
중성자	ㆍㅡㅣㅗㅏㅜㅓㅛㅑㅠㅕ ㅓㅓ ㅚㅐㅟㅔ ㅍㅐㅟ ㅖ ㅘㅝㅙㅞㅒ ㅖ	ㆍㅡㅣㅗㅏㅜㅓㅛㅑㅠㅕ ㅓㅓ ㅚㅐㅟㅔ ㅍㅐㅟ ㅖ ㅘㅝㅙ	ㆍㅡㅣㅗㅏㅜㅓㅛㅑㅕ ㅓㅓ ㅚㅐㅟㅔ ㅐ ㅖ ㅘㅝㅐ
종성	ㄱㄷㅂㅅㅈㅌㅍㅊ	ㄱㄷㅂㅅㅈㅌㅍ	ㄱㄷㅂㅅㅈㅌㅍㅊ

(3.87182%), ㅁ : 1987 (3.99445%), ㅂ : 1047 (2.10478%), ㅅ : 1335 (2.68374%), ㅆ : 10 (0.02010%), ㅇ : 3053 (6.13742%), ㅈ : 1241 (2.49477%), ㅊ : 389 (0.78200%), ㅋ : 126 (0.25330%), ㅌ : 332 (0.66742%), ㅍ : 285 (0.57293%), ㅎ : 1557 (3.13003%), ᄠ : 30 (0.06031%), ᄢ : 107 (0.21510%), ᄣ : 11 (0.02211%), ㅅㅣ : 120 (0.24124%), ㅅㅏ : 528 (1.06143%), ᄲ : 87 (0.17490%)

② 중성 ㅏ : 2975 (5.98062%), ㅐ : 291 (0.58500%), ㅑ : 247 (0.49654%), ㅒ : 2 (0.00402%), ㅓ : 1686 (3.38935%), ㅔ : 500 (1.00515%), ㅕ : 1390 (2.79431%), ㅖ : 108 (0.21711%), ㅗ : 2479 (4.98352%), ㅘ : 316 (0.63525%), ㅙ : 4 (0.00804%), ㅚ : 15 (0.03015%), ㅚ : 121 (0.24325%), ㅛ : 233 (0.46840%), ㅜ : 1055 (2.12086%), ㅝ : 47 (0.09448%), ㅞ : 2 (0.00402%), ㅟ : 98 (0.19701%), ㆀ : 3 (0.00603%), ㅠ : 112 (0.22515%), ㅡ : 2486 (4.99759%), ㅢ : 400 (0.80412%), ㅣ : 2992 (6.01480%), ㆍ : 2744 (5.51624%), ㆎ : 630 (1.26648%)

③ 종성 ㄱ : 881 (1.77107%), ㄴ : 2239 (4.50105%), ㄷ : 175 (0.35180%), ㄹ : 2305 (4.63372%), ㄺ : 43 (0.08644%), ㄻ : 2 (0.00402%), ㄼ : 4 (0.00804%), ㅁ : 643 (1.29262%), ㅂ : 388 (0.77999%), ㅅ : 403 (0.81015%), ㅇ : 461 (0.92674%), ㆁ : 328 (0.65938%) (전체 글자의 총 출현빈도 = 49744)

성자	ㅇㄴㅁ(ㅱ)ㅇㄹ ㄺㄻㄼ ㅧㅄ ㄽ ㅯ	ㅇㄴㅁㅿㅇㄹ ㄺㄻㄼ ㅧ ㄽ ㅮㅯ	ㅇㄴㅁ ㅇㄹ ㄺㄻㄼ

《구급방》은 고유어 표기 '수ᄫᅵ'에서 'ㅸ'이 1회 나타난다. 동국정운식 한자음 표기에 의해 나타나는, 'ㆆ', 'ㄲ, ㄸ, ㅃ, ㆅ', 'ㅱ' 등이 《구급간이방》과 《언해구급방》에서는 나타나지 않는다. 중성자에서도 한자음 표기에 쓰인 'ㆊ, ㆋ' 등과 종성의 'ㅱ'도 다른 문헌에서는 나타나지 않는다. 《구급간이방》에서는 각자병서 'ㅉ'이 보이는데, 주로 한자 '字'의 음을 'ᄍᆞ'로 적은 것이 대부분이며, 고유어 표기인 '멀ᄍᆞ기셔'에 'ㅉ'이 표기되었는데, 이 표기는 보각된 판에서 나타나는 것이다. 《언해구급방》에서는 중성자에 'ㆉ'와 'ㆌ'가 나타나지 않으며, 종성자에서는 《구급방》과 《구급간이방》에서 보이는 'ㄽ', 'ㅯ'이 나타나지 않는다. 또한 세 문헌에 나타나는 합용병서의 빈도를 보면, 《구급방》은 'ㅼ > ㅽ > ㅴ > ㅄ > ㅺ > ㅶ > ㅳ > ㅵ > ㅷ', 《구급간이방》은 'ㅄ > ㅼ > ㅶ > ㅽ > ㅴ > ㅺ > ㅳ > ㅵ > ㅷ', 《언해구급방》는 'ㅼ > ㅺ > ㅄ > ㅽ > ㅳ > ㅷ > ㅶ > ㅴ > ㅵ'의 순서이다.

3.2. 연철·분철·중철

《구급방》, 《구급간이방》, 《언해구급방》에 나타나는 연철, 분철, 중철 표기를 체언과 용언으로 나누고 체언에서는 다시 선행체언의 마지막 음절을 기준으로 'ㄱ, ㄴ, ㄷ, ㄹ, ㅁ, ㅂ, ㅇ'으로 분류하였다.[18] 이들 연철·분

18) 이은규(2003: 320-321)을 참조하면, 연철과 분철 표기에 대한 통계 자료를 선행 음절의 말음을 기준으로, 연철과 분철이 다 함께 나타나는 경우를 대상으로 전체적인 경향과 개별 어휘의 경향을 함께 파악하기 위하여 총 빈도로 통계를 내어,

철·중철의 빈도를 비교한 것을 표로 나타내면 다음과 같다.[19]

3.2.1. 체언

(1) 체언말음 '-ㄱ'

다음의 [표 14]는 체언말음 '-ㄱ'의 연철·분철·중철의 빈도를 비교한 것이다.

[표 14] 체언말음 'ㄱ'의 연철·분철·중철 빈도 비교표

어휘	구분	용례	구급방	구급간이방	언해구급방	비고
목	연철	모기	10	25		
	분철	목이			5	
	중철					
무적	연철	무저기	2	2		
	분철	무적이		1		
	중철					
빡	연철	빠굴	1			
	분철	빡으로			1	
	중철					
약	연철					
	분철	약을		20	2	
	중철	약글			1	
계	연 철		13	27	0	40
	분 철		0	21	8	29
	중 철		0	0	1	1

'목'의 경우, 《구급방》과 《구급간이방》에서 '모기'가 10회, 《언해구급방》에서는 연철은 나타나지 않고 분철표기된 '목이'만이 5회 보인다. '무적이'

백분율을 통하여 경향성을 파악하였으나, 여기에서는 전체를 대상으로 한 것이 아니라, 고빈도 어휘를 추출한 것이므로 백분율은 제시하지 않았다.

19) 이 때 제시된 어형의 활용이나 곡용의 예는 빈도에 넣지 않았다. 또한 비고란의 어형은 빈도를 따로 표시하였다.

의 경우, 《구급방》과 《구급간이방》에서 '무저기'가, 《언해구급방》에서는 분철표기된 '무적이'만이 1회 나타난다. '빡을'의 경우, 《구급방》에서 '빠 글'로 1회, 《언해구급방》에서 분철표기된 '빡으로'가 1회 나타난다. '약'의 경우, 《구급간이방》과 《언해구급방》에서 분철의 '약을'이 각각 20회, 2회 나타나고, 분철표기된 '약글'이 《언해구급방》에서 1회 나타난다. 《구급방》 에서는 한자와 함께 표기된[20] '藥약을'이 5회, '藥약을'이 18회 보인다.

체언 말음이 'ㄱ'인 경우, 《구급방》에서는 '모기, 무저기, 빠글' 등과 같 이 연철로 표기되고, 《구급간이방》에서는 분철의 '무적이, 약을'이 보인다. 그러나 《언해구급방》의 표기는 대체로 '목이, 빡으로, 약을'과 같이 분철로 표기되었으며, '먹기면, 약글'과 같은 중철 표기도 보인다.

(2) 체언말음 'ㄴ'

다음의 [표 15]는 체언말음 'ㄴ'의 연철·분철·중철의 빈도를 비교한 것 이다.

[표 15] 체언말음 'ㄴ'의 연철·분철·중철 빈도 비교표

어휘	구분	용례	구급방	구급간이방	언해구급방	비고
긔운	연철	긔우니		21		
	분철	긔운이		65	13	구 - 氣킝分분이
	중철					
남진	연철	남지는	1			
	분철	남진은	1	4		
	중철					

20) 《구급방》의 '藥약을', '藥약을'과 같은 표기는 분철로 표기할 수밖에 없는 예인 데, 김중진(1999: 13)에서는 15세기 국어 문헌의 표기상의 특징 중, 한자에 정음 으로 그 한자의 음을 달고, 그 다음에 조사가 연결될 때 분철표기를 한 예, '佛뿛 法법에'《석보상절六4》, '化황人신올'《석보상절六4》 등은 16세기 국어와 근대 국어 표기에서 분철표기되는 한 요인으로 작용한 것으로 보았다.

어휘	구분	용례	구급방	구급간이방	언해구급방	비고
눈	연철	누네	14	5		구 - 누내(1)
	분철	눈에			15	
	중철	눈네			1	언下 - 눈니(1)
돈	연철	도늘	10	1		
	분철	돈을	3	55	34	
	중철					
계	연철		25	27	0	52
	분철		4	124	62	190
	중철		0	0	0	0

'긔운이'의 경우, 《구급방》에서는 한자 '氣킝分분이'로 나타나고, 《구급
간이방》에서 '긔우니'가 21회, '긔운이'가 65회로 분철의 표기가 좀더 우세
하게 나타난다. 《언해구급방》에서는 '긔우니'는 나타나지 않고 분철표기인
'긔운이'만 나타난다. '남진은'의 경우, 《구급방》에서 연철표기된 '남지는'이
1회, 분철된 '남진은'이 1회 나타나고, 《구급간이방》에서는 분철의 '남진
은'만이 4회 나타난다. '눈에'의 경우, 《구급방》과 《구급간이방》에서 '누네'
가 각각 14회, 5회 나타나고 《언해구급방》에서는 연철표기는 역시 나타나
지 않고 분철표기인 '눈에'가 15회 나타난다. 중철의 '눈네'가 1회 나타나
며, '눈니'도 보이는데, 이들은 《언해구급방》 하권에서 나타나는 것이다.
'돈을'의 경우, 《구급방》에서는 '도늘'이 10회, '돈을'이 3회 나타나, 연철
표기가 우세하고, 《구급간이방》에서는 분철의 '돈을'이 55회 나타나고, 연
철의 '도늘'은 단 1회 나타난다. 《언해구급방》에서는 연철은 나타나지 않
고 분철만 모두 34회 나타난다.

체언 말음이 'ㄴ'인 경우, 《구급방》에서 '남지는, 누네, 도늘' 등 연철의
빈도가 높고, 《구급간이방》에서는 '긔운이, 남진은, 돈을' 등 분철의 빈도
가 높으며, 《언해구급방》에서는 주로 분철 표기가 나타나는데, 특히 《언해
구급방》 하권에서는 중철의 '눈네'와 '눈니'가 나타나기도 한다.

(3) 체언말음 '-ㄹ'

다음의 [표 16]은 체언말음 '-ㄹ'의 연철·분철·중철의 빈도를 비교한 것이다.

[표 16] 체언말음 'ㄹ'의 연철·분철·중철 빈도 비교표

어휘	구분	용례	구급방	구급간이방	언해구급방	비고
글	연철					
	분철	글올(글을)	39	132(18)		
	중철	글롤(글를)			17(4)	
겁질	연철	겁지를			1	
	분철	겁질을			6	
	중철	겁질를			1	
믈	연철	므레	126	286	1	
	분철	믈에			63	
	중철	믈레			1	
	연철	므를	14	55	2	
	분철	믈을			15	
	중철	믈를			5	
블	연철	브레	22	77	1	
	분철	블에			10	
	중철					
사발	연철	사바래		5		
	분철	사발애/익		9	1	언구-사발익
	중철					
손발	연철	손바롤	2	4	1	
	분철	손발을			4	
	중철					
계	연철		164	428	6	636
	분철		39	141(18)	199	353(18)
	중철		0	0	24(4)	25(4)

'글올'의 경우, 연철의 'ㄱ를'은 보이지 않고, 《구급방》에서 분철의 '글
올'이 39회, 《구급간이방》에서 '글올'이 132회, '글올'이 18회 나타난다.
《언해구급방》에서는 중철 표기만이 나타나는데, '글를'이 17회, '글를'이 4
회 나타난다. '겁질을'의 경우,21) 《언해구급방》에서 특히 '겁질'의 표기가
활발하여 연철, 분철, 중철의 표기가 모두 나타나는데, '겁지를'이 下권에
서 1회, '겁질을'이 上下권에서 각각 2회, 3회로 나타나며, 중철표기인 '겁
질를'은 上권에서는 나타나지 않고 下권에서만 1회 나타난다.

'믈에'의 경우, 《구급방》과 《구급간이방》에서는 연철의 '므레'만 나타나
고 《언해구급방》에서는 연철, 분철, 중철의 표기가 모두 나타난다. 그러나
'믈에'가 63회 나타나는데 비해 '므레'는 단 1회 보이며, 下권에서 '믈레'가
1회 나타난다. '믈을'의 경우 《구급방》과 《구급간이방》에서는 연철의 '므
를'만 나타나는데. 《언해구급방》에서는 '므를'이 上권에서 2회 나타나고,
'믈을'은 上下 각각 4회, 11회, 중철의 '믈를'은 上에서 1회, 下에서는 4회
나타난다. '블에'의 경우, 《구급방》과 《구급간이방》에서 역시 연철의 '브레'
만 나타나는데, 《언해구급방》에서는 '블에'가 上에서 2회, 下에서 8회 나타
나고, '브레'는 下권에서 단 1회 나타난다. '사발애'의 경우, 《구급간이방》
에서 연철의 '사바래'가 5회, 분철의 '사발애'가 9회 나타나고, 《언해구급
방》에서는 분철의 '사발이'만이 1회 보인다.22) '손발을'의 경우, 《구급방》
과 《구급간이방》에서는 연철의 '손바룰'만이, 《언해구급방》에서는 '손바룰'
이 1회, 분철의 '손발을'이 4회 나타난다.

체언 말음이 'ㄹ'인 경우는 《구급방》과 《구급간이방》에서 연철과 분철
표기의 빈도가 비교적 높게 나타나며, 《언해구급방》은 대체로 연철의 빈도

---

21) 《구급방》과 《구급간이방》에서는 '졎, 갖, 젓, 거피, 거플, 갓플, 헝울, 겁질'로
    나타난다.

22) 이와 관련된 《구급방》의 표기는 한자와 함께 '沙상鉢밝올 碗(구下21ㄱ8), 沙상
    甁뼝에 磁甁(구上31ㄴ2), 沙상盆뿐에 沙盆(구上55ㄴ1), 沙상잔애 磁盞(구上46ㄴ6),
    沙상합애 於甕合內(구下10ㄱ1), 沙상合합애 甕合中(구下40ㄴ1)' 등으로 나타난다.

가 낮게 나타나는 문헌임에도, 말음이 'ㄹ'인 경우에는 연철의 예가 비교적 낮은 빈도이긴 하지만, '겁지를, 므를, 므레, 브레, 손바를' 등으로 표기하고 있다.

(4) 체언말음 '-ㅁ'

다음의 [표 17]은 체언말음 '-ㅁ'의 연철·분철·중철의 빈도를 비교한 것이다.

[표 17] 체언말음 'ㅁ'의 연철·분철·중철 빈도 비교표

어휘	구분	용례	구급방	구급간이방	언해구급방	비고
가슴	연철	가스매	6	5		
	분철	가슴애		4		
	중철					
범	연철	버	6	7		
	분철	범의			3	언구-범이(2)포함
	중철					
사룸	연철	사ᄅᆞ무로	17	7		
	분철	사룸으로		9	10	
	중철	사룸무로			1	
	연철	사ᄅᆞ미	26	65		
	분철					
	중철	사룸미			14	
계	연철		55	84	0	139
	분철		0	13	13	26
	중철		0	0	15	15

'가슴애'의 경우, 《구급방》에서는 연철의 '가스매'만이, 《구급간이방》에서는 연철 5회, 분철 4회로 비슷한 빈도를 보인다. '범의'의 경우, 《구급방》과 《구급간이방》에서 연철의 '버믜'로, 《언해구급방》에서 분철의 '범의/범이'가 3회 나타난다. '사룸으로/ᄋᆞ로'의 경우, 《구급방》에서는 '사ᄅᆞ무로'

의 표기만 16회 나타난다. 《구급간이방》에서는 연철과 분철이 모두 비슷한 빈도를 보이는데, '사ᄅᆞᄆᆞ로'가 7회, '사름으로'가 9회 나타난다. 《언해구급방》에서는 연철은 나타나지 않고 분철의 '사름으로'가 10회 나타나고, 下권에서는 중철의 '사름ᄆᆞ로'도 1회 나타난다. '사름이'의 경우, 《구급방》과 《구급간이방》에서는 '사ᄅᆞ미'만 각각 26회, 65회 나타나는데 비해 《언해구급방》에서는 중철의 '사름미'만 14회 나타나는데, 모두 하권에서 나타나는 것이다.

위 예에서 체언말음이 'ㅁ'인 경우, 《구급방》에서는 연철 표기만이, 《구급간이방》에서는 '가슴애, 사름으로' 등에서 연철과 분철이, 《언해구급방》에서는 연철은 나타나지 않고, 분철과 중철이 우세한데, 특히 '사름ᄆᆞ로, 사름미'가 모두 하권에서 나타나는 것이다.

(5) 체언말음 '-ㅂ'

다음의 [표 18]은 체언말음 '-ㅂ'의 연철·분철·중철의 빈도를 비교한 것이다.

[표 18] 체언말음 'ㅂ'의 연철·분철·중철 빈도 비교표

어휘	구분	용례	구급방	구급간이방	언해구급방	비고
겨집	연철	겨지븨	5	10		
	분철	겨집의			2	
	중철					
	연철	겨지비	4	5		
	분철	겨집이			3	
	중철	겨집비			1	
홉	연철	호블	8			
	분철	홉을		34		
	중철	홉블			1	
계		연철	17	15	0	32

분철	0	34	5	39
중철	0	0	2	2

'겨집의'의 경우, 《구급방》과 《구급간이방》에서는 '겨지븨'만이 나타나는데, 《언해구급방》에서는 분철의 '겨집의'가 나타난다. '겨집이'의 경우도, 《구급방》과 《구급간이방》에서는 연철의 '겨지비'만 나타나는데, 《언해구급방》에서는 연철의 '겨지비'는 나타나지 않으나 '겨집이'와 중철의 '겨집비'가 보인다. '흡을'의 경우, 《구급방》에서 연철의 '호블'이, 《구급간이방》에서 분철의 '흡을'만이, 《언해구급방》에서는 중철의 '흡블'만이 나타난다.

체언 말음이 'ㅂ'인 경우, 《구급방》에서 연철만이, 《구급간이방》에서 연철과 분철이, 《언해구급방》에서는 연철은 보이지 않고, 분철과 중철 표기가 보인다.

(6) 체언말음 'ㆁ'

다음의 [표 19]는 체언말음 'ㆁ'의 연철·분철·중철의 빈도를 비교한 것이다.

[표 19] 체언말음 'ㆁ'의 연철·분철·중철 빈도 비교표

어휘	구분	용례	구급방	구급간이방	언해구급방	비고
굼벙	연철	굼버이	1	1		
	분철	굼벙이		3	4	
	중철					
대룡	연철	대로ᅌᆞ로	1			
	분철	대룡ᅌᆞ로	4	1	1	
	중철					
계	연철		2	1	0	3
	분철		4	4	5	13
	중철		0	0	0	0

'굼버이'의 경우, 《구급방》에서는 '굼버이'만 나타나고, 《구급간이방》에서는 '굼버이'와 '굼벙이'로 나타나며, 《언해구급방》에서는 분철의 '굼벙이'만 나타난다. 중철의 표기는 찾아 볼 수 없다. 또 '대로ᄋ로'의 경우, 《구급간이방》과 《언해구급방》에서는 분철의 '대롱ᄋ로'만 나타나나 《구방에서는》 분철의 '대롱ᄋ로'와 연철의 '대로ᄋ로'가 나타난다.

체언 말음이 'ㅇ'인 경우, 《구급방》과 《구급간이방》에서 연철과 분철이, 《언해구급방》에서는 연철은 보이지 않고, 분철 표기만 보인다.

지금까지 분석한 결과를 종합하면 다음과 같다.

구분	ㄱ		ㄴ		ㄹ		ㅁ		ㅂ		ㆁ		계	
연철	40	4.5	52	5.9	636	70.6	139	51.4	32	28.3	3	0.3	902	100
분철	29	4.5	190	29.2	353	54.3	26	4	39	6	13	2	650	100
중철	1	3.8	0	0	25	58.2	15	2.3	2	4.7	0	0	43	100

세 문헌의 연철 표기 경향은 체언말음 '-ㄹ'의 빈도가 가장 높다. 《언해구급방》에서는 연철의 빈도가 낮은데, 'ㄹ'에서는 연철되기도 하였다. 다음으로 'ㅁ'의 빈도가 높다. 체언말음을 기준으로 한 연철의 표기 빈도는 'ㄹ > ㅁ > ㄴ > ㄱ > ㅂ > ㆁ', 분철은 'ㄹ > ㄴ > ㅂ > ㄴ > ㄱ/ㅁ > ㆁ', 중철은 'ㄹ > ㅁ > ㅂ > ㄱ'의 빈도[23]로 나타난다.

3.2.2. 용언

용언의 활용형인 '먹이면, 봇가, 플어'의 연철, 분철, 중철의 빈도를 제시하면 다음과 같다.

---

23) 근대국어자료인 《백병구급신방》의 중철 표기는 선행 음절의 말음이 'ㄱ, ㄹ, ㅅ'일 때 나타나며, 'ㄹ'인 경우가 가장 많이 나타나는 것으로 조사된 바 있다.(이은규 2003: 322-323 참조)

[표 20] 용언 활용형 '먹이면, 봇가, 플어'의 연철·분철·중철 빈도표

어휘	구분	용례	구급방	구급간이방	언해구급방	비고
먹-	연철	머기면	13	17	66	
	분철	먹이면			2	
	중철	먹기면			1	언구 - 먹기고(1)
볶-	연철	보까	5			
	분철	봇가	34	71	20	
	중철	봇까	1			
플-	연철	프러	138	332	9	
	분철	플어			100	
	중철					
계	연철		156	349	75	580
	분철		34	71	122	227
	중철		1	0	1	2

'먹이면'의 경우, 《구급방》과 《구급간이방》에서는 '머기면'만이 나타나고, 《언해구급방》에서는 '머기면'이 66회, 분철의 '먹이면'이 2회 나타나고, 중철의 '먹기면'도 1회 보인다. '봇가'의 경우, 《구급방》에서 연철의 '보까'가 5회, 중철의 '봇까'가 1회 보이는데, 《구급간이방》과 《언해구급방》는 분철표기만이 나타난다. '플어'의 경우, 《구급방》과 《구급간이방》에서는 연철의 '프러'만 나타나는데 비해, 《언해구급방》'프러'가 9회 '플어'가 100회 나타난다. 그 외 구방에서 연철과 분철이 혼란된 예로, '젼구글 豆豉(上62ㄴ4), 젼구ㄹ로(下72ㄴ2), 젼구글 (下72ㄴ1)/젼국을(下50ㄱ2)'을 들 수 있고, 중철의 예도 나타나는데, '東동녁긔 (上21ㄴ8)', '먹그며(上19ㄱ7)' 등이 있다.

그러므로 《언해구급방》은 《구급방》과 《구급간이방》에 비해 연철의 빈도는 매우 낮은 수준이고, 분철과 중철의 빈도가 우세함을 알 수 있다. 그 중 《언해구급방》下권은 '겁질를, 겨집비, 눈네, 눈니, 플레, 플를, 사름ᄆ로, 사름미' 등의 중철 표기의 빈도가 上권에 비해서도 높은 것으로 분석된다.

3.3. 모음 조화 표기

어떤 형태소들이 연결될 때 양모음 글자와 음모음 글자들을 배타적으로 결합하는 표기법이 훈민 정음 초기 문헌에서부터 있어 왔으나, 최초의 문헌인 《용비어천가》나 《석보상절》에서도 이미 이 표기에 어긋나는 예들이 있었음은 잘 알려진 사실이다.[24] 여기에서는 이른바 모음 조화를 따르는 표기와 모음조화에 어긋난 표기를 비교하였는데, 전자를 위에, 후자를 아래에 두고, 각각의 빈도를 제시하였다.

3.3.1. 체언

(1) 목적격 조사 - 올/을, 롤/를

목적격 조사에는 '-를/-롤/-을/-올/-ㄹ'의 이형태가 있었는데, 초기 훈민 정음 문헌에서는 양모음 어간의 체언 뒤에 주로 '-롤/-올'이, 음모음 어간의 체언 뒤에 주로 '-를/-을'이 연결되었으나 세조대 문헌부터 '-롤'은 거의 사용되지 않는다. 이들 목적격 조사의 이형태는 음운론적 조건에 의한 것이 아니라 비현실적인 모음 조화 표기법에 의한 구별 형태였는데, 초기 훈민 정음 문헌에서부터 이 표기법이 붕괴되기 시작했던 것이다.(김동소(2003ㄴ: 127) 참조)

구급방류에서도 이러한 혼란 양상을 볼 수 있는데, 양모음 뒤에는 목적격 조사 '올'과 '롤'이, 음모음 뒤에는 '을'과 '를'이 나타나는 경향을 표로 제시하면 다음과 같다.

---

24) 김동소(1997: 146) 참조.

[표 21] '양모음/음모음' + '올/을, 롤/를' 비교표

어휘	용례	구급방	구급간이방	언해구급방	비고
글	글올	39	132		
	글을		18		
반	반올	10	1		《구급방》 - 半반올
	반을		12		
약	약올	18	3		
	약을	5	20	2	
약	약올	18	3		
	약을	5	20	2	
잔	잔올	27			
	잔을	4	9	1	
량	량올	58	19		《언해구급방》 -
	량을		81		'냥'으로 표기
독	독올	27			《구급방》 - 毒독올
	독을		6	20	
돈	돈올	51			
	돈을	3	55	34	
쏭	쏭올	16	5		
	쏭을	0	28	13	
분	분올	20	3	2	
	분을	4			
술	수를	18	13		
	수를	2	7	1	
계	조 화	284	176	2	462
	부조화	18	237	71	326

《구급방》에서는 '글올', '반올', '량올'의 경우에는 예외 없이 모음 조화에 따르는 표기만 나타난다. 그러나 《구급간이방》에서는 '글올'이 132회, '글을'은 18회로 비교적 모음 조화를 따르는 표기가 높은 빈도를 보이기는 하나, '반올'은 1회, '반을'이 12회, '량올'이 19회, '량을'이 81회로 오히려 모음 조화에 벗어난 표기가 더 높은 빈도를 보인다. 그러나 《구급방》에서

도 '약을', '잔을', '돈을', '쫑을', '분을', '수를'과 같은 모음조화에 어긋한 표기들이 자주 보인다.25) 이러한 표기의 경향은 《구급간이방》에 이르면 '잔을', '독을', '돈을'과 같이 모음 조화에 어긋난 표기만이 나타나기도 한 다. 《언해구급방》의 표기를 보면, '약을', '잔을', '독을', '돈을', '쫑을', '수 를'이 모음 조화에 어긋나 있고, '분을'만이 모음 조화를 따르고 있다. 대 체로 《구급방》에서는 모음조화를 따르는 표기가 많고, 《언해구급방》은 모음조화에 어긋나는 경우가 많음을 알 수 있다. 또한 중성모음 다음의 '을/을, 를/를'을 비교한 것을 표로 제시하면 다음과 같다.

[표 22] '중모음' + '을/을, 를/를' 비교표

어휘	용례	구급방	구급간이방	언해구급방	비고
벗	벼슬	1			
	벼슬		1		
뇌	되룰	31	76	5	
	되를		1		
고기	고기룰			3	
	고기를	5	3	3	
피	피룰	17	14	3	
	피를			6	
계	조 화	49	90	11	150
	부조화	5	5	9	19

《구급방》에서는 '벼슬', '되룰', 피룰'에서는 '룰'이, '고기를'은 '를'로 표 기하고 있어, 《구급방》에서는 'ㅣ'모음 뒤에 '룰'이 오는 빈도가 높고,26)

---

25) 이러한 모음조화의 혼란에 관하여는 김동소(2003ㄴ: 70)에 의하면 "새 문자 훈민 정음의 제정 직후에 만들어졌던 훈민 정음 표기의 표준 어형은 강력한 규범력을 가지고 철저히 보급하려 했겠으나, 음양 이론에 바탕한 표기법이 비현실적이었고, 특히 'ㆍ'가 비음소적 문자였기 때문에 초기 문헌에서부터 혼란을 드러내지 않을 수 없었다."는 점을 참조할 수 있다.

26) 《月印釋譜》 <第四>에서 이 표기는, 어간 끝음절이 이른바 중성 모음 글자인

《구급간이방》에서는 '벼슬, 되롤/되를, 고기를, 피롤' 등에서 '롤'의 빈도가
좀더 높고, 《언해구급방》에서는 《구급방》과 《구급간이방》에서는 나타나
지 않는 '고기를'이 2회, '피를'도 6회나 나타나, 《구급방》과 《구급간이방》
에 비해 더욱 혼란한 양상을 보인다. 그러나 《언해구급방》은 다른 표기들,
예를 들어 '약을', '잔을', '독을', '돈을', '쏭을', '고기를', '돌긔', '둙의' 등에
서는 'ㅡ'를 쓰는 경향이 뚜렷하다.

(2) 부사격 조사 - ㅐ/ㅔ, ㅔ/ㅢ/ㅓ

낙착점 처소 부사격 조사에는 '-애/-에/-예', '-의/-의'가 있었다 15세기
문헌에서 일반적으로 양모음 뒤는 '-애', 음모음 뒤에는 '-에', 'ㅣ'모음과 하
향 이중 모음 뒤는 '-예'가 왔으나 예외적 표기가 15세기에 있었고, 16세기
이후에는 이런 예외가 급증한다. '의/-의'는 15세기에는 약 100개 정도의
특수한 체언 뒤에만 사용되었지만 '-애/-에'와 혼동되기도 한다. (김동소
(2003ㄴ: 127) 참조)

[표 23] 부사격 조사 'ㅐ/ㅔ, ㅔ/ㅢ/ㅓ' 비교표

어휘	부사격 조사	구급방	구급간이방	언해구급방	비고
번	버네	8			
	버닉			1	
술	술의			30	
	술익			10	
우ㅎ	우희	52	133	13	
	우희			7	
볕	벼틔		5		
	벼틱			1	
공심	공심애	2	3		《구급방》 -
	공심에	9	28	1	空콩心심에

'ㅣ'나 하향이중모음글자 'ㅐ, ㅔ, ㅐ, ㅚ, ㅟ, ㅓ' 등일 경우 그 뒤에는 '-의'가 오
는 것이라 할 수 있다.(김동소(1997: 146) 참조)

계	조 화	62	141	43	246
	부조화	9	29	20	58

《구급방》에는 '버네', '우희', 《구급간이방》에는 '우희,' '벼틔'와 같이 모음조화를 따르고 있고, 《언해구급방》에는 '버닉', '술의', '우희', '벼틔'와 같이 모음조화에 어긋난 예가 많다.

'공심애'는 《구급방》에서 2회, 《구급간이방》에서 3회 적힌데 비해, '공심에'는 《구급방》에서 9회, 《구급간이방》에서는 28회의 높은 빈도를 보이며, 《언해구급방》에서도 1회 보인다.

3) 관형격 조사 – ㅢ / ㅣ

[표 24] 관형격 조사 'ㅢ/ ㅣ' 비교표

어휘	관형격 조사	구급방	구급간이방	언해구급방	비고
둙	둘기	36	94		둙의 《구급간이방》-10회 《언해구급방》-1회
	둘긔	1	2	1	
벌	버		12		
	버릐		1		
계	조화	36	106	0	142
	부조화	1	3	1	5

《구급방》에서는 '둘기', '둘긔'가 36회, 1회, 《구급간이방》에서는 각각 94회, 2회 나타나는데 비해, 《언해구급방》에서는 모음조화에 어긋난 표기인 '둘긔'만이 1회 나타난다. '버릐/버릐'는 《구급간이방》에만 나타나는데 모음조화를 따르는 '버릐'가 12회, 어긋난 표기가 1회 나타난다.

구급방류에서 목적격 조사 '울/을, 룰/를', 부사격 조사에는 '-애/-에/-예',

'-익/-의', 관형격 조사 '의/익'에 관련된 모음조화 표기에서는 세 문헌 전체
에서 모음조화에 어긋난 표기가 다수 보이나 대체로 《구급방》에서는 모음
조화를 따르고 있고, 《구급간이방》에서는 목적격 조사에서 모음조화에 어
긋난 예가 많았고, 《언해구급방》에서는 목적격 조사에서 'ㅡ'를 쓰는 경향
이 뚜렷한 등, 모음조화를 따르지 않는 경우의 빈도가 매우 높게 나타난다.

3.3.2. 용언

용언형에서는 용언어간 뒤에의 '-ㆍ-, -으-'가 오는 경향, 연결형 어미 '-
오ᄃᆡ/-우ᄃᆡ'의 경우, 관형사형 어미 '-온/-운'의 연결을 중심으로 세 문헌에
나타난 모음조화 표기법을 살펴보기로 한다.

[표 25] 용언어간 + '-ㆍ-, -으-', '-오ᄃᆡ/-우ᄃᆡ', '-온/-운' 비교표

어휘	용례	구급방	구급간이방	언해구급방	비고
-	녀ᄒ라	9	13		녀ᄒ면
	녀ᄒ라	1			《구급방》- 2회
막-	마ᄀ면	2			
	마그면		2		
묽-	믈근	26	56	3	
	믈근			3	
먹-	머구ᄃᆡ	26			
	머고ᄃᆡ	10	74		
고티-	고툐ᄃᆡ	148			
	고튜ᄃᆡ	91			
브티-	브툐ᄃᆡ	3	23		
	브튜ᄃᆡ	3			
긷-	기론	2	73		
	기룬	14			
계	조 화	217	165	3	385
	부조화	119	76	3	198

세 문헌에서 용언어간 뒤에의 '-ᄋᆞ-, -으-'가 오는 경향을 살펴보면,《구급방》에서는 '녀흐라', '마ᄀ면', '믈ᄀ'등 모음조화를 따르는 표기가 비교적 일정하게 나타나며,《구급간이방》에서는 대체로 모음조화를 따르나, '마그면'과 같이 어긋난 예도 보인다.《언해구급방》은 '믈ᄀ/믈근'이 같이 모음조화가 혼란된 예를 보여준다.

또한 연결형 어미 '-오ᄃᆡ/-우ᄃᆡ'의 경우, 어간 끝음절에 양모음 글자와 중성 모음 글자가 있으면 '-오ᄃᆡ'가 선택되고 어간 끝음절에 음모음 글자가 있으면 '-우ᄃᆡ'가 선택되는 것이 모음조화 표기인데,《구급방》에서는 '머구ᄃᆡ', '고툐ᄃᆡ'는 모음조화를 따르는 경우가 더 많으나, '머고ᄃᆡ', '고튜ᄃᆡ', '브툐ᄃᆡ'와 같이 모음조화에 어긋난 예들의 빈도 또한 높다.27)

관형사형 어미 '-온/-운'의 연결28)은, 'ㅣ'모음 뒤에서는《구급방》에서는 '기룬',《구급간이방》에서는 '기론'이 높은 빈도를 차지한다. 용언어간 뒤의 모음조화의 표기는 세 문헌 모두에서 혼란된 양상을 보이며,《구급간이방》에서는 모음조화에 어긋난 경우가 더 많다.

모음조화 표기에 있어서 구급방류는《구급방》에서 모음조화를 따르는 표기가 높은 빈도를 보이나, 혼란된 경우가 많고,《구급방》에서 모음조화에 맞는 표기가《구급간이방》과《언해구급방》에서는 오히려 어긋난 경우가 더 많았다. 모음 표기의 일관성의 정도는 적어도《구급방》,《구급간이방》,《언해구급방》의 순서로 나타남을 볼 수 있다.

그 외《구급방》과《구급간이방》,《언해구급방》의 자음동화 표기를 비교하면,《구급방》과《구급간이방》에서는 자음동화의 예를 쉽게 찾아볼 수 없으나《언해구급방》의 음운의 두드러진 특징은 자음동화의 예가 자주 보인

---

27) ≪月印釋譜≫의 경우, 어간 끝음절에 양모음 글자와 중성 모음 글자가 있으면 '-오ᄃᆡ'가 선택되고 어간 끝음절에 음모음 글자가 있으면 '-우ᄃᆡ'가 선택된다(김동소 (1997: 147)).

28) ≪월인석보≫는 대체로 양모음 뒤에는 '온', 음모음 뒤에는 '-운'이 연결되어 모음조화 표기법을 지키고 있다(김동소 1997: 147 참조) .

다는 것이다. '돋ᄂ니라'가 《구급방》에서만 71회, 《구급간이방》에서는 3회 나타나는데,[29] 《언해구급방》에서는 '돋ᄂ니라'만이 74회 나타난다. 《구급방》과 《구급간이방》에서는 '잇ᄂ니'로 각각 3회씩, 《언해구급방》에서는 '인ᄂ니'로 11회 나타난다. 《언해구급방》에서는 그 외에도 '댓무우'와 '댄무우'가 함께 쓰이고, 《구급간이방》에서 '빙랑'으로 쓰이던 것이 《언해구급방》에서는 '빙낭'으로 나타나는 등 자음동화의 예가 활발하게 나타난다.

또한 세 문헌의 비교를 통해, 《구급방》과 《구급간이방》에는 'ᄀᄂ리'와 'ᄀ놀에'로 나타난 것이, 《언해구급방》에는 'ᄀ놀게'[30]로만 1회 나타나고, 《구급방》과 《구급간이방》의 '몯거든/몯ᄒ거든, 브ᅀᅥ'는 《언해구급방》에서는 '몯ᄒ거든', '브어'로 나타난다.

---

29) 《구급간이방》에서 빈도가 낮은 것은, 언해의 차이로 보여지는데, 《구급간이방》에서는 주로 '됴ᄒ리라'로 언해되고 있기 때문이다.

30) '硏極細'가 'ᄀ장 가늘게 ᄀ라'로 언해되었고, '細'에 해당되는 언해는 대부분 'ᄀ라'이다.

4. 어휘

구급방류의 어휘는 문헌별로 사전에 등재되지 않은 어휘와 등재되어 있으나 최초로 보이는 어휘로 나누어 분석하였다. 문헌의 순서는 《구급방》, 《구급간이방》, 《언해구급방》의 순으로 제시하고, 특히 《구급방》1)과 《언해구급방》〈상권〉의 어휘는 선행 연구에서 논의되지 않은 것을 중심으로 분석하였다.

4.1. 사전에 등재되지 않은 어휘

4.1.1. 《구급방》

구급방 어휘에 관한 선행 연구 중 원순옥(2003;131-156)에서는, 희귀어를 단일어와 복합어로 구분하여, '옛말 사전에 수록 안 된 어휘' 중 단일어로는 '다운, 도련고, 뵈디, 쎄혀면, 아니고오믈'을, 복합어로는 '곳골회, ᄀᆞ른금, 다아닫고, 두겻, 쓴블, 쏩옷, 믈목브슘, 밥빼, 빗가치, 상자리, 솝드리, 어싀돌, 어우렁ᄌᆞᅀᆞ, 츳불휘, 츤쏨, 흔닐굽' 등을 제시하였는데, 김동소(2003 ㄷ;10-18)에서는 이들 어휘 중 '상자리'와 '츳불휘'를 제외한 나머지 어휘를 현대어 풀이와 함께 제시하고 있다. 그 어휘 및 풀이2)는 '(1)

---

1) 《구급방》에서 선행 연구된 어휘는 원순옥(2003: 127-157)과 김동소(2003: 10-18)를 참조하였다.

2) 원순옥(2003;131-156)과 김동소(2003 ㄷ: 10-18)에서는 기본형을 제시하지 않고 활용형을 그대로 제시하였으나, 본고에서는 기본형으로 바꾸어 제시하였다.

곳골회(釵環)[비녀와 가락지(?)], (2) ᄀᄅ른금(橫文)[가로된 금], (3) 다아닫다(合住)[꽉 닫다], (4) 답다(暖)[따뜻하다], (5) 도렫다(圓)[둥글다], (6) 두 것3)[2개, 두 가지 것], (7) ᄆᆯ목브숨(馬喉閉)[말목부음(병명, 馬喉痺)], (8) 밥때(飯時)[밥 먹을 만한 시간, 식경(食頃)], (9) 뵈다(下)[(대소변을) 보게 되다], (10) 빗갗[(좋은) 빛깔 있는 피부(?)], (11) ᄢᅵ혀다(拔) [뽑다], (12) 숩드리(透骨)[속속들이], (13) ᄯᅳᆫ블(慢火)[여린 불. 약한 불], (14) ᄯᅡᆷ옷(汗衣)[땀이 밴 옷], (15) 아니고움(惡)[아니꼬움], (16) 어ᅀᅵ돝(母猪)[어미 돼지], (17) 어우렁ᄌᆞᆺ(雙仁)[쌍으로 들어 있는 열매 씨], (18) ᄎᆞᆫᄯᅡᆷ(冷汗)4)[식은땀],5) (19) 흔닐굽(一七)[한 일곱]6)'과 같다.

그 중 (3) '다아닫다(合住)'는 '꽉 닫다'로 풀이하였는데, 예문 '又方·黃連·黃栢·輕粉 各等分· 朴硝 少許 右爲細末入麻油用合子合住上飯蒸調塗ᄯᅩ 黃ᅘᅪᆼ連련과 黃ᅘᅪᆼ栢ᄇᆡᆨ과 輕켱粉분을 ᄀᆞ티 ᄂᆞᆫ호고 朴팍硝숈를 져기 조쳐 細솅末맗ᄒᆞ야 麻망油율에 녀허 合합이 다아닫고 밥 우희 ᄣᅥ ᄆᆞ라 ᄇᆞᄅᆞ라(下13ㄴ5)'를 참조하면, '닫고'는 '合'과 대응이 되는데, '꽉'은 한자 '住'와 관련을 짓기 어렵다. '住'는 '머물다, 살다, 있다'의 뜻을 지닌 한자이

---

3) 대응되는 한자를 찾기 어려운데, 예문은 '治猘犬毒·頭髮猵皮各等分右燒灰水和飮 一杯 머리터럭과 고솜도틴 가츨 ᄀᆞᆮ게 ᄂᆞᆫ호아 두 것 스론 지를 ᄆᆞ레 프러 흔 잔을 머규딘(下66ㄱ6)'과 같다.

4) 원순옥(2003: 149)에서는 'ᄎᆞᆫᄆᆞᆯ(冷水)'과 'ᄎᆞᆫ칼(佩刀)'이 복합어로 사전에 등재되어 있어 'ᄎᆞᆫᄯᅡᆷ'도 사전에 올릴 수 있음을 밝혀 놓았으나, 현대어 풀이는 하지 않고 있다.

5) 'ᄎᆞᆫᄯᅡᆷ'의 현대어 풀이에 대하여는 앞선 연구에서는 언급이 없었으므로, 현대의 '찬 땀'으로 해석한 것으로 보이며, 현대어에 관련되는 유사한 의미로 '식은땀'이 있으므로 이것을 제시한다.

6) 과거의 국어의 수사들의 용법이 현재의 그것과 크게 다른 점 가운데 하나는 수사들의 합성법이 매우 자유로왔다는 점이다. 현대어에도 '한두, 두어, 두서너, 너댓, 대여섯, 예닐곱' 등의 합성 수사가 사용되기는 하지만, 과거에는 '세다숫, 세닐굽, 네닐굽, 네대엿, 여다훕, 엿아훕, 두서열, 닐여든, 닐여둛, 셜마은' 등과 같은 현대어에서는 거의 용례가 보이지 않는 합성 수사들이 사용되었다. (김광해 1998: 25-26).

므로, '다마닫다'일 가능성이 있다.

(11) '뻐혀다(拔)'는 '뽑다'로 풀이하고 있으며 《구급방》에서 '卽撼箭鏃 拔之立出 즉재 살미틀 이어 쎄혀면 믄득 나ᄂᆞ니(下03ㄱ2)'로 나타나는데, 《구급방》의 다른 예, '以鑷子取之 죡집게로 쌔혀라(下06ㄱ02)', 《구급간 이방》에서도 '犬糞(가희똥)塗仍拔去頂上紅髮 가희똥을 ᄇᆞᄅᆞ고 뎡바기옛 블근 머리 터리를 쎄혀 ᄇᆞ리라(간六38ㄱ08)'와 같이 '뽑다'의 의미인 '쌰 혀'가 보이므로, '뻐혀면'은 '쌰혀면'의 탈각으로 볼 여지가 있다.

(16) '어싀돝(母猪)'은 복합어로 보는 것보다 '어싀'와 '돝'을 분리하여 각 각의 단어로 보는 것이 자연스럽다. 예문은 '又方治蛇入人口幷七孔中割 母猪尾頭瀝血着口中卽出 또 ᄇᆡ야미 사ᄅᆞ미 입과 닐굽 굼긔 들어든 고튜 ᄃᆡ 어싀 도틱 ᄭᅩ릿 그틀 버혀 츳듣ᄂᆞᆫ 피를 이베 녀흐면 즉재 나ᄂᆞ니라 (下79ㄱ8)'과 같다.

(18) '츤뚬(冷汗)'은 김동소(2003ㄷ: 10-18)에서 다루지 않고 있으나, '찬땀'과 같은 의미로 현대어에 '식은땀'이 있으므로 사전에 등재할 만하다. 예문은 '緊痛外腎揢縮面黑氣喘冷汗自出 ᄀᆞ장 알프고 外윙腎씬이 움 치들오 ᄂᆞ치 검고 氣킝分분이 헐헐ᄒᆞ고 츤ᄯᆞ미 흐르ᄂᆞ니(上54ㄴ4)'와 같다.

4.1.2. 《구급간이방》

《구급간이방》의 어휘 중 사전에 실리지 않은 어휘는 다음과 같다.

(20) 림·질(淋)

《구급간이방》〈권3〉에 3회[7] 나타난다.

---

7) 어휘의 빈도수는 세주까지 포함한 것이다.

諸淋(여러 가짓 림·질)(三101ㄱ3)

이 어휘는 한자 '淋'에 대응하는 어휘로 현대의 '임질(淋疾)'을 나타낸다.
《이조》, 《고어》, 《우리말》[8]에 수록되어 있지 않다. 《신속孝3》와 《譯上62》
에서는 '님질(痳疾)'이 보인다. 이 용례는 글자크기가 작은 보각판에 나타
난다.

(21) 부수목/브수목(竈突)

《구급간이방》〈권7〉에 나타난다.

竈突墨(브[수][목]읫 거믜영)(七041ㄴ7)
부수목·읫 거믜영·과·롤(七042ㄱ1)

이 어휘는 한자 '竈突'에 대응되는데, '竈突'은 '부뚜막에 딸린 굴뚝'의
의미이다. 《이조》, 《고어》, 《우리말》에 수록되어 있지 않다. 41장의 뒷면
은 마모가 심하여 정확히 판독하기가 힘드는데 '브수목'으로 보이며 마모
가 심하지 않은 42장의 앞면은 '부수목'으로 나타난다. 이와 관련된 어휘로
는 《朴重十四19》에서 '브섭', 《朴초》, 《구급간이방》, 《字會》 '브석', 《朴
초》, 《구방下》에서 '브섭'을 들 수 있다. 이 용례는 을해자본에 나타난다.

---

8) 여기에서는 남광우(1997):《고어 사전(이하 '고어')》, 유창돈(1994):《이조어 사
   전(이하 '이조'》, 한글학회(1992):《우리말 큰사전》의 <옛말과 이두편(이하 '우
   리말')>을 참조하였다. 그 외에도 김영황(1994):《중세어 사전》, 리서행(1991):
   《조선어 고어 해석》, 이상춘(1949):《조선 옛말 사전》, 이영철(1955):《옛말
   사전》, 정희준(1949):《조선 고어 사전》, 홍윤표(1995):《17세기 국어 사전》
   등을 참조하였다.

(22) 슈마(水馬)

《구급간이방》〈권7〉에 1회 나타난다.

> 水馬手中持之則易産
> ·슈:마롤 소·내 주·여시·면 :수이 나ᄒᆞ·리라(七028ㄴ6)

'슈마'는 한자 '水馬'를 한글로 표기한 어휘로 현대의 '해마(海馬)'를 나타내는 듯하다. 《이조》, 《고어》, 《우리말》에 수록되어 있지 않다. 이 용례는 글자가 가는 보각판에 나타난다.

(23) 투슈(妬乳)

《구급간이방》〈권7〉에 1회 나타난다.

> 婦人乳癰汁不出稸積內結因成膿腫一名 妬乳
> 겨지비 져제 죵긔 나 져지 나디 아·니·ᄒᆞ야 안해 얼의여 브서 골[곪]9)
> ᄂᆞ니 일후미 투쉬라(七070ㄱ6)

이 어휘는 한자 '妬乳'의 음을 적은 것이다. 《이조》, 《고어》, 《우리말》에 수록되어 있지 않다. 이 張은 번각판을 부분적으로 보각한 장이어서 앞의 분류에서는 제외되었지만 이 어휘가 나오는 부분은 번각판이다.

---

9) 이 글의 자료로 이용한 대구 개인소장 《구급간이방》〈권7〉에서는 이 張이 번각판에 부분적으로 보각되었는데 '골'의 자리가 바로 부분적으로 보각된 부분이 다. '곪'의 'ㅁ'을 써야할 자리가 비어 있어 오각이나 탈획으로 보인다. 영대본 《구급간이방》〈권7〉에서는 '곪'이라고 나타나 있다.

(24) 긁우다(剔)

《구급간이방》〈권7〉에 단 1회 나타난다.

>   水三升洗夫靴(남진의 휘)剔汁溫服
>   ·믈 :서 ·되로 제 남진·의 휘·를 시·서 글·군 ·므를 두시 ·호야 머그라 (七
>   007 ㄱ3)

이 어휘는 한자 '剔'에 대응되며, '긁어 내다'의 의미일 듯하다. 《이조》,
《고어》,《우리말》에 수록되어 있지 않다. 이 어휘는《類合下24》에 나타나
는 '글글 괄(刮)'과 관련지을 수 있는데, 한자 '刮'의 새김이 '깎다, 갈다《대
한한자전(1997: 165)》'이고 예문의 한자 '剔'은 '뼈바르다, 깎다《대한한자전
(1997: 171)》'로 두 한자가 모두 '깍다' 또는 '갈다'의 뜻을 지니고 있기 때문
이다. 이 용례는 을해자본에 나타난다.

(25) 두위여디다(脫)

《구급간이방》〈목록〉에 단 1회 나타난다.

>   脫肛 항문 두위여딘 :병<목록>

이 어휘는 한자 '脫'에 대응하는 것으로 현대어는 '뒤집어지다'라는 뜻이
다. 《이조》,《고어》,《우리말》에 수록되어 있지 않다. 중세 한국어의 '두위
혀다, 두위혓다'와 관련이 있는 것으로 보인다. 《옛말 사전》에는 '두위어져
소리 더욱 怒호야 호느다(反側聲愈嗔)《杜》'가 실려 있다. 이와 관련된 것
으로 '드위다'의 예를 살펴보면, '무리 黃金구레를 너흐려든 모골 드위며

《杜重十一 16》', '믌겨리 드위 부치니 거믄 龍ㅣ 봄놀오(濤飜黑蛟躍)《杜重一 49》', '셜버 드위텨디게 ᄒᆞ고《月一 29》', '네 이를 드위혀ᄂᆞ니《內三 27》', '無明을 드위혀 ᄒᆞ야 부료믈 表ᄒᆞ니라《法화一 58》' 등이 있다. 이 용례는 번각판에 나타난다.

(26) 펴량ᄌᆞ갇(天公)

《구급간이방》〈권1〉에 2회 나타난다.

又敗天公(늘·근·펴량·ᄌᆞ·갇)燒酒服
·ᄯᅩ 늘·근·펴량·ᄌᆞ·가돌 ·수라 수레 ·프러 머·그며(一098ㄴ3)

이 어휘는 한자 '敗天公'에 대응하는 것으로 현대어는 '패랭이'이라는 뜻이다. 《이조》, 《고어》, 《우리말》에 수록되어 있지 않다. 이 어휘는 《東醫》〈탕액〉에서 한자어 '敗天公'을 '펴랑이'로 언해하였고 《物譜》〈의복〉에서는 한자어 '平凉子'를 '펴랑이'로 대역하였다. 이 문헌에서의 '·펴량·ᄌᆞ·갇'은 '·펴량·ᄌᆞ'[패랭이]와 '·갇'[갓(笠)]이 결합한 형태이다. 보각판에서 나타나는데, 이 판은 글자가 고딕체 모양이다.

4.1.3. 《언해구급방》

《언해구급방》〈상권〉의 어휘에 대해 윤혜정(1996: 95-100)에서는 '난해어'라고 하여, '가마ᄒᆞ고, 골른, 긔아ᄆᆞᆫ 몰애, 쌀쌀흔, 쯤, 대 그르히, 메여, 모히며 들호로, 몰로여, 픐엇드시, 빈자자, 손구, 아괴, 안쳐, 안초와, 어긔난 병, 여외혀고, 저만, 졋바눕고, 즛ᄀᆞ라, 흘근흘근'을 설명하였다. 여기에서는 이들을 기본형으로 제시하고, 선행 연구에서 해독을 한 것에 한하여, 현대어 풀이를 [ ] 속에 제시하면 다음과 같다. '(27) 가마ᄒ다(眼花)[10][눈이 아득하고 어둡다], (28) 곯다(飢)[곯다], (29) 기아ᄆᆫ 몰애(沙), (30) 쌀쌀ᄒ다(澁), (31) 삠[틈],[11] (32) 대 그르ᄒ,[12] (33) 몌이다[몸이 막힐 만큼 답답하다], (34) 모히며 들ᄒ(山野), (35) 몰로다(輿), (36) 믈엇드시(如洗)[세수하듯이], (37) 빋잦다(緊), (38) 손구(手), (39) 아괴(牙關)[아귀], (40) 안치다(炷)[불 위에 얹어 끓이다], (41) 안초다(澄淸)[앉게 하다/걸러서 맑게 하다], (42) 어긔나다[어긋나다], (43) 여외혀다[(입을) 썰어서 열다], (44) 저만[그것 하나만],[13] (45) 졋바눕다(仰臥/偃臥)[반듯이 눕다], (46) 즛글다(條硏), 즛두드리다(槌碎), (47) 흘근흘근(吃吃)' 등이다.

그 중 사전에 등재되어 있지 않은 것으로 본, (30) '쌀쌀ᄒ다'는 '쌀쌀ᄒᆯ 삽《兒學下8》'과 같이 《고어 사전》에 등재되어 있다. 또한 (34) '모히며 들ᄒ로'에서 '着狐狸精恍惚走巡山野謂之 여이나 슬긔게 홀려 어즐ᄒ여 모히며 들ᄒ로 헤타리ᄂ니를 닐온 호미니(上13ㄴ-10)'에 나타나는 '모ᄒ'가 사전에 등재되어 있지 않은 것으로 보고, '뫼'의 오각으로 추정하였는데, '모히여 돌히여 다 노가디여《月一 48》, 먼 모히 ᄃ토와 도왓고(遠岫爭輔佐)《杜重一 27》, 구름낀 모히 안잣ᄂ 모해셔 소사나놋다(雲山湧坐隅)《杜重二 23》, 모히 프르며《百聯 5》'와 같이 《이조어 사전》 등에 등재되어 있다. 또한 (32) '대 그르ᄒ'도 사전에 없는 것으로 보았으나, '대(竹)'와 '그르

---

10) 윤혜정(1996: 95-100)에서는 활용형을 그대로 제시한 것을 기본형으로 바꾼 것이다.

11) 《구급방》 등에서 '사이'의 의미로 '삠'이 나타나나, 《언해구급방》은 예문 '兩手足大拇指相並縛定令艾炷半在瓜上半在肉上同時着火灸七壯 두 손과 두 발 엄지가락을 글와 노호로 구디 미고 뾱 크게 비븨여 삠에 안쳐 반은 손톱 우 반ᄂᆫ 슬 우회 걸텨 흠의 블 노하 닐곱 붓글 쓰면(上14ㄴ01)'에서처럼 '삠'이 뜸을 뜰 때 '약재'를 비벼서 올려 놓기 위한 어떤 도구를 '삠'이라고 하는 듯하다.

12) 원문은 '又半天河水與飮之勿令知 ᄯᅩ 나모 굼기나 대 그르히나 고은 빋믈을 몰로여 머기라(上13ㄴ02)'이다.

13) 胸膈有痰飮厥氣上衝所致單煮茗飮一二升 가슴애 담이 이셔 긔운조차 거스리올라 그러니 닙차를 저만 달혀 흔 두 되 먹고(上16ㄱ10)

ㅎ(그루)'로 나눌 수 있는 두 개의 단어로 인정하여 각각 사전에 등재되어 있는 것으로 보아야 할 듯하다.

그 외 한자를 잘못 표시한 것으로, (35) '몰로다'에 대응하는 한자를 '與'로 나타내고 있으나, 예문 '又半天河水與飮之勿令知 쏘 나모 굼기나 대 그르히나 고은 빈믈을 몰로여 머기라(上13ㄴ2)'에서 보듯이 '勿-知'임을 알 수 있고, 단순한 착오인 듯하나, (41) '안초다'에 대응하는 한자는 '澄淸'이나 '澂淸'으로 나타내고 있다.

이제 윤혜정(1996)에서 다루지 않은 어휘 '걱쉬다, 고겨셕, 곱갓기다, 님질, 당옴, 디골피, 부들좃, 또ㄱ또ㄱ, 산구화, 삵기가락, 쇠진, 쉰무우, 잇기플, 욺쥬기다, 젼ㅎ다, 현호삭' 등14)을 살펴보기로 한다.

(48) 곱갓기다(曲直)

《언해구급방》〈상권〉에 1회, 〈하권〉에 1회 나타난다.

> 時時解扎才曳 屈才曳 直否則愈後曲直不得成瘤疾
> 시시로 글러 둥기야 구피며 둥기야 펴라 그리 아니면 됴흔 후에 곱갓
> 기디 몯ㅎ야 큰 병되ᄂ니라(下15ㄴ5)

이 어휘는 한자 '曲直'에 대응하는 어휘로 현대어로는 '굽히고 펴다'의 의미이다. 옛말 사전 및 다른 문헌에서는 보이지 않는 어휘이다. '曲直'의 사전적 의미는 '굽은 것과 곧은 것, 是非, 善惡' 등이 있다.《언해구급방》上에서 '곱갓끼라'15)가 '흔나흔 풀과 다리를 붗고 쥐믈어 곱갓끼라(一人 摩擦臂脛屈伸之)(언上44ㄱ8)'와 같이 나타난다. 이 때는 '屈伸'이란 한자

---

14) 이들 어휘들은 대개 《언해구급방》 〈하권〉에 나타나지만 〈상권〉에 나타나는 것들도 있다.

15) '곱갓끼다'는 '곱갓기다'의 중철 표기로 보아 같은 어휘로 다루었다.

어의 대응어인데, '屈伸'의 사전적인 의미는 '굽힘과 폄, 나아감과 물러남' 등이다. '曲直'이란 한자어는 《구급방》, 《구급간이방》까지를 통틀어 유일 례이며, '屈伸'은 《구급간이방》에서도 나타나는데, '굽힐휘(간—060ㄴ2)'로 언해하고 있다.

(49) 걱쉬다(啞)

《언해구급방》〈하권〉에 1회 나타난다.

　　甚則眼昏鼻塌脣飜聲啞遍身潰爛成瘡
　　심ᄒᆞ면 눈니 어둡고 고히 믄긔여디고 입시우리 뒤여디고 소릭 걱쉬고
　온 모미 즌믈어 허느니(下40ㄱ09)

이 어휘는 한자 '啞'에 대응하는 어휘로 현대어로는 '(목이) 쉬다, (목이) 쉬어 소리가 잘 나지 않다'의 의미이다. 옛말 사전 및 다른 문헌에서는 보이지 않는 어휘이다. '啞'의 사전적 의미는 '벙어리, 까마귀 소리' 등이 있다. 한자 '啞'는 '귀먹고 입버워(聾啞)《法華二 168》', '목소릭 쉬고 치워 너털고(聲啞寒戰)《痘上 3》', '벙어리 아(啞)《倭上 51》', '목 쉬다(嗓子啞了)《譯上 61》' 등에서도 나타난다.

(50) 당옴(天疱瘡)

《언해구급방》〈하권〉에 2회 나타난다.

　　天疱瘡 당옴이라(언下42ㄴ10)
　　天疱瘡男女傳染有蝕傷眼鼻腐爛
　　텬포창은 ᄉᆞ나히과 겨집이 서르 뎐염ᄒᆞ야 눈과 고흘 머거 샹ᄒᆞ며(下

43ㄱ3〜4)

이 어휘는 한자 '天疱瘡'에 대응하는 것으로, 현대의 '전염병'의 일종이다. 《언해구급방》의 용례가 가장 앞서고 뒤 문헌인 《譯上61》, 《동문유해下7》에도 나타난다.

'당'과 '옴'의 복합어로 보이는데, '당'은 '唐'과 관련이 있을 듯하고, '옴'은 《法華二 15》에 '疥癬은 옴 버즈미라《朴重下 6》'의 '내 옴 알파(疥瘴)《月七 18》'의 '브레 옴을 글그며' 등에서부터 나타나는 것이다.

(51) 부들좇(蒲黃)

《언해구급방》〈하권〉에 1회 나타난다.

　　煩悶欲死蒲黃三錢熱酒調服
　　답답ᄒ여 죽고져 ᄒ거든 부들좇 ᄀᄅ 서 돈을 더운 술의 플어 머기라
　　(下11ㄴ4)

이 어휘는 한자 '蒲黃'에 대응하는 어휘로 현대어로는 '부들꽃의 꽃술'의 의미이다. 옛말 사전 및 다른 문헌에서는 보이지 않는 어휘이다. '부들좇'과 관련되는 어휘로는 《언해구급방》 상권의 한자음을 그대로 쓴 '포황(언上27ㄴ03)'을 찾아볼 수 있으며, 《구급간이방》의 '부들마치(간二089ㄴ6)'와 '부듨방취오(蒲棒)《朴초上 70》, 蒲槌 부들 방망이《柳物三草》가 있다. 이들 부들에 결합된 '마치', '방츄', '방망이'는 모두 꽃술의 모양과 관련되는 결합어들이다.

(52) 또ㄱ또ㄱ(爆)

《언해구급방》〈하권〉에 1회 나타난다.

> 以艾灸百壯以爆爲效不爆難愈
> 뿍 비븨여 일빅 붓 쓰라 또ㄱ또ㄱ 뛰면 효험이 나고 뛰디 아니면 됴
> 키 어려우니라(下39ㄴ10)

이 어휘는 한자어 '爆'에 대응하는 어휘로 현대어로는 '톡톡'의 의미이
다. 옛말 사전 및 다른 문헌에서는 보이지 않는 어휘이다. '爆'의 사전적
의미는 '터뜨리다, 벌어지다, 타다, 말리다, 불에 타는 소리' 등이 있다. '爆'
은 《언해구급방》下에서 '뛰디(爆)(언下40ㄱ11), 뛰면(以爆)(언下40ㄱ11)'
로 언해되기도 하였다. 《구급방》, 《구급간이방》에서는 나타나지 않는다. '또
ㄱ또ㄱ'과 관련된 것으로 '뽁뽁기 소리 나(爆聲)《法화二 124》' 등이 있다.

(53) 잇기플(細苔)

《언해구급방》〈하권〉에 1회 나타난다.

> 又水中細苔搗取汁飲之
> 또 믈에 잇기플 즛찌허 즙 내여 머기라(下34ㄱ-5)

이 어휘는 한자 '苔'에 대응하는 어휘로 현대어로는 '이끼'라는 뜻으로
《언해구급방》에 나타난다. '잇기'는 《類合上 8》, 《百聯 3》, 《同文上 9》,
《漢 21d》 등에도 나타나는 것이다. 또한 한자 '細苔'는 《辟新 8》에서 'ᄀ는
잇기'로 언해된 바 있다. 그러나 '잇기플'로 언해한 것은 나타나지 않는다.

(54) 젼흐다(糟)

《언해구급방》〈하권〉에 1회 나타난다.

　　取新熱和糟酒淋灰取汀淋痛處立差
　　 근 니근 젼흔 술의 플어 진믈 바타 아픈되 적시면 즉제 둗ᄂ니라(下
13ㄱ-10)

이 어휘는 한자 '糟'에 대응하는 어휘로 현대어로는 '지게미, 지꺼기'의
의미이다. 옛말 사전 및 다른 문헌에서는 보이지 않는 어휘이다. '糟'의 언
해로는 '젼흐-'와 관련되는 것은 찾을 수 없고, 《救간六 65》과 《東醫湯液
一 29》에 '술주여미', 《字會中 22》의 '쥐여미 조(糟)', 《漢 378d》의 '쇼쥬
쯔의(燒酒糟)'가 있다. '젼흐-'와 관련될 만한 것으로 '젼술 발(醱)《字會中
21》'이 있다.

(55) 나질(癩)

《언해구급방》〈상·하권〉에 각각 1회씩 나타난다.

　　或筋骨疼痛肢體拳攣與癩無異
　　 혹 힘과 쎠를 알흐며 손발이 조리혀 나질과 다ᄅ미 업고(下43ㄱ-5)

이 어휘는 한자 '癩'에 대응하는 어휘로 현대어로는 '나병'의 의미이다.
한자어로 인식하여서인지 옛말 사전 및 다른 문헌에서는 보이지 않는다.
'癩'의 사전적 의미는 '옴, 문둥병' 등이 있다. 한자 '癩'는 《字會中 33》《倭
上 51》에서 '문둥병'의 의미로 '룡병'이라 언해되기도 하였는데, 이것은 현
재의 '癩病'과 관련지을 수 있고, '나병(癩病)'은 다시 '나질(癩疾)'을 유추할

수 있게 한다.《法화二 164》에서는 '옴므르며 뜯드려(疥癩)'와 같이 '옴'으
로도 언해된 바 있다.

(56) 디골피(地骨皮)

《언해구급방》〈하권〉에 1회 나타난다.

　　　　又地骨皮煎水洗後地骨皮末糝之
　　　　쏘 디골피 달힌 믈로 싯고 디골피 글룰 브르라(下44ㄴ8)

이 어휘는 한자 '地骨皮'를 음차한 어휘로 현대의 '구기자'에 해당한다.
'디골피'라고 한자음을 바로 적은 예는 사전에서 찾아볼 수 없고,《구급간이
방》에서 같은 의미의 '구긧불휘(地骨)'가 보인다. 이 어휘는 현대의 '구기자
(枸杞子), 지골피(地骨皮), 구기(枸杞)'와 관련지을 수 있다.

(57) 현호삭(玄胡索)

《언해구급방》〈하권〉에 1회 나타난다.

　　　　嚔藥玄胡索一兩半
　　　　ᄌᆞ치욤 내ᄂᆞᆫ 약은 현호삭 ᄒᆞᆫ 냥 반과(下35ㄱ10)

이 어휘는 한자 '玄胡索'의 음으로 '양귀비꽃과의 풀'이름이다. 옛말 사
전 및 다른 문헌에서는 표제어로 보이지 않는 어휘이다. 한자 '玄胡索'16)

---

16) 《구급방》에서 '草죻菓광와 玄혣胡뽕索싹과 乳ᅀᅲ香향과(구上27ㄴ7)'에서 '玄혣
　　胡뽕索싹'으로 한자를 그대로 언해한 것이 있다.

은《柳物三 草》에 '玄胡索 녀계구슬'로 언해한 것을 찾을 수 있다. '녀계'
는 다시《字會中 3》의 '녀계 기(妓)'에서 그 '창기, 기녀'의 의미임을 알 수
있는데, '현호삭'의 모양이 아름다운데서 이름지어진 것으로 추정할 수 있다.

(58) 쇠진(鍼)

《언해구급방》〈하권〉에 1회 나타난다.

> 又取雙仁杏仁爛搗車脂調奄鍼自出(下17ㄱ01)
> 쏘 슬고삐 어우렁이를 즛찌허 술위 갈모 쇠진에 무라 짜미면 절로
> 나ᄂ니라 (下17ㄴ1)

이 어휘는 한자 '鍼'에 대응하는 어휘로 현대어로는 '침'의 의미로 추정
된다. 옛말 사전 및 다른 문헌에서는 보이지 않는다. '鍼'의 사전적 의미는
'침, 의료용 침, 재봉용 바늘, 침놓다' 등이 있다. 한자 '鍼'은《字會中 14》,
《類合上 28》에서 '바늘'로 풀이하기도 하였다.

(59) 고겨셕(魚肉)

《언해구급방》〈하권〉에 1회 나타난다.

> 惟屏棄世務痛斷酒色魚肉塩醬辛熱等
> 오직 세ᄉ를 브리고 쥬쇡이며 고겨셕이며 소곰쟝 미온 열흔 것들흘
> ᄀ장 금단ᄒ고(下40ㄴ11)

이 어휘는 한자 '魚肉'에 대응하는 어휘이다. 옛말 사전 및 다른 문헌에
서는 보이지 않는다. '魚肉'과 대응하는 언해로는 '믉고기며 묻고기며(魚

肉)《內一 66》, 고기 비린내(魚肉腥)《漢 386d》'에서 찾아볼 수 있는데, 대체적인 의미는 '물고기 및 물고기'를 포괄하는 어휘로 보여지나, 정확한 의미를 추정할 수 없다.

4.2. 용례가 가장 앞선 시기인 어휘

4.2.1. 《구급방》

사전에는 실려 있으나 《구급방》만 나오거나 최초의 것인 어휘를 살펴보았다. 선행 연구에서는 옛말 사전에 나오면서 이 문헌에만 나오는 단일어로, '쩌러워, 남줏, 눅눅ᄒ면, 단기고, 뎨며, 디ᄅ저겨, 돈돈ᄒ며, 쇠-(쐬-), 아즐하며, 왜지그라, 왜틀-, 이사올, 주므르며, 툽투비, 티쉬여, 헐헐ᄒ-'를, 복합어로는 '곰ᄠᆫ, 내ᄉᆞ-, 닛삠, 당쇳믈, 두위드이여, 등마ᄅᆺ뼈, 믈ᄠᅳ나니, 믈갃거든, 밧목, 삿기밠가락, 섯알ᄑᆞ고, 졋가락, 죠희젼, 지즐머그라, 찻술, ᄑᆞ랎소리'를 들고 있다. 김동소(2003: 10-18)에서는 '쩌러워, 남줏, 내ᄉᆞ, 닛삠, 등마ᄅᆺ뼈, ᄑᆞ랎소리' 등은 제외되었다. 이들을 기본형과 함께 현대어 풀이를 세시하면, (60) 곰ᄠᅳ다(鬱)[곰팡이 뜬], (61) 눅눅ᄒ다(惡)[느글느글하다, 메스껍다], (62) 단기다(定)[당기다(?)]], (63) 당쇳믈(白湯)[흰쌀을 끓여 만든 맨국], (64) 두위드의다(蹉跌)[(발을) 뒤집어 디디다], (65) 뎨다(削)[저미다], (66) 디ᄅ저겨(刺)[찔러(?), (67) 돈돈ᄒ다(堅)[딱딱하며], (68) 믈ᄠᅳ다(鬱), (69) 믈갃다(淸)[맑게 가라앉다], (70) 밧목(踠)[발목], (71) 삿기밠가락(小趾)[새끼발가락], (72) 섯알ᄑᆞ다(攪痛)[번갈아 아프다], (73) 아즐ᄒ다(昏)[어질어질하다], (74) 왜지글다(角弓反張)[한쪽으로 찌그러지다], (75) 왜틀다(角弓反張)[왜틀어지다], (76) 이사올(三二日)[2,3일, 2,3,4일], (77) 졋가락(筯)[젓가락], (78) 죠희젼(紙錢)[종이돈], (79) 주므르며(揉)[주무르며], (80) 지즐먹다(壓)[눌러 먹다, 약 기운이 내려가게 다른 음식을 먹다], (81) 찻술(茶匙)[찻숟가락], (82) 툽툽하다(凍濃)[툽툽하다], (83) 티쉬다(上喘)[치받아 쉬다], (84) 헐헐ᄒ다(吃吃, 喘)[헐헐하다, 헐떡거리다]와 같다.

이 외 추가해야 할 어휘는 다음과 같이 '믓고기, 직강, 명마기, 신챵'이 있다.

(85) 믓고기(魚)

《구급방》〈하권〉에 1회 나타난다.

    食魚中毒
    믓고기 먹고 毒독을 마자(下57ㄱ5)

이 어휘는 한자 '魚'에 대응하는 것으로, 현대어의 '물고기'의 의미이다. 이것은 《구급방》에서만 나타나는 것이다. '魚'의 언해로는 '믈고기《小언三 25》, 믌고기《內一 66》, 믈ᄭ기《小언五 40》' 등이 있는데, 《구급방》 외에 다른 문헌에서 '믓고기'를 찾아보기 힘들다. 이 용례는 을해자본에 나타난다.

(86) 직강(糟)

《구급방》〈하권〉에 1회 나타난다.

    以新熟酒連糟入塩
    새 니근 수를 직가이 조쳐 소곰 녀허(下34ㄴ5)

이 어휘는 한자 '糟'에 대응하는 어휘로 현대어로는 '지게미, 지꺼기'의
의미이다. '糟'의 사전적 의미는 '전국, 거르지 아니한 술, 지게미' 등이 있
다. '직강'은 《구급방》의 용례가 가장 앞선다. '직강(糟)《譯上 49》《同文上
60》《漢 378d》 직강 조(糟)《石千 35》' 등이 있다.

이와 관련된 '糟'의 다른 언해로는 《언해구급방》 하권에 '젼흐-'라는 언
해를 찾을 수 있는데, '젼흔 술의 플어(下13ㄱ-10)'가 나타나며, 《救간六
65》과 《東醫湯液一 29》에 '술주여미', 《字會中 22》의 '쥐여미 조(糟)', 《漢
378d》의 '쇼쥬쓰의(燒酒糟)'도 있다. 이 용례는 을해자본에 나타난다.

(87) 신창(鞋底)

《구급방》〈하권〉에 1회 나타난다.

    又方用産母鞋底火灸
    또 아기 낟는 어믜 신챵을 브레 쏴여 덥거든(下89ㄱ3)

이 어휘는 한자 '鞋底'에 대응하는 것으로, 현대어로는 '신창, 신바닥'라는
뜻이다. '신창'은 《구급방》의 용례가 가장 앞서고 뒤 문헌인 《同文上 58》,
《漢 333ㄱ》에도 나타난다. 이 용례는 보각판에 나타난다.

(88) 명마기(胡鷰)

《구급방》〈상권〉에 1회 나타난다.

    又方胡鷰屎蜜和
    또 명마긔 쏭올 뿌레 무라(구上70ㄱ3)

이 어휘는 한자 '胡鷰'에 대응하는 것으로, 현대어로는 '제비의 일종, 구제비'라는 뜻이다.(리서행 1991: 213) '鷰'는 '제비'의 의미를 가진 한자이다. '명마기'는《구급방》의 용례가 가장 앞서고 뒤 문헌인《字會》에 '胡燕 먹마기'가,《東醫湯液一 36》에도 '명마긔 똥'이 나타나기도 하는데 대응한 자는 '燕屎'이다. 이 용례는 을해자본에 나타난다.

4.2.2.《구급간이방》

(89) 고쵸(胡椒)

《구급간이방》〈권1〉에 2회, 〈권2〉에 11회, 〈권6〉에 1회 나타난다.

　　　胡椒(고쵸)硏酒服之
　　　고쵸·를 ·ᄀᆞ라 수·레 머·그라(一032ㄴ1)

이 어휘는 한자 '胡椒'에 대응하는 어휘로 현대어의 '후추'를 의미한다. '고쵸'는《구급간이방》의 용례가 가장 앞서고, 뒤 문헌인《字會上12》,《漢 378a》,《物譜》〈蔬菜〉에도 나타난다. 또한《柳物》에는 '고초'가 나타나기도 한다. 이 용례는 번각판에 보인다.

(90) 구블(腿)

《구급간이방》〈권1〉에 1회 나타난다.

　　　仍摩捋臂腿屈伸之
　　　·쏘 ᄑᆞᆯ·와 구·브를 부·츠며 굽힐·훠 보·라(一060ㄴ)

이 어휘는 한자 '腿'에 대응하는 어휘로 현대어의 '다리살, 다리'를 의미하며, 넓적다리와 정강다리의 총칭이다. 《구급간이방》의 용례가 가장 앞서고 뒤 문헌인 《痘》에 '구블이 츠며(尻冷)'가 나타나는데 이 때의 '尻'는 '꽁무니, 즉 등마루뼈의 끝진 곳'을 나타내는 것으로 한글학회 사전에는 《구급간이방》과 《痘》의 예 모두를 '엉덩이'로 풀이하였고 《고어》에는 《구급간이방》의 표제어를 '구블'이라 하여 '정강이'로 풀이하고 있다. 그 외에도 《漢》에서는 '구블쎠'가 나타나고, 《譯下28》에는 '구블쟈할'이 보이며 '궁둥이가 얼룩무늬인 말'로 풀이하고 있다.(리서행 1991: 62)

《옛말 사전》에는 '오직 평샹흔 즁은 귀과 구브리 츠면 슌ᄒ고 만일 검어 쩌디고 귀과 구브리 더우면 역ᄒ니라《杜上》'에서 '구블'을 '귀뿌리'로 풀이하고 있고, 《구급간이방》의 예를 '구블'을 표제어로 하여 '정강이'로 풀이하였고, 《17세기 국어 사전》에 《痘창上11ㄴ, 35a, 52a, 下25ㄴ》에서 나타나는데 '귀뿌리'로 풀이하고 있다. 이 용례는 번각판에 나타난다.

(91) 둘팡이(蝸牛)

《구급간이방》〈권3〉에 2회, 〈권6〉에 2회 나타난다.

> 蝸牛(·둘팡이)飛麪(ᄀᄂ 밀ᄀᄅ)研勻貼痛處
> 둘팡이와 가ᄂ 밄ᄀᄅ와롤 ᄀ라 고ᄅ게 ᄒ야 알픈 디 브티라(三009ㄱ)

이 어휘는 한자 '蝸牛'에 대응하는 어휘로 현대어로는 '달팽이'를 의미한다. 《구급간이방》의 용례가 가장 앞서고 뒤 문헌인 《四解31》, 《字會21》, 《東醫》〈탕액2 蟲部〉, 《倭下26》, 《物譜》〈介虫〉에도 나타난다. 《옛말 사전》에 '둘판이[17)(유합上16)', '둘파니《구급방》下77', '蝸牛 月乙板伊《향

---

17) 조항범(1998: 203-204)에서는 '둘파니'를 가장 오래된 어형으로 추정하고, '둘판

약집성방83)》'의 예들이 실려 있다. 이 용례는 번각판에 나타난다.

(92) 도랏(桔梗)

《구급간이방》〈권3〉에 2회, 〈권6〉에 2회 나타난다.

> 桔梗(도·랏二兩)甘草(炙一兩)
> 도·랏 ᄆᆞᄅᆞ·니 두 량·과 감초 ·ᄇᆞ레 :봐·니 ᄒᆞᆫ 량·과를 사 ᄒᆞ라(二065ㄱ7)

이 어휘는 한자 '桔梗'에 대응하는 어휘로 현대어로는 '도라지'를 의미한다. 《구급간이방》의 용례가 가장 앞서고 뒤 문헌인 《字會초, 上7》, 《譯下12a》, 《方藥2》, 《향약월령 二月》, 《同文下4》, 《物譜》〈藥草〉, 《동의2:31a》 등에도 나타난다. 《신구황촬요8》에는 '도랏'이 보인다. 《중세어 사전》에는 《濟衆編》의 '桔梗도랏', 《촌구》의 '桔梗 道乙阿叱'이 실려 있고, 《옛말 사전》에는 《향약구급방》의 '桔梗 道羅叱', 《향약채취월령》의 '桔梗 鄕名 都乙羅叱'이 등재되어 있다. 이 용례는 번각판에 나타난다.

(93) 도와리(霍亂)

《구급간이방》〈권2〉에만 19회 나타난다.

> 乾霍亂不吐不瀉
> :도·와:리 ·ᄒᆞ야 ·토:티 아니 ·ᄒᆞ며 즈츽도 아·니·코(二053ㄱ2)

이 어휘는 한자 '霍亂'에 대응하는 어휘로 '여름철에 急激한 吐瀉를 일으키는 급성병'을 의미한다. 《구급간이방》의 용례가 가장 앞서고 뒤 문헌인

(달린 판) + -이'로 분석하였다.

《字會 초, 중4》에도 나타난다. 이 용례는 번각판에 나타난다.

(94) 마좀(當)

《구급간이방》〈권1〉에 1회, 〈권2〉에 1회 나타난다.

　　　癲癎用艾於陰囊下穀道正門當中間隨年歲灸之
　　　뎐·간:병에 ·쑥·으로 음낭 아·래 항문 마좀 가·온·딕를 제 ·나 마초
　·쓰라(一098ㄴ8)

이 어휘는 한자 '當'에 대응하는 어휘로 현대어로는 '바로 맞음, 마침'을
의미한다.《신속 烈86》에 예가 등재되어 있다. 중세 한국어의 '마좀, 마춤'
과 관련이 있을 것으로 보인다.《17세기 국어 사전》의《捷八26a》에는 '마
즘'이 나타난다. 이 용례는 보각판에 나타난다.

(95) 막딜이다(閉)

《구급간이방》〈권1〉에 2회, 〈권2〉에 3회, 〈권3〉에 1회 나타닌다.

　　　卒暴中風涎潮氣閉牙關緊急眼目上視
　　　믄·득 ᄇᆞ·ᄅᆞᆷ 마·자 ·추미 올·아 ·긔운·이 막딜·이며 어·귀 굳ᄇᆞ·ᄅᆞ·고 ·
　누눌 ·티·ᄠᅳ고(一007ㄴ)

이 어휘는 한자 '閉'에 대응하는 어휘로 현대어로는 '막히다, 질리다'를 의
미한다.《구급간이방》의 용례가 가장 앞서고 뒤 문헌인《번小8》,《선조판
小언書題2》에도 나타난다.
　《17세기 국어 사전》에 '막히다'의 의미로 '막디르다《마경下21ㄱ》'와 '막

디르다《어록初4ㄱ, 重5ㄴ》'가 나타난다. 이 용례는 번각판에 나타난다.

(96) 벽돌(磚石)

《구급간이방》〈권2〉에 2회 나타난다.

> 蠶沙(누·에똥)燒磚石(·벽:돌)蒸熨
> 누에똥도 봇그며 벽돌도 더이며 울호딕(二039ㄱ)

이 어휘는 한자 '磚石'에 대응하는 어휘로 현대어로도 '벽돌'을 의미한다. 《구급간이방》의 용례가 가장 앞서고 뒤 문헌인 《柳物》에도 나타난다. 이 용례는 보각판에 나타난다.

(97) 수유(酥)

《구급간이방》〈권1〉에 2회, 〈권2〉에 9회, 〈권3〉에 2회, 〈권6〉에 4회, 〈권7〉에 1회 나타난다.

> 甘草(生用三兩)同爲末用酥(수유)少許和句徵有酥氣
> 감초 놀 :석 량과 를 흔 ·디 ·라 수유 :져기 섯·거 :줐·간 ·수윳
> ·긔운·이 잇·게 ·ᄒ야(三035ㄴ4)

이 어휘는 한자 '酥'에 대응하는 어휘이다. 《구급간이방》의 용례가 가장 앞서고 뒤 문헌인 《東醫》〈탕액편〉에서도 나타난다. 이 용례는 번각판에 나타난다.

(98) 슴슴ᄒ다(淡)

《구급간이방》〈권3〉에 1회 나타난다.

淡豆豉(전국二十粒)鹽(소곰一捻)
슴슴흔 전국 ·스믈 흔 :낫·과 소곰 흔 져·봄과(三064ㄴ6)

이 어휘는 한자 '淡'에 대응하는 어휘로 현대어는 '맛이 심심하다'를 의
미한다. 《痘下28》에도 나타나며 《痘下29》에서는 '슴슴흔 술의 플러 머기
라(淡酒調下)'가 보인다. 중세 한국어에서 비슷한 뜻으로는 '슴겁다, 승겁
다' 등이 있다. 이 용례는 번각판에 나타난다.

(99) 시욱청(氈襪)

《구급간이방》〈권2〉에 2회 나타난다.

氈襪後跟(시·욱청 뒤측)一對男用女者女用男者燒灰酒調服
시욱청 뉘측 둘흘 남신은 셔집의 하 겨집은 남진의 하를 ᄉ라 지를
수레 프러 머그라(二033ㄴ)

이 어휘는 한자 '氈襪'에 대응하는 어휘로 현대어로는 '전버선'을 의미한
다. 《구급간이방》의 용례가 가장 앞서고 뒤 문헌인 《朴초上26》에도 나
타난다. 《杜重 十九47》에는 '시옥', 《朴重上24》에는 '시욹청', 《朴重上27》
에는 '시욹쳥'이 보인다.
《17세기 국어 사전》에는 '동물의 털로 만든 버선'으로 풀이하고 있다.
이 용례는 보각판에 나타난다.

(100) 어르러지(癜風)

《구급간이방》〈권6〉에만 모두 16회 나타난다.

　　　白癜風紫癜風(힌 어르·러지 블근 어르러지)(三084ㄱ·ㄴ)

이 어휘는 한자 '癜風'에 대응하는 어휘로 현대어로는 '어르러기, 어루러
기'를 의미한다. 《구급간이방》의 용례가 가장 앞서고 뒤 문헌인 《字會中
33》에도 나타난다. 《譯上62》에는 '어루러기'가 보이고 《痘下78》에는 '어
루록지'가 보인다. 이 용례는 번각판에 나타난다.

(101) 춤빼(胡麻)

《구급간이방》〈권6〉에 4회 나타난다.

　　　胡麻今香同擣細羅爲散
　　　춤빼롤 고ᄉ게 봇가 흔 딕 디허 ᄀ느리 처 글을 밍ᄀ라(二088ㄱ5)

이 어휘는 한자 '胡麻'에 대응하는 어휘이다. 《구급간이방》의 용례가 가
장 앞서고 뒤 문헌인 《牛方》, 《四解중上30》에도 나타난다. 《法화》, 《字
會》, 《譯》, 《漢》 등에서는 '춤깨'가 보인다. 이 용례는 번각판에 나타난다.

(102) 평상(床)

《구급간이방》〈권1〉에 3회, 〈권2〉에 1회 의미한다.

槐花(회홧곳)瓦上妙令香夜到三更仰上床
회홧 고·즐 디새 우·희 고스·게 봇·가 ·밦듕 ·만커·든 ·평상 우·희 젓·
바 누·워셔(二088 ㄱ6)

이 어휘는 한자 '床'에 대응하는 어휘로 현대어로는 '평상'을 의미한다.
《구급간이방》의 용례가 가장 앞서고 뒤 문헌인《字會초,중6》,《分온》에도
나타난다.《17세기 국어 사전》의《신속孝7:45ㄴ》,《譯下18ㄴ》,《胎要66
ㄴ》에도 나타난다. 이 용례는 번각판에 나타난다.

(103) 딥지즑(薦)

《구급간이방》〈권1〉에 단 1회 나타난다.

常用薦帝卷之就平地上帝轉
샹·녜 ·쓰는 ·딥지·즑에 ᄆ·라 평ᄒᆞᆫ ᄯ·해다·가 그우·료딕(一067 ㄱ6)

이 어휘는 한자 '薦'에 대응하는 것으로 현대어로는 '짚으로 짠 거적'을
나타낸다.《중세어 사전》에서는 '집기직, 짚자리'라고 풀이하고 있다.《구
급간이방》의 용례가 빠져 있고 뒤 문헌인《字會中11》와《老上23》의 예
들이 등재되어 있다. 이 용례는 번각판에 나타난다.

(104) 머릿곡뒤ᄒ(腦)

《구급간이방》〈목록〉에 1회 나타난다.

腦然有核 머·릿곡뒤혜 도·든 것(목록)

이 어휘는 한자 '核'에 대응하며 현대어로는 '머리쪽지, 정수리'를 의미
한다. 《구급간이방》의 용례가 가장 앞서고 뒤 문헌인 《分온22》, 《譯上32》
에도 나타난다. 이 용례는 번각판에 나타난다.

(105) 미긔치(烏賤魚骨)

《구급간이방》 〈권2〉에 4회, 〈권3〉에 2회, 〈권7〉에 2회 나타난다.

> 烏賊魚骨(·미·긔치)盖細羅爲散不計時
> ·미·긔·치를 디·허 ·ᄀᄂ·리 처 ᄀᆞ·올 ·ᄢᅵ니 :혜·디 :마·오(二112ㄴ)

이 어휘는 한자 '烏賤魚骨'에 대응하며 '오징어뼈'인데, 《구급간이방》의
용례가 가장 앞서고 《東醫》 〈탕액〉에도 나타난다. 이 용례는 번각판에 나
타난다.

(106) 쌔티다(拔)

《구급간이방》 〈권2〉에 단 1회 나타난다.

> 頂心取方寸許急捉痛拔之少頃
> 머·릿 ·뎡바·기·옛 터럭·을 ᄒᆞᆫ 지·봄·만 샐·리 자·바 믜·이 ·쌔·티라(二071
> ㄴ8)

이 어휘는 한자 '拔'에 대응하며 현대어로는 '빼다, 뽑다'를 의미한다.
《구급간이방》의 용례가 가장 앞서고 뒤 문헌인 《類合》에도 나타난다. 이
와 관련된 어휘로 '빠히다, 빠혀다, 쌔혀다, 빼혀다, 쌔치다' 등이 있다.
《17세기 국어 사전》에 의하면 《신속 烈4:8ㄴ, 4:25ㄴ, 4:53ㄴ, 5:85ㄴ,

6:11ㄴ, 6:49ㄴ, 孝6:87ㄴ, 7:9a, 8:37ㄴ, 忠1:49ㄴ》에도 나타난다고 한
다. 이 용례는 번각판에 나타난다.

4.2.3. 《언해구급방》

(107) 뒤틀다(反張)

《언해구급방》〈상권〉에 1회 나타난다.

> 外腎搐入咬牙反張冷汗如洗 음낭이 주러들고 니글고 모믈 뒤틀고 춘
> ᄯᆞ미 믈 엇드시 나면(上20ㄴ3)

이 어휘는 한자 '反張'에 대응하는 것으로, 현대어로는 '뒤틀다'라는 뜻
이다. '反'는 '뒤집다, 뒤엎다, 되돌리다, 튀기다, 되튀다'의 의미를 가진 한
자인데, 중세한국어의 다른 문헌들에서는 '두위틀다(反張)《구간六83》', 혹
은 '두의틀다《구간一14》'로 표기되나 '두위' 및 '두의'가 축약된 '뒤틀다'라
는 표기는 《언해구급방》의 용례가 가장 앞선다. 뒤의 문헌인 《痘경上63》,
《해동94》에 '뒤틀다'가 나타난다.

(108) 부거미(穰)

《언해구급방》〈하권〉에 1회 나타난다.

> 煮黍穰汁飮之 기장 이삭 부거미를 달혀 머기고(下29ㄴ09)

이 어휘는 한자 '穰'에 대응하는 것으로 현대어의 '쭉정이, 검불'에 해당
한다. 《언해구급방》의 용례가 가장 앞서고 뒤 문헌인 《譯下 10》에서 '조

부거미(穀穰)'를 찾아볼 수 있다. 또한 동시대의 문헌인 《痘上 29》에서 '기장 브거미(黍穰)'로 쓰였다.

(109) 산구화(野菊)

《언해구급방》〈하권〉에 1회 나타난다.

> 外用野菊棗木根煎湯洗後以蚯蚓糞蜜調塗之 밧그로랑 산구화과 대쵸 나모 불휘 달힌 믈로 시슨 후에 디룡의 똥을 꿀에 ᄆᆞ라 헌 ᄃᆡ ᄇᆞᄅᆞ라(下 44ㄱ-3)

이 어휘는 한자 '野菊'에 대응하는 어휘로 현대어의 '들국화'에 해당한다. 《언해구급방》의 용례가 가장 앞서고 뒤 문헌인 《柳物三草》에서 '野菊 산구화'로 나타난다. 그 외에 《字會上 7》, 《類合上 7》, 《物譜 花卉》에서는 단일어 '구화'가 보인다.

(110) 서모나다(三稜)

《언해구급방》〈하권〉에 1회 나타난다.

> 又以三稜鍼看身上肉黑處及委中穴刺出惡血 ᄯᅩ 서모난 침으로 몸을 보와 슬히 거머 믜친 ᄃᆡ과 밋 위듕혈을 주어 모딘 피를 내라(下42ㄱ10~11)

이 어휘는 한자 '三稜'에 대응하는 것으로, 현대어로는 '세모나다'라는 뜻이다. '稜'는 '모, 모서리'의 의미를 가진 한자인데, 중세한국어의 다른 문헌들에서는 이 한자를 찾아보기 힘들고, '서모난'은 《언해구급방》의 용례가 가장 앞서고 뒤 문헌인 《分온 8》에 '서모난'이 나타나기도 하는데, 대응되는 한자어는 '三角'이다.

(111) 쥐방울(蘭根)

《언해구급방》〈하권〉에 1회 나타난다.

又馬蘭根末水調一錢服 또 쥐방올 불휘 글를 딛게 달혀 머기고(下32
ㄴ6)

이 어휘는 한자 '馬蘭'에 대응하며 현대어로는 '쥐방울'을 나타낸다. 덩굴과의 약용식물로, 속명으로는 '청목향, 두령, 마도령, 토목향, 북마두령, 토청목향, 옥황과, 구란과, 천선등, 쥐방울마도령'이 있는데, 덩굴에 달리는 열매 때문에 이름을 쥐방울이라 부른다 한다. 《언해구급방》의 이 용례가 가장 잎서고 뒤 문헌인 《柳物三 草》에도 '쥐방울(馬兜鈴科屬 多年生蔓草)'이 나타난다.

5. 언해 양상의 비교

이 장에서는 원문 한자와 언해문 고유어의 대응 양상을 고찰하여 구급
방 언해서들의 특징에 대하여 살펴보고자 한다. 그러므로 5.1. 원문의 한자
와 언해문 고유어의 양상에서는 하나의 고유어가 어떤 한자들에 대응되는
지에 대하여 검토한 다음, 그 다음으로 하나의 한자 및 한자어가 어떻게
언해되었는지를 살펴보기로 한다. 5.2.에서는 동일한 한문원문이 문헌에
따라 다르게 언해된 부분을 가려내어, 각 문헌의 특성을 파악할 것이다.

5.1. 원문 한자와 언해문 고유어 양상

5.1.1. 고유어의 한자 대응

여기에서는 구급방류의 원문을 바탕으로 대응되는 고유어들을 추출한
뒤, 하나의 문헌에서 2가지 이상의 한자에 대응되는 것을 1차적으로 가려
내고, 세 문헌 중에 대응되는 한자가 공통되는 것 외에도 서로 다른 것이
있어 개별 문헌의 특성을 드러낼 수 있는 것을 중심으로 다루었다. 이제
이들을 고유어를 기준으로 체언, 용언, 수식언으로 나누어 이에 대응되는
한자들을 살펴보기로 한다

5.1.1.1. 체언

체언에서는 고유어에 대응하는 한자를 바탕으로 '사람', '식물', '동물', '수량', '기타' 등의 5가지 항목으로 나누어 살펴볼 것이다.

5.1.1.1.1. 사람

1) 신체

'신체'는 머리를 중심으로 위에서 아래의 순서로 구분하여 설명하기로 한다.

(1) (곳)구무/굼ㄱ

구급방류에서 '곳구무/굼ㄱ'에 대응되는 한자는 아래의 용례 ㄱ)에서 보는 바와 같이 인체와 관련되는 '곳구모', '곳굼긔', '곳구멍'의 3가지와, 인체와 관련 없는 '구무/굼ㄱ'는 ㄴ)와 같이 '구무', '굼기'의 2가지를 통해 살펴볼 수 있다.[1]

ㄱ) 곳굼ㄱ	鼻(구上47ㄴ6), 鼻中(구上79ㄱ2)
	鼻孔(언下34ㄴ01)
곳구모	鼻(간二069ㄴ3), 鼻中(간二096ㄱ5)
	鼻孔(간一048ㄱ4)
	鼻竅(간二069ㄴ2), 鼻竅中(간二066ㄴ2)
곳구무	鼻竅(간二069ㄴ2)
	鼻孔中(간一045ㄴ8)
곳구멍	鼻中(언上44ㄴ06)
ㄴ) 구무	孔(구上50ㄱ8)

---

[1] 아래 용례에서 제시된 어휘의 장차 정보는 각 자료별, 대응 한자별 1회씩만 제시하였다.

<table>
<tr><td></td><td>竅(구上48ㄴ4)</td></tr>
<tr><td>굼ㄱ</td><td>管(구下43ㄱ1)</td></tr>
<tr><td></td><td>口(구下63ㄴ3)</td></tr>
<tr><td></td><td>竅(구上11ㄴ2), (언上38ㄱ08)</td></tr>
<tr><td></td><td>孔(구上52ㄱ4), 孔上(구上67ㄴ1), 孔中(구上66ㄴ3)(언上42ㄴ06)</td></tr>
</table>

위의 용례에서 고유어 '곳구무/곳굼ㄱ'와 관련된 언해를 문헌별로 살펴 보면 《구급방》에서는 '곳굼ㄱ'로, 《구급간이방》에서는 '곳구모'와 '곳구무' 로, 《언해구급방》에서는 '곳굼ㄱ'와 '곳구멍'으로 표기되어 이들 세 문헌의 표현이 각각 다르게 나타나고 있음을 알 수 있다. 이들의 한자 대응 양상 을 살펴보면, '곳굼ㄱ'는 '鼻, 鼻中, 鼻孔', '곳구모'는 《구급간이방》에서 '鼻, 鼻中, 鼻孔, 鼻竅, 鼻竅中'로, '곳구무'는 '鼻竅, 鼻孔中'로, '곳구멍'은 《언해구급방》에서 '鼻中'에 대응됨을 알 수 있다. 특히 '곳구멍'의 표기는 중세한국어 언해 자료에서 나타나듯이, 《두창경험방》의 '고구멍(鼻孔)'부 터 나타나는 표기이나 이미 《언해구급방》에서 표기되고 있음을 알게 한다.

인체와 관련이 없는 '구무'에는 '孔, 竅'이, '굼ㄱ'에는 '管, 口, 竅, 孔' 등의 한자가 대응된다. 그 중 '管'은 '又方閉氣令人以蘆管吹無虫一耳 坐 氣 分을 막고 다른 사ᄅᆞ미 ᄀᆞᆺ 굼그로 벌에 업슨 녁 귀를 불에 ᄒᆞ라(구 下43ㄱ1)'에서, '口'은 '燒靑布以燻瘡口毒卽出 ᄉᆞ라 헌 굼글 쇠면 毒독氣 즉재 나ᄂᆞ니라(구下63ㄴ3)'과 같은 문맥에서 '굼ㄱ'으로 언해된 것을 볼 수 있다.

그 외 언해 자료에서 '곳구무/곳굼ㄱ', '구무/굼기' 관련 대응 한자는 '곳 굼긧 터리 ᄲᅩᆸ고(摘了那鼻孔的毫毛)《朴초上 44》, 구모 광(壙)《字會中 35》, 구무 공(孔) 구무 혈(穴)《類合下 24, 下 57》, 댓 굼그로 보ᄆᆞᆯ《南明下 74》, 허 커 수믈 꿈기 업서《月二 51》, 고구멍(鼻孔)《痘經 22》, 離別 나ᄂᆞᆫ 구메 도 막히는가《靑大 p.126》' 등에서 나타난다.

(2) 눈

구급방류에서 '눈'에 대응되는 한자는 아래의 용례에서 보는 바와 같이 '눈'과 '눈망올', '눈섭', '눉ᄌᅀ'의 4가지를 통해 살펴볼 수 있다.

눈	睛(언上39ㄱ06),
	眼(구上01ㄴ6)(간一022ㄴ2)(언下43ㄱ03)
	目(구下76ㄱ6)(간一024ㄴ6)(언上07ㄴ04)
눈망올	睛(언上33ㄱ04)
	眼睛(언上39ㄱ01)
눉ᄌᅀ	睛(구下42ㄴ1)
눈섭	눈썹眉(언下40ㄴ07-08)(간六069ㄴ7)

고유어 '눈'과 '눈망올', '눉ᄌᅀ'을 한자와 대응하여 살펴보면 '눈'은 한자 '睛, 眼, 目'에, '눈망올'과 '눈ᄌᅀ'은 한자 '睛'에 대응하는 어휘임을 알 수 있다. 상위어인 '눈'에 대응하는 한자 중 '睛'은 《언해구급방》에만 보이는데, 이 때의 '睛'은 위의 예와 같이 《언해구급방》에서 '눈망올'로, 《구급방》에서 '눉ᄌᅀ'로 언해된 한자이다. '눈망올'과 '눉ᄌᅀ'는 '눈동자'와 '눈 자위'를 나타내는 언해이다.

그 외 언해 자료에서 '눈' 관련 대응 한자는 '눈 안(眼)《類合上 20》, 눈ㅅ 곱(眼脂兒)《譯上 32》, 눈ᄉᆞᆷ(眼眵)《同文上 15》, 눈곳(眼角)《字會上 25》, 눈두에(眼胞)《同文上 15》, 《漢 146ㄴ》, 《譯上 32》, 눈망올(眼珠)《同文上 15》, 《漢 146ㄴ》, 눈살 믜이 지픠오다(緊皺眉)《譯上 38》, 눈ㅅ섭머리(眉 頭)《譯上 32》' 등에서 나타난다.

(3) 니

구급방류에서 '니' 관련 대응 한자는 아래의 용례에서 보는 바와 같이 '니'와 '닛믜움', '닛쩸', '닛ᄉᆞᄉᆡ'의 4가지를 통해 살펴볼 수 있다.

니	牙(언上20ㄴ03)(구上02ㄱ6)(간一068ㄴ5),
	齒(언上16ㄴ06)(간一072ㄱ3)
	牙齒(구上66ㄱ8)
닛믜움	牙(언上01ㄴ06)
	齒斷(구上65ㄱ1)
닛삠	牙齒縫(구上64ㄴ3)
	齒縫(구上63ㄴ1)
닛스싀	齒間(구上65ㄱ5)

이들 어휘 가운데 '니'는 《구급방》, 《구급간이방》, 《언해구급방》 모두에서 찾을 수 있으며, '닛믜움'은 《구급방》과 《언해구급방》에서, '닛삠'과 '닛스싀'는 모두 《구급방》에서만 찾을 수 있다.

고유어 '니'와 '닛믜움', '닛삠', '닛스싀'를 한자와 대응하여 살펴보면 '니'는 한자 '牙, 齒, 牙齒'를, '닛믜움'은 한자 '齒斷'을, '삠'은 '縫'을 언해한 어휘임을 알 수 있다. 이때의 '닛믜움'은 현대어 '잇몸'을, '삠'은 '틈'을 의미하는 것이다.

그 외 언해 자료에서 '니' 관련 대응 한자는 '齒는 니라《訓諺》, 니무윰(斷)《物譜 形體》, 니스무음 흔(齦)《倭上 16》, 니스므음(牙根)《譯上 33》, 너분 니(板齒)《物譜 形體》, 알는 닛病이 됴커든(齒疾瘳)《杜초九 16》' 등에서 나타난다.

(4) 머리

구급방류에는 '머리' 관련 대응 한자는 아래의 용례에서 보는 바와 같이 '머리'와 '머리터럭/머리털', '머릿골', '머릿뎡바기'의 4가지를 통해 살펴볼 수 있다.

머리	頭(구上17ㄴ6)(간二004ㄴ2)(언上45ㄴ03),
	腦(언下14ㄴ06)

	髮(언上01ㄴ01)
머리터럭	頭髮(구下66ㄱ5)(간三094ㄱ6)
	髮(간三092ㄴ4)
	亂髮(언下44ㄴ08)
머리털	髮(간六013ㄱ5)(언上44ㄱ05)
	亂髮(간二095ㄱ2)(언上37ㄱ07)
머릿골	腦(언下17ㄴ04)
머릿디골	髑髏骨(간六44ㄴ6)
디골	腦(언上17ㄱ5)
머릿뎡바기	頂心(구下71ㄱ5)(간二071ㄴ7)

이들 어휘 가운데 '머리'와 '머리터럭'은 《구급방》, 《구급간이방》, 《언해
구급방》 모두에서 찾을 수 있으며, '머리털'은 《구급간이방》과 《언해구급
방》에서 찾을 수 있다. 또한 '머릿골'은 《언해구급방》에서만, '머릿뎡바기'
는 《구급간이방》에서만 찾아볼 수 있다. 고유어 '머리'와 '머리터럭/머리
털', '머릿골', '머릿뎡바기'를 한자와 대응하여 살펴보면 '머리'는 한자 '頭,
腦, 髮'에 '머리터럭/털'은 한자 '髮'에 대응됨을 알 수 있다. 또한 '머릿골/
머릿디골'은 '腦, 髑髏骨'[2])에, '머릿뎡바기'는 '頂心'에 대응된다. '머리'에
대응되는 한자 '頭, 腦, 髮' 중 '頭'는 위 예에서 보듯이 '머리'로만 언해되었
다. 또한 '腦, 髮'는 《언해구급방》에서 '머리'로 언해하였는데, 한자 '腦'는
'머릿골'로, '髮'은 '머리터럭'과 '머리털'로 언해된 것이기도 하다. 한자 '亂
髮'은 '亂髮(허튼 머리터리)燒灰水調下(간二091ㄱ8)'와 같이 '허튼 머리터
리'로 언해한 것이 대부분이나, '머리터리'로만 언해한 예가 '面無顏色昏悶
亂髮灰(머리터리 ㅅ론 지 半兩) ᄎ비치 업고 답답ᄒ거든 머리터리 ㅅ론
지 반 량과(간二95ㄱ2)'와 같이 보이기도 한다.

그 외 자료에서 '머리' 관련 대응 한자는 '마리 두(頭)《字會上 24》, 마리

---

2) 髑髏骨 사ᄅ미 머릿 디골(간六44ㄴ6), 眞頭痛者腦盡痛 진두통은 디골이 오로 알ᄑ
고(언上17ㄱ5)

털(頭髮)《同文上 14》, 마리ㅅ골(腦子)《漢 150ㄴ》, 머리 환(鬟)《字會中 2
5》, 머리터럭 나며(髮生)《능十 82》, 믈러날 제 머리톄를 져기기우시 호니
(退頭容少偏)《번小十 27》, 머릿뒤골 루(髏)《字會上 28》, 며릿톄ᄂᆞᆫ 곧게
가질 거시라(頭容直也)《번小十 27》' 등에서 나타난다.

(5) 목

구급방류에서 '목' 관련 대응 한자는 아래의 용례에서 보는 바와 같이
'목', '목졋', '목구모', '목ᄀᆞ리', '목소릭'의 5가지를 통해 살펴볼 수 있다.

목	喉(구上42ㄴ4)(간二074ㄱ6)(언下23ㄴ08)
	咽(구上41ㄴ8)(언上18ㄱ06), 咽門(언上29ㄴ05)
	咽喉(구上41ㄴ3)(간二065ㄴ2)(언上25ㄴ04)
	頸(언下42ㄴ07)
목	懸壅(구上43ㄱ1), 懸癰(간二063ㄴ8)
목구무	咽管口(간二072ㄱ2)
목ᄀᆞ리	喉(언上24ㄴ11)
목소릭	語聲(구上46ㄴ1)

위의 용례에서 살펴보면 이들 어휘 가운데 '목'은 《구급방》, 《구급간이
방》, 《언해구급방》 모두에서 찾을 수 있으며, 한자 '喉', '咽', '咽喉', '頸'와
대응된다. '목졋'은 《구급방》과 《구급간이방》에서 한자 '懸壅'과 '懸癰'에
대응됨을 알 수 있다. 또한 '목구무'는 《구급간이방》에서 '咽管口'에, '목ᄀᆞ
리'는 《언해구급방》에서 '喉'에 대응된다. 또한 '목소릭'는 《구급방》에서
'語聲'에 대응하는 것이다. 이 가운데 한자 '喉'는 '니구무 후(喉)《類合上
20》'로 나타난 예도 있다.

그 외의 '목' 관련 대응 한자는, '逆亂ᄒᆞᄂᆞᆫ 사ᄅᆞ믹 모ᄀᆞᆫ(亂領)《杜초十
六 56》, 목 경(頸)《字會上 25》, 목 항(項)《類合上 21》, 목쑤무 후(喉)《字
會上 26》, 목졋(重舌)《同文上 15》, 《漢 147ㄱ》, 羊屬 목줄ᄃᆡ《柳物一

毛》, 목쥴썬(喋子)《譯上 34》' 등에서 나타난다.

  (6) 입

  구급방류에서 '입' 관련 대응 한자는 아래의 용례에서 보는 바와 같이
'입', '입시울', '입ㄹ', 의 3가지를 통해 살펴볼 수 있다.

        입   口(구上04ㄱ1)(간一006ㄴ2)(언上01ㄱ07)
        입시울   脣(구上18ㄱ1)(간一047ㄴ3)(언下40ㄴ09), 脣口(간三005ㄴ1)
        입ㄹ   口傍(간一061ㄴ1)

  위의 용례에서 살펴보면 이들 어휘 가운데 '입'과 '입시울'은 《구급방》,
《구급간이방》, 《언해구급방》 모두에서 찾을 수 있는데, '입'은 대개 한자
'口'에, '입시울'3)은 한자 '脣/脣口'에 대응되며, '입ㄹ'은 《구급간이방》에서
'口傍'에 대응됨을 알 수 있다. '脣口'에 대응되는 예는 '脣口破裂 입시울리
허러 떠디거든(간三005ㄴ1)'와 같다.
  그 외 '입' 관련 대응 한자는 '입 구(口)《字會上 26》, 《類合上 20》, 입모소
들 귀예 다듣게 쩌티니(口吻)《三강忠 26》, 입슈얼 데다(湯了脣)《譯上 5
3》, 입시울 슌(脣)《字會上 26》《類合上 21》, 입시욹(脣)《痘經 22》 입시
욹(嘴脣)《譯補 21》, 입아괴 믄(吻)《字會上 26》, 입아귀(口吻)《譯補 21》,
입아귀(口角)《漢 146d》' 등에서 나타난다.

  (7) 손발

  '손발'과 관련된 어휘들을 살펴보면 구급방류에서는 어휘의 결합양상에
따라 크게 '손류', '발류', '손발류'의 3가지로 구분할 수 있는데, 이들을 각
각 살펴보기로 한다.

---

  3) '입시울'은 '人中穴'이라는 곳과 관련되는데, '卽於鼻下人中穴針灸遂活 고 아래 입
    시울 우희 오목흔 딘 침 주고 쓰면 살리라(一63ㄴ2)'와 같이 나타난다.

구급방류에서 '손' 관련 대응 한자는 아래의 용례에서 보는 바와 같이 '손', '손가락/손ㄱ락'4), '손톱', '솞바당/손바당', '엄지가락', '엄지손톱'의 7가지를 통해 살펴볼 수 있다.

ㄱ) 손　　　　　　　手(구上29ㄴ6)(간二050ㄱ3)(언上14ㄴ01),
　　　　　　　　　　手指(언上40ㄱ09)
　　솞가락/손가락　指(구上79ㄱ8)(간二047ㄱ7)(언下11ㄱ05)
　　　　　　　　　　手(간七024ㄱ3)
　　　　　　　　　　手指(구上79ㄱ7)
　　　　　　　　　　四肢指(간二114ㄴ8)
　　손ㄱ락　　　　　指(언上40ㄱ10)
　　엄지가락　　　　大指(간一063ㄱ6)(언上14ㄱ11)
　　　　　　　　　　母指(간一042ㄱ8)
　　　　　　　　　　大母指(구上29ㄴ6)(간二041ㄱ8)(언上10ㄱ02),
　　　　　　　　　　大拇指(언上10ㄱ02),
　　　　　　　　　　大足母趾(구上20ㄴ3), 大趾(구上02ㄴ8)(간一031ㄱ7),
　　　　　　　　　　大足母趾(간一050ㄱ4)
　　　　　　　　　　大母指爪甲(구下41ㄴ5)
　　　　　　　　　　足拇(언上12ㄴ04)
　　손톱　　　　　　爪(구上29ㄴ7)(간一055ㄱ7)(언上14ㄴ03), 爪甲
　　　　　　　　　　(언上24ㄴ08)
　　　　　　　　　　指甲(구上22ㄱ3)
　　엄지손톱　　　　手大指爪甲(언上01ㄱ08)
　　솞바당/손바당　手心(간一020ㄴ2) (언下45ㄴ10)

---

4) 국어 신체 어휘의 조어 방식을 보면, 합성법에 의하여 생성된 경우가 많다. '손, 발, 머리'는 몸체가 되고 '가락'은 가지가 되어 윗몸체에 가서 붙음으로써 '손가락, 발가락, 머리카락'을 만든다. '손'과 '가락'을 나누지 않고 'finger'라 하고 '발'과 '가락'을 나누지 않고 'toe'라 하는 영어의 명명법과는 다르다. 또한 '손가락, 발가락' 끝에 붙은 '손톱, 발톱'과 '손바닥, 발바닥'을 보더라도 국어 신체 어휘의 조어 방식은 동시에 체계적으로 명명한 것처럼 분류 의식을 보여준다.(문금현 1998:213에서 (이남덕 1985:363)의 재인용)

위의 용례에서 살펴보면 이들 어휘 가운데 '손', '손가락', '손톱', '엄지가락'은 《구급방》, 《구급간이방》, 《언해구급방》 모두에서 찾을 수 있으며, '손ᄀ락', '손바당', '엄지손톱'은 《언해구급방》에서, 'ᄉᆞᆫ바당'은 《구급간이방》에서 찾을 수 있다. 고유어 '손', '손가락/손ᄀ락', '손톱', 'ᄉᆞᆫ바당/손바당', '엄지가락', '엄지손톱'을 한자와 대응하여 살펴보면, '손'은 '手, 手指'에 대응되고, 'ᄉᆞᆫ가락/손가락/손ᄀ락'은 '指, 手, 手指, 四肢指'에, '엄지가락'은 '大母指, 大指, 大拇指, 母指, 大足毋趾, 大趾, 大足毋 趾, 大母指 爪甲, 足拇'에 대응되며, '손톱'은 '手, 爪, 爪甲, 指甲', '엄지손톱'은 '手大指爪甲'에 대응된다. 그 중 한자 '手指'는 유사한 문맥에서 《언해구급방》에서는 '손', 《구급방》에서는 'ᄉᆞᆫ가락'에 대응되기도 하는데, '一人以手指牽其頤 ᄒᆞᆫ 사ᄅᆞ미 ᄉᆞᆫ가라ᄀ로 그 ᄐᆞᆨ글 ᄃᆞᆼ긔야(구上79ㄱ7)'와 '一人以手指牽其頷頤 ᄒᆞᆫ 사ᄅᆞᆷ은 두 손으로 그 ᄐᆞᆨ을 자바ᄃᆞᆼ긔여 내혀서(언上40ㄱ9)' 등과 같다.

또한 'ᄉᆞᆫ바낭/손바낭'은 한자 '手, 手心'에 대응된다. 또한 '가락'은 한자 '指'를, '톱'은 한자 '爪/甲'에, '바당'은 '心'에, '엄지'는 한자 '大/大母/大指' 등에 대응됨을 알 수 있다.

그 외 '손' 관련 대응 한자는 '환도를 손구븨에 언ᄼᆡᆨ(閣刀手腕)《武藝16), 손ㅅ금(手紋)《譯上 34》, 《同文上 16》, 손ᄉᆞᆷ 과(膔)《字會上 25》 손ᄉᆞᆷ에 키(手簸箕)《譯上 36》, 손ㅅ둥(手胞)《譯上 34》, 《同文上 16》, 《漢 147d), 손ᄯᆞᆷ ᄠᅳ고(번小十35), 손목 완(腕)《字會上 26》, 《類合上 21》, 손바닥 쟝(掌)《類合上 21》, 손ㅅ삿(手丫子)《譯上 34》, 《漢 148ㄱ》, 다못 ᄉᆞᆫ목 자바(共携手)《杜重九 19》, ᄉᆞᆫ바다ᄋᆞᆯ 드러 히ᄃᆞᄅᆞᆯ ᄀᆞ리와돈《月二 2》, ᄉᆞᆫ바독 쟝(掌)《字會上 26》' 등에서 볼 수 있다.

구급방류에서 '발' 관련 대응 한자는 아래의 용례에서 보는 바와 같이 '발', '밠엄지가락/엄지밠가락', '발엄지가락톱/엄지가락발톱', '발톱', '발뒤측', '밠바당/발바당'의 10가지를 통해 살펴볼 수 있다.

　ㄴ) 발　　　　　　　脚(구上74ㄱ7)(간一092ㄱ6)(언上10ㄱ02)

　　　　　　　　　　　　足(구上20ㄴ3)(언上14ㄱ11)

　　밠엄지가락　　　　足拇指(간一082ㄴ2)

　　엄지밠가락　　　　大拇指(간一046ㄱ6)

　　　　　　　　　　　　足大趾(간一099ㄱ8)

　　발엄지가락톱　　　足大拇指甲(구上24ㄱ3)

　　　　　　　　　　　　脚拇指(간一077ㄱ7)

　　발엄지가락발톱　　足大指瓜甲(언上14ㄱ11)

　　엄지가락발톱　　　足拇指甲(언上12ㄴ04)

　　발톱　　　　　　　瓜(구上49ㄱ4)(언上14ㄱ03), 爪牙(구下63ㄴ3)

　　　　　　　　　　　　甲(언上12ㄴ09), 足指甲(구上40ㄴ8)

　　발뒤측　　　　　　足跟(언上12ㄴ04)

　　밠바당　　　　　　脚心(구下82ㄱ6)

　　　　　　　　　　　　足下(구下82ㄴ2)

　　발바당　　　　　　足心(언下45ㄴ10)

　위의 용례에서 살펴보면 이들 어휘 가운데 '발'과 '발톱'은 《구급방》, 《구급간이방》, 《언해구급방》 모두에서 찾을 수 있으며, '발엄지가락톱'은 《구급방》과 《구급간이방》에서 찾을 수 있다. 또한 '밠바당'은 《구급방》에서만, '밠엄지가락'과 '엄지밠가락'은 《구급간이방》에서만, '발뒤측'과 '발바당'은 《언해구급방》에서만 찾을 수 있다.

　고유어 '발', '밠엄지가락', '엄지밠가락', '발엄지가락톱', '발톱', '발뒤측', '밠바당/발바당'을 한자와 대응하여 살펴보면 '발'은 '脚, 足'에 대응되며, '밠엄지가락/엄지밠가락'은 '足拇指, 大拇指, 足大趾'에 대응되었다. '발톱'은 '瓜, 爪牙, 甲, 足指甲'에, '발엄지가락톱/발엄지가락발톱'은 '足大拇指甲, 脚拇指, 足大指瓜甲, 足拇指甲'에 대응된다. '발뒤측'은 '足跟', '밠바당/발바당'은 '脚心, 足下, 足心'에 대응된다. 그러므로 '발'은 대개 한자 '足'과 '脚'을, '바당'은 한자 '心', '뒤측'은 한자 '跟'을 언해한 어휘임을 알 수 있다. 문맥에 따라 한자 '甲'은 脚大拇指內離甲 발 엄지가락 안견 발톱

뵈셔 흔 부쳐닙만 픠워(언上12ㄴ09)'와 같이 '발톱'으로 언해되기도 하였다. 또한 《구급방》의 예문 '又方治熊爪牙傷毒痛 쏘 고미 발토배 헐어 毒독氣킝 알폰 짜흘 고튜딕(구下63ㄴ3)'에서도 '발톱'의 한자로 '爪牙'가 대응되고 있는데, '爪牙'는 같은 문장에서 '熊'과 함께 쓰였으므로 문맥적으로 '발톱'으로 언해된 것이다.

그 외 '발' 관련 대응 한자는 '여듧 바리오(八脚)《金삼二 7》, 밠가락을 츠고《南明上 50》, 밠귀머리는(脚跟)《金삼二 8》, 趺는 밠등이오《法화一 55》, 노폰 빙애 불오믈 스랑ᄒ면 밠바다이 싀자리ᄂ니(思蹋懸崖足心酸澁)《능二 115》, 발돕 다ᄃᆷ기는 다슷낫 돈이니(修脚五個錢)《朴重上 47》, 발쏩 다듬다(修脚)《譯上 48》, 발뒤측(脚跟)《同文上 16》, 발등거리(倒掛)《物譜 博戲》, 발목(脚腕子)《譯上 36》, 발바당(脚掌)《譯補 22》, 《同文上 16》, 발ㅅ바당(脚心)《譯上 36》, 발톱(爪指)《漢 428ㄴ》' 등에서 나타난다.

구급방류에서 '손발' 관련 대응 한자는 아래의 용례에서 보는 바와 같이 '손발', '손과발', '슈족', '손톱발톱', '손밠톱', '밠톱숏톱'의 6가지를 통해 살펴볼 수 있다.

ㄷ) 손발	手足(구下83ㄱ7)(간一038ㄴ7)(언上05ㄱ02)
	肢體拳(인下43ㄱ05)
	指(언上38ㄴ05)
손과발	手脚(구上31ㄱ8)
	四肢(간二026ㄴ5)
슈족	四肢(언上08ㄱ07)
	手足(언上23ㄱ08)
손톱발톱	爪甲(언上05ㄱ11)
	手足指甲(간七049ㄴ2)
손밠톱	手足指甲(구下88ㄴ8)
밠톱숏톱	脚手瓜甲(간三078ㄱ6)

위의 용례에서 살펴보면 이들 어휘 가운데 '손발'은 《구급방》, 《구급간이방》, 《언해구급방》 모두에서 나타나며, '손과발'은 《구급방》과 《구급간이방》에서, 또한 '슈족', '손톱발톱'은 《언해구급방》에서만, '손밠톱'은 《구급방》에서, '밠톱솑톱'은 《구급간이방》에서 나타난다. '손발'은 '手足, 肢體拳, 指', '손과발'은 '手脚, 四肢'에, '슈족'은 《언해구급방》에만 나타나는 언해로 대응되는 한자어는 '手足'과 '四肢'이다. '손톱발톱'은 '爪甲'과 '손발'의 한자를 포함하는 '手足指甲'에, '손밠톱'은 마찬가지로 '手足指甲'에, '밠톱솑톱'은 '손+발'의 순서가 아닌, '발+손'의 순서인데, 대응되는 한자가 '脚手瓜甲'이므로 한자의 '脚手'의 순서에 가 언해에 반영되었음을 알 수 있다.

고유어 '손발', '손과발', '슈족', '손톱발톱', '손밠톱', '밠톱솑톱'을 한자와 대응하여 살펴보면 '손발'은 한자 '手足'을, '손밠톱'은 한자 '手足指甲'을 언해한 어휘임을 알 수 있다.

그 외 '손발'과 관련된 어휘의 한자 대응 양상은 '손ㅅ발금(手足紋)《漢148ㄱ》'에서 찾을 수 있다.

(8) 비

구급방류의 언해에는 '비'와 관련된 표기는 아래의 용례에서 보는 바와 같이 '비', '빗복/빗쏙'의 2가지 유형으로 나타나고 있음을 알 수 있다.

비   腹(구上13ㄱ3)(간三074ㄱ2)(언上18ㄴ07),
              小腹(구下89ㄱ3), 腹中(언下39ㄱ04)
              肚(구上37ㄱ8)(언上03ㄴ03)
              腹肚(간一068ㄴ7)
              大腸(간三074ㄱ7)
              臍(간三089ㄱ7)
빗복   臍(구上05ㄴ6)(간三063ㄴ6),

　　　　　　　臍中(구上19ㄴ5)(언上06ㄱ02), 臍上(언上05ㄴ11)
　　　　　　　腹(간三066ㄴ6)
　빗쪽　　　　蓬臍(언上41ㄱ06), 臍中(언上45ㄱ06)

　위의 용례에서 살펴보면 이들 어휘 가운데 '빅', '빗복'은 《구급방》, 《구급간이방》, 《언해구급방》 모두에서 찾을 수 있으며, '빗쪽'은 《언해구급방》에서 나타난다.

　고유어 '빅', '빗복/빗쪽'을 한자와 대응하여 살펴보면 '빅'는 대개 한자 '腹, 肚, 腹肚, 大腸, 臍'를, '빗복/빗쪽'은 한자 '臍中', '臍上', '蓬臍'를 언해한 어휘임을 알 수 있다. 한자 '臍'는 '빅'와 '빗복' 모두에 대응되는 것을 알 수 있으나 '腹'은 '빅'로만 언해될 뿐, '빗복'으로 언해된 예는 보이지 않는다. 위의 예 중 '빅'에 대응되는 한자 '腹中, 臍'과 '빗복'에 대응되는 한자 '臍中'가 나타나는 예를 제시하면 다음과 같다.

　　　少頃腹中大痛痛止　　잠깐 스이예 빅 フ장 아프다가 알키 그츠면(언下39ㄱ04)

　　　小便不通臍下急痛　　져근믈 몯 보아 빅 아래 과글이 알패(간三089ㄱ7)
　　　以艾灸臍中百壯　　　뿍그로 빗보글 一홇百빅 붓글 쓰라(구上19ㄴ5)

　그 외 '빅' 관련 대응 한자는 '臍논 뱃보기라《능八 132》 빗복 비(毗)《字會上 27》, 빗복 줄에《胎要 23》, 빗복애 블 브텨(燃臍)《杜重十五 47》, 비ㅅ곱(肚臍子)《同文上 16》, 《漢 148ㄴ》, 비꼽 졔(臍)《倭上 17》, 빗보록(肚臍兒)《譯上 35》' 등에서 찾을 수 있다.

　(9) 음부
　구급방류의 언해에는 '음부'와 관련된 표기는 아래의 용례에서 보는 바와 같이 '슈신', '음낭/낭', '음경', '음깅', '음문', '불알'의 6가지 유형으로 나타나고 있음을 알 수 있다.

슈신	陰(간三066ㄴ5)
	陰莖(간一99ㄱ5)
음낭/낭	陰囊(구上40ㄱ5) 陰(간一071ㄱ2)
	外賢(언上20ㄴ02)
음경	陰莖(구上69ㄱ3)(언上15ㄴ01)
음깅	莖(언上42ㄴ01)
	陰莖(언上42ㄴ05), 陰(언下44ㄱ04)
	玉莖(언下43ㄱ04)
음문	陰(언上05ㄱ08), 陰戶(언上42ㄴ02)
불알	陰卵(구下16ㄴ2)

위의 용례에서 살펴보면 이들 어휘 가운데 '음낭'은 《구급방》, 《구급간이방》, 《언해구급방》 모두에서 찾을 수 있으며, '음경'은 《구급방》과 《언해구급방》에서 찾을 수 있다. 또한 '슈신'은 《구급간이방》에서만, '음깅'과 '음문'은 《언해구급방》에서만 찾을 수 있다. 그런데 이들 어휘 가운데 사람의 신체와 관련하여 사용된 어휘는 '슈신'과 '음낭'뿐이고 나머지는 대개 동물의 음부를 지칭하는 어휘들이다.

고유어 '슈신', '음낭/낭', '음경', '음깅', '음문', '불알'을 한자와 대응하여 살펴보면 '슈신'은 한자 '陰, 陰莖', '음낭/낭'은 한자 '陰囊, 外賢', '음경'은 '陰莖', '음깅'은 '莖, 陰莖, 陰, 玉莖', '음문'은 '陰, 陰戶'에 대응되었고, 《구급간이방》에 나타나는 '불알'은 '馬咬人陰卵脫出 무리 사ᄅᆞ미 불알홀 므러 ᄲᅢ디거든(구下16ㄴ2)'과 같이 '陰卵'에 대응되고 있다. 대체로 '슈신'과 '음경', '음깅'은 한자 '莖'를 언해한 어휘로 이는 남성과 관련되며 한자 '陰戶'를 언해한 어휘 '음문'은 여성과 관련된다.

그 외 '음부' 관련 대응 한자는 '흰 ᄆᆞᆯ 음깅(白馬莖)《東醫 湯液一 45》, 음종(肯套的瘡)《漢 219d》' 등에서 나타난다.

2) 성별

'성별'에서는 크게 '남성'과 '여성', 그리고 '중성(통칭)'으로 구분하여 설명하기로 한다.

(1) 스나히

구급방류의 언해에는 '스나히'와 관련된 표기는 아래의 용례에서 보는 바와 같이 '스나히', '순아히', '스나히아히', '남진'의 4가지 유형으로 나타나고 있음을 알 수 있다.

스나히	男(언下43ㄱ03), 男子(언上04ㄴ08)
순아히	童子(간六081ㄴ3),
	男兒(간一105ㄱ8), 小兒(간七006ㄴ2)
	男(간七054ㄴ7)
스나히아히	童(언下11ㄴ05)
남진	男(구上75ㄴ8)(간一060ㄱ1), 男子(간一008ㄴ3)
	夫(간七042ㄱ6)

위의 용례에서 살펴보면 이들 어휘 가운데 '남진'은 《구급방》, 《구급간이방》에서 찾을 수 있고, '스나히'와 '스나히아히'는 《언해구급방》, '순아히'는 《구급간이방》에서 찾을 수 있다. 그러나 《구급방》, 《구급간이방》, 《언해구급방》, 즉 구급방류 전체에서 공통적으로 나타나는 어휘는 찾을 수 없다.

고유어 '스나히'와 '남진'은 한자 '男子', '男'를, '순아히'와 '스나히아히'는 한자 '童子', '男兒', '小兒'를 언해한 어휘임을 알 수 있다. 그 중에서도 '스나히'와 '남진'은 그 의미가 약간의 차이를 보이는 것으로 '스나히'는 '男子'를 통칭하는 어휘고, '남진'은 '夫', 즉 '남편'을 칭할 때도 사용되는 어휘로 볼 수 있다. 이들을 한자 대응 양상을 보면, '스나히'와 '남진'은 '성인남자'를 지칭하는 말이고, '스나히아히'와 '순아히'는 '미성년남자'를 지칭하는 말임을 알 수 있다. 《언해구급방》의 '스나히아히'가 나타나는 예문은 '又童溺熱飲一升卽甦 또 스나히 아히 더운 오좀을 흔 되만 머그면 즉제 씨ᄂ니라(언下11ㄴ06)'와 같다.

그 외 '남성' 관련 대응 한자는 '남진동셰(連妌)《四解下 72》, 순 뎡(丁)《字會中 2》' 등에서 나타난다.

(2) 겨집

구급방류에서 '겨집' 관련 대응 한자는 아래의 용례에서 보는 바와 같이 '겨집', '아히겨집', '남진아니어른갓나히', '남진아니흔겨집'의 4가지를 통해 살펴볼 수 있다.

겨집	婦人(구下80ㄱ1)(간六072ㄴ4)(언上42ㄴ02),
	婦(구上16ㄱ4)(간七051ㄴ2)(언下45ㄴ06)
	女(구上20ㄱ6)(간一042ㄱ2)(언下43ㄱ03),
	女子(언上22ㄱ11)
아히겨집	童女(언上05ㄱ08)
남진아니어른갓나히	童女(간二054ㄴ4)
남진아니 흔겨집	處女(언上05ㄱ09)

위의 용례에서 살펴보면 이들 어휘 가운데 '겨집'은 《구급방》, 《구급간이방》, 《언해구급방》 모두에서 찾을 수 있으며, '아히겨집'과 '남진아니흔겨집'은 《언해구급방》에서, '남진아니어른갓나히'은 《구급간이방》에서 찾을 수 있다.

고유어와 한자를 대응하여 살펴보면 '겨집'은 대개 한자 '女', '女子', '婦'를, '아히겨집', '남진아니어른갓나히', '남진아니 흔겨집'은 한자 '童女' 혹은 '處女'에 대응됨을 알 수 있다.

중세한국어의 언해 자료에서 '여성'과 관련된 어휘들은 'ᄀ나이/ᄀ나희/
ᄆ나희/ᄀ나희/간나희/간나회', '가ᄉ나희', '겨집', '겨집동싱', '겨집동세'
등을 들 수 있다. '쪼 건니 ᄀ나희 집의 가(又常到姨子家裏去)《老下 46》,
少女ᄂᆞᆫ ᄀᆺ 난 가ᄉ나희라《七大 14》, 姨兄: 엄의 겨집동싱에 난 믿오라비
라《小언六 46》, ᄉ나희와 간나희(男女)《小언六 71》, 겨집동세 뎨(娣), 겨
집 쳐(妻)《字會上 31》, ᄉ나희가 ᄀ나희가(小廝兒那女孩兒)《朴重上 49》,
겨집녀(女)《類合七 17》' 등에서 나타난다.

(3) 아기/자식

구급방류의 언해에는 '아기/자식'과 관련된 표기는 아래의 용례에서 보
는 바와 같이 '아기/아ᄀ', '아히/아히', 'ᄌ식'의 3가지 유형으로 나타나고
있음을 알 수 있다.

아기	子(간七032ㄱ2),
	兒(구下81ㄴ6)(간七045ㄴ4), 小兒(간一097ㄴ6)
아ᄀ	兒(구下82ㄴ2)(간七021ㄱ8), 小兒(구下82ㄱ4)
아히	童子(구上65ㄴ5), 童(언上07ㄱ07)
	兒(언下45ㄴ10), 小兒(구上53ㄴ4)(간一097ㄴ6)
아히	兒(간七084ㄴ2)
ᄌ식	兒(언下46ㄴ08), 子(언下45ㄴ07)

위의 용례에서 살펴보면 이들 어휘 가운데 '아기', '아히'는 《구급방》, 《구급
간이방》, 《언해구급방》 모두에서 찾을 수 있으며, '아ᄀ'는 《구급방》과 《구
급간이방》에서 찾을 수 있다. 또한 '아히'는 《구급간이방》에서, 'ᄌ식'은
《언해구급방》에서만 찾을 수 있다. 그리고 《구급방》에서는 '産산兒싱(구
下83ㄱ6)'라고 표기하기도 하였다.
고유어 '아기/아ᄀ', '아히/아히', 'ᄌ식'을 한자와 대응하여 살펴보면 이

들은 모두 한자 '童', '兒', '小兒', '子'를 언해한 어휘임을 알 수 있다. 그런데 앞서 용례 (19)에서 살펴본 '미성년남자'를 지칭하는 '순아히'와 '亽나히아히'의 한자와 '아기/아ㄱ', '아히/아히', '즈식'의 한자가 동일함을 알 수있다.

그 외 '아기' 및 '자식' 관련 대응 한자는 '여러 아기네 드려 니ᄅ노니(謝諸郞)《小언五 26》, 아기ᄯ리시니라(少女)《內一상40》, 아히 ᄋ(兒)《字會上 32》, 《石千 15》, 아히 ᅀ(兒)《類合上 17》' 등에서 나타난다.

3) 호흡 및 배설

호흡 및 배설에서는 '기춤', '춤', '즈치옴', '하외욤'의 4가지로 분류하여 살펴보고자 한다.

(1) 기춤

구급방류의 언해에는 '기춤'과 관련된 한자는 아래의 용례와 같다.

기춤   嗽(간二009ㄱ8)
            咳嗽(간七016ㄱ8)

구급방류의 언해에서 '기춤'에 대응되는 한자는 아래의 용례에서 보는바와 같이 유독 《구급간이방》에서 그 어휘를 찾을 수 있다. '기춤'을 한자와 대응하여 살펴보면 한자 '嗽', '咳嗽'을 언해한 어휘임을 알 수 있다. 그외 문헌에서의 '기춤' 관련 대응 한자는 '기춤ᄒ며(咳)《小언二 7》, 기츰 히(咳)《字會中 33》, 기춤(欬嗽)《譯上 37》, 기춤ᄒ다《同文上 19》' 등에서나타난다.

(2) 춤

구급방류의 언해에는 '춤'과 관련된 한자는 아래의 용례와 같다.

춤	嚥(구上44ㄴ7), 嚥津(간二077ㄴ6)
	涎(구下35ㄴ7)(간二070ㄴ6)(언上03ㄱ10),
	痰涎(간二020ㄴ7), 痰(간一002ㄴ5)
	唾(구下87ㄱ6)(언上33ㄱ07)
	液(언上47ㄱ07)

구급방류에서는 '춤'에 대응하는 한자는 아래의 용례에서와 같이 《구급방》, 《구급간이방》, 《언해구급방》 모두에서 그 어휘를 찾을 수 있다. '춤'을 한자와 대응하여 살펴보면 한자 '嚥', '痰', '涎', '液' 등을 언해한 어휘임을 알 수 있다. 그 중 '液'은 《언해구급방》에만 나타나는 것이다.

그 외 문헌에서 '춤' 관련 대응 한자는 '涎은 추미라《능八 68》, 춤 블라제 運ᄒᆞᄂᆞ니(傳沫)《法華二 108》 추블 늘이디 말라(莫飛涎)《杜초卄 12》, 추모로(着唾沫)《朴초上 13》 내 衰老ᄒᆞ야 눗믈와 춤괘 煩多호라(我衰涕唾燔)《杜초八 6》, 춤타(唾)《字會上 30》, 그 춤을 졈복ᄒᆞ야(卜藏其漦)《十九一 23》, 춤으로 다가 白日黑夜에 머르로디 말고 브릭라《朴重上 14》, 춤 연(涎)《類合上 22》' 등에서 나타난다.

(3) ᄌᆞ치옴

구급방류의 언해에는 'ᄌᆞ치옴'과 관련된 한자는 아래의 용례와 같다.

ᄌᆞ치옴	嚔(언上01ㄴ02)
	嚏(간六001ㄴ8)(언上10ㄴ09)
	噴嚏(간一003ㄱ1)(언上09ㄱ07)

구급방류에서는 'ᄌᆞ치옴' 아래의 용례에서와 같이 《구급간이방》과 《언

해구급방》에서만 찾을 수 있을뿐 《구급방》에서는 그 어휘를 찾기 힘들다.

'ᄌ치옴'을 한자와 대응하여 살펴보면 이는 한자 '嚔', '噴', '噴嚔'을 언해한 어휘임을 알 수 있다.

그 외 'ᄌ치옴' 관련 대응 한자는 '쏘 ᄌ치옴 ᄒ더니(又有嚔噴)《老下 4》, ᄌ치옴 분(噴)《字會上 29》, ᄌ치옴 히요미 《分온 18》, ᄌ치옴ᄒ다 《譯上 37》' 등에서 나타난다.

(4) 하외욤

구급방류에서 아래의 용례에서와 같이 '하외욤' 외에 '하외옴'도 찾을 수 있는데, 이 때의 '하외옴'을 '하외욤'의 오각 혹은 탈획으로 볼 수 있을 여지가 있으나, 《언해구급방》에서는 모두 '하외옴'으로 표기하였다.

> 하외욤   欠(구上79ㄴ2)
> 하외옴   呵欠(언上39ㄴ09), 欠(언上39ㄴ04)

'하외욤/하외옴'을 한자와 대응하여 살펴보면 이는 한자 '欠', '呵欠'을 언해한 어휘임을 알 수 있다. 그 외에서 '하외욤' 관련 대응 한자는 '하외욤 ᄒ며 기지게 ᄒ며(歡伸)《金삼二 11》, 하외욤ᄒ며(欠)《小언二 7》, 하외욤 흠(欠)《字會上 30》' 등에서 나타난다.

5.1.1.1.2. 식물

(1) 거플

구급방류에서 '거플' 관련 대응 한자는 아래의 용례에서 보는 바와 같이 인체와 관련되어서는 '것', '거플', '거피', '겁질'의 4가지를 통해 살펴볼 수 있다.

겻	皮(구上06ㄴ4)[5])(간―010ㄱ4)
거플	殼(구下14ㄱ3)(간三020ㄱ5),
	皮(구下69ㄴ2)(간六036ㄱ4)
거피	殼(구上41ㄴ5)
	皮(구下59ㄱ7)
겁질	殼(구下27ㄴ2)(구下55ㄴ2)(언上41ㄱ05)
	皮(구下27ㄴ1)(언下27ㄱ06)

위의 용례에서 살펴보면 이들 어휘 가운데《구급방》,《구급간이방》에서 찾을 수 있는 어휘는 '겻'과 '거플, 갓플' 등인데, 이중 '거플'은 135회의 높은 빈도를 보이나, '갓플'은 13회 나타난다. 그러나 빈도가 가장 높은 '거플'은《언해구급방》에는 나타나지 않는데, 이는《언해구급방》에서 곡물의 사용 부위를 따로 상술하고 있지 않고, '거플'을 '겁질'로 대체하여 언해하였기 때문인 것으로 보인다. '겁질'은《구급방》에서도 찾아볼 수 있다.

고유어 '겻', '거플', '겁질'을 한자와 대응하여 살펴보면 '겻'은 '皮', '거플/거피/겁질'은 한자 '殼'과 '皮'를 언해한 것임을 알 수 있다.[6]

그 외 '거플' 관련 대응 한자는 '朴은 나못거피라《法華― 220》, 것 바슨 조뽈(脫粟)《杜초十五 5》 거플 부(桴)《字會下 6》, 겁딜 벗기다(剝皮)《同文下 5》, 니모 거풀(樹皮)《同文下 44》, 겁질 벗겨《分온 12》' 등에서 나타난다.

(2) 죽

'죽'은 환자에게 주어지는 음식일 경우가 많으므로 구급방류에서 가장 다양할 듯 싶다. 그러나 아래의 용례 (14)와 같이 구급방류에서 원문의 한자는 다양하게 나타난 데 반해 '죽믈' 혹은 '죽'으로 언해된 것 외에 특별한

---

5) 《구급방》에서 '겻'의 빈도는 10회이다.
6) 이와 관련한 어휘로 동물의 '皮'를 나타내는 데에 주로 쓰인 어휘들도 있다. 다음 장 참조.

언해는 보이지 않는다.

죽믈	粥淸(구上77ㄴ2)(언上46ㄱ04), 淸粥(구上64ㄱ3),
	粥(구上39ㄴ6)(간三036ㄱ2)(언上46ㄴ11)
	水漿(언上39ㄴ10),
	米飮(언上30ㄴ01), 米湯(언上22ㄴ07)

위의 용례에서 '죽믈'에 대응되는 한자 '粥'은 《구급방》, 《구급간이방》, 《언해구급방》 모두에서 찾아볼 수 있고, '粥淸'는 《구급방》과 《언해구급방》에서 볼 수 있다. 특히, 《언해구급방》에서는 다양한 한자어 '粥淸, 水漿, 米, 米飮, 米湯, 粥'가 '죽믈'에 대응된다. 《胎要(16장)》에서 '米飮'이 '미음'으로 언해되기도 하였다.

그 외 '죽' 관련 대응 한자는 '된   (稠粥)《譯上 49》, 믈죽(馬糊塗)《譯補 18》, 죽 죽(粥)《字會中 20》, 《類合上 29》, 죽니불(粥皮)《同文上 59》' 등에서 나타난다.

5.1.1.1.3. 동물

(1) 갗
구급방류에서 '갗' 관련 대응 한자는 아래의 용례에서 보는 바와 같이 동물과 관련되어서는 '갗', '가족'의 2가지를 통해 살펴볼 수 있다.

갗	肉(구下36ㄴ1)
	皮(구上52ㄴ6)(간六049ㄱ2)(언上20ㄴ10), 皮膚(구下07ㄱ8)
가족	皮(언下31ㄴ11)

위의 용례에서 '갗'와 관련된 표기를 살펴보면 《구급방》, 《구급간이방》,

《언해구급방》에서는 모두 '갗'으로, 《언해구급방》에서는 '가족'으로도 표기
되고 있음을 알게 한다.

고유어 '갗', '가족'을 한자와 대응하여 살펴보면 '갗'는 한자 '肉' '皮', '皮
膚',를, '가족'은 한자 '皮'를 언해한 어휘임을 알 수 있다. 《구급방》에서 '갗'
이 '肉'에 대응되는 예는 '勿令大熱恐破肉冷則易之 하 덥게 ᄒᆞ야 가치 헐
에 말라 츠거든 ᄀ로딕(下36ㄴ2)'와 같이 나타난다. 앞서 식물과 관련된
것으로 '것', '거플', '겁질'이 한자 '殼'과 '皮'를 언해한 것임을 상기하면, 한
자 '皮'는 동·식물에 관계 없이 쓰여진 것임을 알 수 있다.

그 외 '갗' 관련 대응 한자는 '鞲은 가ᄎ로 物을 ᄆᆞᆺ글시오《능十 70》, 가족
피(皮)《類合上 26》, 갓어치(皮替)《老下 27》, 거적눈(眼皮下垂)《韓 153
ㄴ》' 등에서 나타난다.

(2) 고기

구급방류에서 '고기' 관련 대응 한자는 아래의 용례에서 보는 바와 같이
'고기', '믈고기', '肉슉고기'의 3가지를 통해 살펴볼 수 있다.

> 고기 魚(구上47ㄱ8)(언上29ㄱ03),
>   肉(구下72ㄴ8)(언下24ㄴ07), 肉物(언上46ㄴ09),
>   體肉(구下36ㄴ5)
>   膿(구上80ㄱ5)
> 肉슉고기 肉(구下40ㄱ8)
> 믌고기 魚(구下57ㄴ4)(간六084ㄱ3)
> 믈고기 魚(언上28ㄴ07)
> 믓고기 魚(구下57ㄱ5)

위의 용례에서 '고기'와 관련된 표기를 보면 《구급방》에서는 통칭의 '고
기'와 ', '肉슉고기', '믌고기', '믓고기'로, 《구급간이방》에서는 '고기'와 '믌
고기'로, 《언해구급방》에서는 '고기'와 '믈고기'로 표기되어 이들 세 문헌의

표현이 각각 다르게 나타나고 있음을 알 수 있다. 특히 '肉슉고기'는 한자와 함께 쓰인 표기이다.

고유어 '고기, 肉슉고기, 믌고기, 믈고기, 믓고기'를 한자와 대응하여 살펴보면 '고기'는 한자 '魚'나 '肉', '臒', '肉슉고기'는 한자 '肉', '믌고기/믈고기/믓고기'는 한자 '魚'에 대응되는 언해임을 알 수 있다. 한자 '臒'은 '고깃국'이라는 의미를 가진 한자인데, '若食醶酸飮食熱羹臒輩皆使瘡痛 ᄒ다가 쁜 것과 쉰 것과 더운 羹깅과 고기를 머그면 다 瘡창이 알파(구上80ㄱ6)'와 같은 문맥에서 '고기'로 언해되기도 하였다.

그 외 '고기' 관련 대응 한자는 '묻고기 서근이를(肉敗)《小언三 25》, 믈고기 므르니와(魚餒)《小언三 25》, 믌고기며 묻고기며(魚肉)《內一 66》, 슈달: 정월이면 믈쇼기 잡아 하늘ᄭᅴ 졔ᄒᆞᄂᆞ 즘승이라《小언五 40》, 고기 육(肉)《字會中 21》《類合 上 30》' 등에서 나타난다. 이를 통해 '고기'와 관련된 어휘들은 '고기', '묻고기', '믈고기, 믈쇼기, 믓고기' 등을 들 수 있으며, 육지의 고기인 '묻고기', 어류 및 패류와 관련되는 '믈고기', 둘을 아우르는 통칭의 '고기'로 분류할 수 있다. '믈고기'의 표기로는 '믈고기, 믈쇼기, 믌고기, 믓고기'가 있음을 알 수 있다.

5.1.1.1.4. 수량

(1) ᄒ나ᄒ

구급방류에서 'ᄒ나ᄒ' 관련 대응 한자는 아래의 용례에서 보는 바와 같이 'ᄒ나ᄒ'와 'ᄒ녁'의 2가지를 통해 살펴볼 수 있다.

ᄒ나ᄒ   一(구上81ㄱ4)(간六45ㄴ2)(언上16ㄱ04),
             一箇(언下39ㄱ01), 一隻(언下10ㄴ05) 一具(구上43ㄴ5),
             一條(간一21ㄱ1)(언下39ㄱ02)

　　　ᄒᆞ녁　　　一向(구下77ㄴ2)

　위의 용례에서 'ᄒᆞ나ᄒᆞ'는 《구급방》, 《구급간이방》, 《언해구급방》에 모두 나타나나, 'ᄒᆞ녁'은 《구급방》에서만 나타나는 어휘이다.

　고유어 'ᄒᆞ나ᄒᆞ'와 'ᄒᆞ녁'을 한자와 대응하여 살펴보면 'ᄒᆞ나ᄒᆞ'는 《구급방》에서 한자 '一, 一具'를, 《구급간이방》에서 한자 '一條'를, 《언해구급방》에서 '一, 一箇, 一隻, 一條'를 언해한 것이고, 'ᄒᆞ녁'은 한자 '一向'과 '一物'을 언해한 것임을 알 수 있다. 한자 '一'은 '遲則十不全一 늣거야 구ᄒᆞ니는 열헤 ᄒᆞ나히 됴티 몯ᄒᆞᄂᆞ니라(언上16ㄱ05)', '傷處書一虎字 믈인 ᄃᆡ 범호ᄍᆞ ᄒᆞ나흘 스고(간六45ㄴ2)' 등의 예에서 'ᄒᆞ나ᄒᆞ'에 대응된다. 한자 '一箇'와 '一隻' 등은 《언해구급방》에서는 'ᄒᆞ나ᄒᆞ'로 언해되나, 《구급방》 및 《구급간이방》에서는 'ᄒᆞᆫ 낫/낯'으로 언해되는 것들이다. '一箇'는 '取土蜂窠一箇蛇蛻全者一條燒 벌의 집 ᄒᆞ나콰 비암의 헝울 오니 ᄒᆞ나흘 ᄉᆞ라(언下39ㄱ2)'와 같이 선행 체언이 '벌의 집'이고, '一隻'은 '牛一隻剖腹 쇼 ᄒᆞ나흘 ᄲᅵ혜 타고(언下10ㄴ05)'에서처럼 선행체언이 '쇼' 혹은 '烏雞一隻오계ᄃᆞᆰ ᄒᆞ나흘(언下12ㄴ8)'와 같이 'ᄃᆞᆰ' 등이다. '一具'는 '馬啣鐵一具 馬망含혬쇠 ᄒᆞ나흘(구上43ㄴ5)', '一條'는 '大鱔魚(큰 웅에)一條 큰 웅에 ᄒᆞ나흘 (간一21ㄱ1)'⁷⁾ 등의 문맥에서 'ᄒᆞ나ᄒᆞ'에 대응뇌는 한자이다. 또한 'ᄒᆞ녁'은 '勿令一向臥 ᄒᆞ녀고로 누웻니 아니게 홀디니(下77ㄴ2)' 등에서 나타난다. 구급방류에서는 서수사 'ᄒᆞ낫재, ᄒᆞᆺ재' 등은 보이지 않는다.⁸⁾

---

7) 《구급간이방》에는 '一條'가 단 1회 나타난다.
8) ᄒᆞ낫재는 朝廷의 利ᄒᆞ며 《小언五 100》, 그 ᄒᆞ낫재는 스스로 편안홈을 求ᄒᆞ며 《小언五 16》

(2) 둘ㅎ

구급방류에서 '둘ㅎ' 관련 대응 한자는 아래의 용례에서 보는 바와 같이
'둘ㅎ', '둘챗'을 통해 살펴볼 수 있다.

둘ㅎ	二(구上17ㄴ5), 二枚(언上21ㄴ06)
	兩(간三063ㄱ1)
	再(간三071ㄱ2)
두	兩(구上15ㄴ2)(구上15ㄴ2)(언上03ㄴ06)
	二(구下88ㄱ6)(간三042ㄱ4)(언上06ㄴ05)
	倍(간三029ㄱ6)
	再(간六017ㄱ8)
	數(언上22ㄱ03)
	多少(간三102ㄱ8)
	少許(간七007ㄴ8)
둘챗	二(간三048ㄱ5)

위의 용례에서 '둘ㅎ'과 관련된 표기를 살펴보면 《구급방》과 《구급간이
방》, 《언해구급방》에서 모두 '두', '둘ㅎ'로, 나타나고, 《구급간이방》에서는
서수인 '둘챗'도 나타남을 알 수 있다. 고유어 '두'는 매우 높은 빈도를 보이
는 것으로, 원문의 한자가 매우 다양하게 나타나는데, 한자 '兩'과 '二'는
세 문헌 모두에서, '倍', '以多爲', '再', '少許'는 《구급간이방》에서, '數'은
《언해구급방》에서 '두'와 대응되는 한자이다. 《언해구급방》은 '薑五片棗二
枚煎服卽甦 싱강 다솟 편과 대쵸 둘 녀허 달혀 머기면 즉시 씌ᄂᆞ니라(上
21ㄴ6)'의 문맥에서 '二枚'에서 '枚'는 언해하지 않고 '둘'로만 언해하고 있
기도 하다.9)

그 외 '둘' 관련 대응 한자는 '둘콤 ᄂᆞ놋다(双翔)《杜초八 68》, 두짝 쌍

---

9) 단위 명사 '낫/낯'의 분석에서 설명될 것이지만, 《언해구급방》에서는 《구급방》
과 《구급간이방》에 비해 단위명사를 나타내는 '한자'와 '언해'가 다양하지 않다.

(雙)《類合下 47》, 두번재 쓰일 싟(再加)《小언三 20》' 등에서 나타난다.

(3) 두서

구급방류의 언해에는 '두서'와 관련된 표기는 아래의 용례에서 보는 바
와 같이 '두세, 두서, 두서, 두어'가 모두 나타나고 있음을 알 수 있다.

두세	數(구下02ㄴ3)
두서	三(언上06ㄱ03), 二三(언上04ㄱ08)
	一二(언下22ㄴ05)
	數(간三060ㄴ1)[10](언上47ㄱ01)
두서	數(구上20ㄱ8)(간一046ㄴ1),
	三兩(구上10ㄴ8)(간一083ㄴ5),
	三二(구下53ㄴ1)(간七060ㄴ7), 二三(구上16ㄴ1),
두어	數(간二090ㄴ5)(언上25ㄴ03)
	二三(언上38ㄱ03)

위의 용례에서 '두세'[11]는 《구급방》에서만, '두서'는 《구급방》, 《구급간
이방》에서, '두서'와 '두어'는 《구급방》에는 나타나지 않고 《구급간이방》과
《언해구급방》에 나타나는 표기이다.

고유어 '두세, 두서, 두서, 두어'를 한자와 대응하여 살펴보면 한자 '一
二, 二三, 三二, 三兩, 數, 三'에 이르는 것을 언해한 것임을 알 수 있다.
특히 '2나 3'의 의미, 혹은 현대의 '두세'를 연상시키기에 다소 무리가 따르
는 한자 '一二'와 '三'이 보이는데, 이들 예는 모두 《언해구급방》에서 나타
나는 것이다. 이같은 점으로 미루어, 《언해구급방》에서는 수의 관념이 다
른 문헌에 비해 부정확하게 언해되었음을 알 수 있다.

---

10) '두서'에 대한 ≪언해구급방≫의 빈도는 10회인데, ≪구급간이방≫에서 '두서'는
   단 1회 나타난다.
11) '두세'는 구급방류를 통틀어 단 1회 나타난다.

그 외 '두서' 관련 대응 한자는 '數는 두서히라《三강 孝 14》, 기릐 두서 자히로딕(數尺)《능九 108》, 어돌을 나디 아니ᄒᆞ야(數月不出)《小언四 1 7》, 子孫이 두어딕예 二百 남은 사름에 니르러시되(數世)《小언六 100》, 두서열 거르믈(數十步)《蒙 3》' 등에서 나타난다.

(4) 낯

구급방류는 '낯' 관련 대응 한자는 아래의 용례와 같다.

    낯/낫   枚(구下74ㄱ7)(간三017ㄱ2)(언上32ㄱ07)
                粒(구上41ㄴ4)(간二060ㄴ3)(언上25ㄴ09)
                箇(구上37ㄴ1)(간三012ㄱ2)(언上32ㄱ06)
                介(구下05ㄴ8)(간七016ㄱ4)
                莖(구下77ㄴ7)
                顆(간二002ㄱ8)
                梃(간三065ㄱ7)
                丈(간三002ㄴ3)

위의 용례에서 '낯'은 '낫'으로도 나타나는데, 《구급방》, 《구급간이방》, 《언해구급방》에 두루 나타나는 것이다. '낯'은 나타나는 문맥을 제시하면 다음과 같다.

고유어 '낯/낫'에 대응되는 한자를 문헌별로 살펴보면, '枚, 粒, 箇'는 세 문헌 모두에서 나타나며, '介'는 《구급방》과 《구급간이방》에서, '莖'은 《구급방》, '丈, 顆, 梃'은 《구급간이방》에서만 나타나는 것이다. 《구급간이방》에서 단위명사를 나타내는 한자가 가장 세분되어 있고, 《언해구급방》은 《구급방》에 비해서도 '낯/낫'에 대응하는 한자의 가짓 수가 적다.

    又方·地龍五枚蜈蚣一枚 쏘 것위 다숫 낫과 지네 흔 나치(구下74ㄱ7)
    巴豆七粒者去殼生 巴방豆뚱 닐굽 나츠로 세혼 生싱이오 네혼 니겨

(구上41ㄱ6)

鬱金一箇 鬱홇金금 흔 낫(구上41ㄱ7)

梔子殼半介 梔징子중ㅅ댱아리 半반 나채 (下05ㄴ6)

又方以靑蔥葉一莖去尖頭 또 팟닙 흔 나출 쓸롤흔 귿 앗고 (下77ㄴ8)

蓮葉(련닙三兩)皂莢(一梃灸剉) 련닙 석 량과 조협 흔 낫 구으니와(간
三065ㄱ7)

古光錢(오란돈二十丈) 오란돈 스믈 나출(간七031ㄴ4)

'枚'는 세 문헌 모두에서 보이는 한자로, '又方·地龍五枚蜈蚣一枚 쏘 것
위 다숫 낫과 지네 흔 나치(구下74ㄱ7)' 외에도 '全蝎二枚(구上01ㄱ8),
附子生去皮臍細切一枚(구上05ㄴ4), 棗一枚(구上13ㄴ8), 熟艾如鴨子大
二枚(구上17ㄱ2), 筆頭七枚(구上17ㄴ4), 雞子一枚(구上27ㄱ3), 丁香七
枚(구上35ㄱ4), 巴豆二十枚(구上39ㄱ5)' 등과 같이 '지렁이, 전갈, 부자,
대추, 쑥, 붓, 정향' 등 수를 나타내는 단위명사로 광범위하게 쓰이고 있다.
'粒'은 '巴豆七粒者去殼生 巴방豆뚱 닐굽 나추로 세흔 生싱이오 네흔 니
겨(구上41ㄱ6)'와 '菉豆 胡椒各七七粒(구上35ㄱ8), 豆兩耳鼻四處各納一
粒(구上78ㄴ4)' 외에도 '씨, 곡식, 모래' 등의 '알갱이'에 대한 단위명사로
쓰였음을 알 수 있다. 또한 '乾羊屎十數粒(下06ㄴ3)'에서와 같이 '양의 똥'
에 대해서도 '粒'을 쓰고 있다. '箇'는 '낯'에 대응되는 한자 중 제약 없이
가장 많이 나타나는 것으로, '鬱金一箇 鬱홇金금[12] 흔 낫(구上41ㄱ7)'를
포함하여, 蔥白一箇 파 흔 낫(구上69ㄱ5), 皂角 四箇(간一005ㄱ5), 酒壜
(술담는 딜그릇)一箇(간一74ㄴ5), 七箇 斑반猫묠[13] 닐굽 나출'(구下70ㄴ

---

12) 생강과의 여러해살이 풀인 울금(鬱金)의 덩이뿌리를 말린 약재이다. 진통제나 지
   혈제로 쓰이는데, 심황이라고도 한다.(김동소 2003ㄷ: 171)

13) '농작물의 해충인 '가뢰'를 말한다. 몸의 길이는 1~3cm이고 길쭉하며, 광택이 있
   는 검은색이고 날개가 퇴화하여 날지 못한다. 맛은 맵고 성질이 차고 독성이 있
   다.(김동소 2003ㄷ: 163)'를 참조하면 '벌레'임을 알 수 있다. '斑猫'가 나타나는 예
   문은 다음과 같다. '斑猫七箇 斑반猫묠 닐굽 나출 머리와 발와 늘개와 아사 브리
   고 붓아 ㄱ는 굴이 두외에 ㅎ야 두슨 수레 프러 머그면(구下70ㄴ4)'. ≪구급간이

4), 胡桃(당츄ᄌ)一箇(간二036ㄱ7), 蘿蔔(댓무수 민 三箇)(간二088ㄴ1), 蟬殼(ᄆ야ᄆ 헝울七箇)(간三011ㄴ3)' 등에서 두루 나타난다.

한자 '介'는 '梔子殼半介 梔징子즁ㅅ당아리 半반 나채 (구下05ㄴ6)' 외에도 '皂角四介(구上04ㄱ5), 酒壜一介(구上74ㄴ4)' 등에서 보인다. 《언해구급방》에서는 나타나지 않는 한자이다.

'莖'은 '낯'에 대응되는 한자로는 '又方以靑葱葉一莖去尖頭 ᄯ 팟닙 ᄒᆫ 나출 섄롤흔 긑 앗고(下77ㄴ8)'와 같이 《구급방》에서 단 1회 나타난다. '梃'은 《구급간이방》의 '蓮葉(련닙三兩)皁莢(一梃灸剉) 련닙 석 량과 조협 ᄒᆫ 낫 구으니와(간三065ㄱ7)'에서, '顆'는 '蒜(마늘)一顆去皮 마늘 ᄒᆫ 나출 거플 밧기고(간二002ㄱ4)' 등에서와 같이 주로 '마늘'의 수를 나타내는 것으로 쓰였으며, '배(梨), 호도, 콩, 피마자'와도 관련이 된다. 한자 '顆'는 '낯'의 언해로는 《구급간이방》에서만 나타나는 한자이다. 《구급방》에는 단 1회 나타나나, '又方取獨顆蒜簿切安螫處ᄯ ᄒᆫ 알힌 마ᄂᆞᆯ 열이 버혀 쉰 ᄯ하혜 노코(下75ㄱ4)'와 같이 '顆'를 언해하지 않았다.

특히 《구급간이방》에서 '古光錢(오란돈二十丈) 오란돈 스믈 나출'이 나타나는데, '丈'은[14] '三丈 노픠 큰 긔예 《朴重下 47》'에서처럼 주로 사람의 키를 재는 단위로 쓰인 것이나 여기서는 동전을 세는 단위로 쓰였다.

그 외 '낯' 관련 대응 한자는 '맷 나출 바횟 굼긔 다혀(竹竿接嵌竇) 《杜초十五 18》, ᄒᆞᆫ 낫(一箇)《同文下 21》' 등에서 나타난다.

(5) 소솜

구급방류의 언해에는 '소솜'과 관련된 표기는 아래의 용례에서 보는 바와 같다.

방》에서는 '쳥갈외'로 나타난다.

14) '丈'은 《구급간이방》에서 단 1회 나타나는 한자이다.

소솜   滾(언下33ㄴ05)

               沸(구下90ㄱ3)(간二061ㄴ5)

               煎(간一081ㄴ3)(언下36ㄴ04)

위의 용례에서 '소솜'는《구급방》,《구급간이방》,《언해구급방》에 모두 나타나는 어휘이다. 이 때의 '소솜'은 '글히-'와 호응된다. 이것은 현대에는 쓰이지 않는 단위명사로, 중세한국어 문헌에도 의서에 한정되어 빈번히 출현하는 어휘이다.

고유어 '소솜'을 한자와 대응하여 살펴보면 '소솜'은《구급방》에서 한자 '沸'를,《구급간이방》에서 한자 '沸'와 '煎'을,《언해구급방》에서 '滾'를 언해 한 것임을 알 수 있다. 또한 '소솜'의 이형태로 '소솝'이《구급간이방》에서 단 1회 '煎三二沸 다시 두서 소솝을 글혀(三111ㄱ02)'로 나타난다. 이 '소솝'은《청구영언》의 '소솝쒸다, 소솝쓰다'와《해동가요》의 '솝쓰다'와 관련 지을 만하다.

그 외 '소솜' 관련 대응 한자는 '엇던 二乘에 머리 솟나샤(逈超二乘)《法화五 174》, 믈소솔 용(湧)《字會下 11》, 소사나다(湧出)《同文上 8》,《漢 220ㄴ》, 소소쑤다(挺身跪着)《漢 198d》, 소소다(跳上)《同文上 26》,《漢 200ㄱ》, 솟고다(撮梢)《同文下 2》' 등에서 나타난다. 또한 '솟-'의 명사형인 '소솜'이 보이는 문헌은《구급간이방》과《辟新》 등이다.15)

(6) 술

구급방류에서 단위명사 '술' 관련 대응 한자는 아래의 용례에서 보는 바 와 같다.

---

15) 세 소소미어나 다숫 소소미어나《救간一 13》 두서 소솜 글혀(煮兩三沸)《救간 六 29》 두세 소솜 글혀《分온 10》 흔 소솜 달혀 둣ㅅ히 ㅎ여 먹고(一沸溫服) 《辟瘟3》

술   匕(구下34ㄴ2)(간一109ㄱ7)
           匙(구下64ㄴ5)(간七061ㄱ7)(언下11ㄴ07)

위의 용례에서 '술'은《구급방》,《구급간이방》,《언해구급방》에 모두 나타난다. 구급방류에서 '술'은 매우 높은 빈도[16]로 나타나고 있다.

고유어 '술'을 한자와 대응하여 살펴보면《구급방》과《구급간이방》에서는 한자 '匕'와 '匙'를,《언해구급방》에서는 '匙'를 언해한 것임을 알 수 있다.

그 외 단위명사인 '술' 관련 대응 한자는 '술져(匙筯)《朴重中 11》, 놋술(銅匙)《漢 344c》, 술질ᄒᆞ다(用匙)《漢 382ㄱ》' 등에서 나타난다.

5.1.1.2. 용언

용언에서는 고빈도 대응 한자를 중심으로 크게 '병이나 환자의 증세', '의술이나 민간요법의 처방', '효험, 회복, 완치의 치료' 등 3가지 항목으로 나누어 검토하고자 한다.

5.1.1.2.1. 증세

증세는 병이나 환자의 증세에 사용된 용언들이 각 구급방류에서 어떻게 언해되었는가를 중점으로 살펴볼 것이다. 이 연구의 대상 문헌들이 모두 병이나 병인의 급한 상황을 설명하거나 처치하는 방법을 기술한 의서이기 때문에 증세와 관련된 용언들은 순간적인 치료를 요하는 증세들이 많음을 알 수 있다.

구급방류의 언해에는 아래의 용례에서 보는 바와 같이 크게 '헐다', '다티다', '미치다', '주리다'와 '답답ᄒᆞ다', '막딜이다/마키다/막히다', '모ᄅᆞ다',

---

16) 한자 '匕'를 언해한 것이 모두 90회, 한자 '匙'를 언해한 것이 21회, 합하여 111회 출현한다.

'어즐ㅎ다', '티와티다' 등의 증세로 구분 지을 수 있다. 여기서는 증세와 관련된 용언들을 검토하기로 한다.

(1) 헐다

구급방류의 언해에는 '헐다'와 관련된 표기는 아래의 용례에서 보는 바와 같이 '헐다', '헐믓다/헐므다', '헌딕/헌듸' 등으로 나타난다.

헐다	傷瘡(구下65ㄴ1)(간六032ㄴ5),
	傷(구上82ㄱ6)(간六033ㄱ2),
	瘡(간三007ㄴ5)
	爛(언下40ㄴ10)
헐믓다	瘡(간三006ㄱ6)
헐므다	破傷(언上02ㄴ10)
헌딕	瘡中(구下68ㄴ8), 瘡(구下01ㄴ3)(간三011ㄴ7),
	瘡口(간三006ㄴ7), 瘡頭(간六050ㄴ7)
	傷損處(구上82ㄱ7), 傷瘡(간六030ㄴ7), 傷處(간六031ㄴ2)
	瘢痕(간六091ㄴ8)
헌듸	瘡瘍(언上03ㄱ02), 瘡口(언上03ㄴ06)
	破瘡上(구上07ㄴ6)

'헐다'와 관련된 용언들은 《구급방》, 《구급간이방》, 《언해구급방》 모두에서 찾을 수 있으며, 한자와 대응하여 살펴보면, '헐다'는 한자 '傷瘡, 傷, 瘡, 爛', '헐믓다/헐므다'는 '瘡, 破傷', '헌딕/헌듸'는 '瘡中, 瘡, 瘡口, 瘡頭, 傷損處, 傷瘡, 傷處, 瘢痕, 瘡瘍, 破瘡上'에 대응되고 있다. '헐다'류는 주로 한자 '傷, 爛, 瘡' 등을 언해한 것임을 알 수 있다.

그 외 '헐다' 관련 대응 한자는 '毒흔 가시 발 허료물 아디몯ㅎ야(不覺毒刺傷足)《능五 48》, 므슴 헌듸오(甚麼瘡)《朴초上 13》, 아무란 현된 동 몰래라(不知甚麼瘡)《朴초上 13》, 헐믓는 물(瘡馬)《譯下 29》, 뎡종 뎡(疔)

《字會中 33》, 등창(發背)《譯補 34》, 헐므서 피흐르린 업도다(瘡痍無血痕)
《杜초卄三 15》' 등에서 나타난다.

(2) 다티다

구급방류에서 '다티다' 관련 대응 한자는 아래의 용례에서 보는 바와 같다.

> 다티다   犯觸損(구下01ㄴ4)
> 攧磕(구下35ㄱ7), 撞打(언上39ㄱ11)
> 撲(언下11ㄱ08), 撲傷(언下11ㄴ02)

'다티다'와 관련된 용언들은 《구급방》, 《언해구급방》에서 찾을 수 있다.
이를 한자와 대응하여 살펴보면 '다티다'류는 주로 한자 '撞打, 撲傷'을 언
해한 것임을 알 수 있다.

그 외 '다티다' 관련 대응 한자는 '보매 다텨 블와 홰와 드외며(衝見爲
火炬)《능八 102》, ㅂ드티듯 ᄒ니라(撲之也)《法화二 119》, 놉흔ᄃᆡ 을놋다
가 부드이저 ᄂ려 죽은것도(乘高撲下致死)《無寃三 9》, 마리 부듸잇다(撞
頭)《同文下 28》, 부듸칠 박(撲)《倭下 39》, 다쳐 푸르다(傷靑)《譯補 35》,
부딋치기(慣貼的)《譯補 19》' 등에서 나타난다.

(3) 미치다

구급방류에서 '미치다' 관련 대응 한자는 아래의 용례에서 보는 바와 같다.

> 미치다   狂(구下67ㄱ2)(간一098ㄱ2)(언下22ㄴ11),
> 發狂(구下45ㄴ2)(간一099ㄴ6),
> 狂亂(간一106ㄴ1), 癲狂(언上15ㄱ02),
> 猘(구下69ㄴ7)

'미치다'와 관련된 용언들은 《구급방》, 《구급간이방》, 《언해구급방》 모두에서 찾을 수 있으며, 한자와 대응하여 살펴보면 '미치다'류는 주로 한자 '狂'을 언해한 것임을 알 수 있다.

그 외 '미치다'는 '광망ᄒ다', '미치다' 등의 용언과 관련이 있고 이에 대응되는 한자는 '오히려 술먹고 미쵸믈 思憶ᄒ시놋다(猶憶酒顚狂)《杜초八 13》, 미칠 광(狂)《字會中 34》, 《類合下 17》, 광망ᄒ다(行狂妄)《同文上 23》' 등에서 나타난다.

(4) 주리다

구급방류의 언해에는 '주리다'와 관련된 표기는 아래의 용례에서 보는 바와 같이 '고프다', '골다', '비고프다', '비곯다', '주리다' 등으로 나타난다.

고프다	飢(언上47ㄴ09)
골다	飢(언上47ㄴ06)
비고프다	飢(언上47ㄱ09)
비곯다	飢(구上31ㄱ5)
주리다	飢(언上46ㄴ08), 飢餓(언上47ㄱ07), 餓(언上46ㄴ02)

'주리다'와 관련된 용언들은 대개 《언해구급방》에서 찾을 수 있으며, 다만 '비곯다'의 경우는 《구급방》에서만 찾을 수 있다. 이러한 점으로 미루어 볼 때 《언해구급방》의 독자들이 《구급방》과 《구급간이방》의 독자들에 비해 더욱 굶주림에 시달리고 있었음을 알 수 있다.

한자와 대응하여 살펴보면 '고프다', '주리다'류는 한자 '飢, 餓'를 언해한 것임을 알 수 있다.

그 외 '주리다' 관련 대응 한자는 '주으류믜 다와도믄 業의 구주미니(飢逼業惡也)《法화二 122》, 므스므라 주려 주거 굴허에 몃귀욜 이룰 아리오(焉知餓死塡溝壑)《杜초十五 37》, 주우리고 치워(飢寒)《杜초卄五 52》' 등에서 나타난다.

(5) 답답ᄒ다

구급방류에서 '답답ᄒ다' 관련 대응 한자는 아래의 용례에서 보는 바와
같이 '답답ᄒ다', '답답다', '답깝다' 등을 통해 살펴볼 수 있다.

<blockquote>

답답ᄒ다　　悶(간六043ㄴ4)(언上41ㄴ06), 塞悶(구上44ㄱ4),
　　　　　　悶亂(구下59ㄴ2)(간一037ㄴ7)),
　　　　　　煩悶(구下58ㄱ8)(간二092ㄴ1)(언上40ㄴ06),
　　　　　　煩躁(언下21ㄴ07)
　　　　　　緊(구上41ㄴ2)
답답다　　　悶(구上68ㄱ6)(간一113ㄱ6), 迷悶(간七048ㄱ7)
　　　　　　煩(간六073ㄴ6), 煩躁(간一106ㄴ1)
답깝다　　　煩悶(구上17ㄱ8)(간一057ㄴ2), 悶(구下93ㄱ7),
　　　　　　迷悶(구下96ㄱ1), 悶絶(구下09ㄱ2)
</blockquote>

'답답ᄒ다'와 관련된 용언들은 《구급방》, 《구급간이방》, 《언해구급방》
모두에서 찾을 수 있으나, '답답다'는 《구급간이방》에서, '답깝다'는 《구급
방》에서 훨씬 더 일반적으로 사용되고 있음을 알 수 있다. 이들을 한자와
대응하여 살펴보면 '답답ᄒ다'는 한자 '悶, 塞悶, 悶亂, 煩悶, 煩躁, 緊',
'답답다'는 '悶, 迷悶, 煩, 煩躁', '답깝다'는 '煩悶, 悶, 迷悶, 悶絶' 등에 대
응되고 있다. 대체로 한자 '煩, 悶, 緊, 躁, 迷悶' 등을 언해한 것임을 알
수 있다.

그 외 '답답ᄒ다' 관련 대응 한자는 '迷惑ᄒ야 답까와(迷悶)《능二 31》,
迷惑한 닶가오미 나디 아니케 ᄒ시니(不生迷悶)《法화七 126》,　갑거든
能히 져근 길호로 디나오면(悶能過小徑)《杜초ㅐ 51》, 닶가온 ᄆᆞᄋᆞ믈 미
러 ᄇ리노라(排悶)《杜重十四 38》, 답답 울(鬱)《類合下 14》' 등에서 나타
난다.

(6) 모르다

구급방류에서 '모르다' 관련 대응 한자는 아래의 용례에서 보는 바와 같이 '모르다', '아디 몯다', '몯츠리다' 등을 통해 살펴볼 수 있다.

모르다	無知(언上08ㄱ05),
	不識(구下32ㄱ4)(언上27ㄱ08)
	不知(구下94ㄱ8)(간一004ㄴ2)(언上03ㄱ08)
	勿令知(언上13ㄴ03)
아디 몯다/몯ᄒ다	不知(구上39ㄴ7)
	不識(구下09ㄱ2)(간二056ㄱ2)
몯츠리다	不省(간二016ㄱ7)

'모르다'는 《구급방》, 《구급간이방》, 《언해구급방》 모두에서 찾을 수 있으며, '몯다'는 《구급방》과 《구급간이방》에서 '몯츠리다'는 《구급간이방》에서 찾을 수 있다. 이들을 한자와 대응하여 살펴보면, '모르다'는 한자 '無知, 不識, 不知, 勿-知', '아디 몯다/몯ᄒ다'는 '不知, 不識'에 '몯츠리다'는 '不省'에 대응된다. '모르다/아디 몯다'는 주로 한자 '無知, 不識, 不知'를, '몯츠리다'는 '不省'을 언해한 것임을 알 수 있다. '아디 몯다'에 대응되는 한자 '不知'와 '不識'이 나타나는 예를 제시하면 다음과 같다.

五丸不知更下二丸 다숫 丸彈을 ㄴ리오고 아디   거든 다시 두 丸彈을 ㄴ리올디니(구上39ㄴ7)
霍亂因篤不識人 도와리 ᄒ야 ᄀ장 셜워 사ᄅ믈 아디 몯ᄒ거든(二056ㄱ2)

그 외 '모르다' 관련 대응 한자는 '아디 몯ᄒ면 識이 아니어니쫀(不知ᄒ면 非識이어니쫀)《능三 47》, 아므란 현딘 동 몰래라(不知甚麼瘡)《朴초上 13》, 아지 못게라(不識)《同文下 58》' 등에서 나타난다.

(7) 어즐ㅎ다

구급방류에서 '어즐ㅎ다' 관련 대응 한자는 아래의 용례에서 보는 바와
같이 '어즐ㅎ다'와 '아득ㅎ다' 등을 통해 살펴볼 수 있다.

어즐ㅎ다   旋(언上24ㄱ01),
　　　　　 暈悶(언下24ㄱ10), 悶(언下10ㄴ05),
　　　　　 恍惚(구下47ㄱ8)(언下23ㄴ11), 精恍惚(언上13ㄴ10),
　　　　　 發昏(구上10ㄴ6)(간一037ㄴ2), 昏(구上04ㄴ1),
　　　　　 霍亂(간二058ㄴ1), 煩亂(구下57ㄱ6), 迷亂(구下94ㄱ8)
아득ㅎ다   昏(구下94ㄴ1)(언上01ㄱ06), 昏迷(언下19ㄴ08)

'어즐ㅎ다'는《구급방》,《구급간이방》,《언해구급방》모두에서 찾을 수
있으며, '아득ㅎ다'는《구급방》과《언해구급방》에서 찾을 수 있다. 이들을
한자와 대응하여 살펴보면, '어즐ㅎ다'는 '旋, 暈悶, 悶, 恍惚, 精恍惚, 發
昏, 昏, 霍亂, 煩亂, 迷亂', '아득ㅎ다'는 '昏, 昏迷'에 대응된다. 대체로 '어
즐ㅎ다'는 한자 '旋, 恍惚, 暈悶' 등을, '아득ㅎ다'는 한자 '昏迷'를 언해한
것임을 알 수 있다. '霍亂'은 '嘔吐泄瀉及霍亂中暑煩渴不省人事 토ㅎ며
즈츼며 어즐ㅎ며 더위며여 답답ㅎ고 갈ㅎ야 신씌를 몯ㅊ리거든(간二046
ㄴ7)'와 같은 문맥에서 '어즐ㅎ다'로 언해되었다.

그 외 '어즐ㅎ다' 관련 대응 한자는 '어즈러울 번(煩)《類合下 20》, 마리
어즐ㅎ다(頭暈)《同文下 7》' 등에서 나타난다.

(8) 티와티다

구급방류에서 '티와티다' 관련 대응 한자는 아래의 용례에서 보는 바와
같이 '티와티다', '티티다', '거스리오ᄅ다' 등을 통해 살펴볼 수 있다.

티와티다　　　　　　　 上(간二016ㄴ5), 上攻(간二038ㄴ1),

	上喘逆(간七012ㄱ5), 上衝(간七063ㄱ6),
	塞上(간二017ㄴ3), 上衝(언上04ㄴ11)
	急(간二032ㄱ3)
	脹(구下28ㄴ6)
티티다	上連(언上20ㄴ02), 上衝(언上20ㄱ02)
	泄逆(언上06ㄴ02)
거스리오르다	上衝(언上16ㄱ11)

'티와티다'는 주로 《구급간이방》에서 찾을 수 있으나 《구급방》,《언해구급방》에서도 찾을 수 있으며, '티티다'와 '거스리오르다'는 《언해구급방》에서만 찾을 수 있다. 이들을 한자와 대응하여 살펴보면, '티와티다'는 '上, 上攻, 上喘逆, 上衝, 塞上, 上衝, 急, 脹', '티티다'는 '上連, 上衝, 泄逆', '거스리오르다'는 '上衝'에 대응된다. 대개 한자 '上, 逆, 上衝'을 언해한 것임을 알 수 있다. '티와티다'는 '急'과 '脹'에 대응되기도 하였는데 그 예는 다음과 같다.

中惡心痛氣急脹滿 모딘 긔운 마자 가슴 알프고 긔운이 티와텨 턍만ᄒᆞ야(간二032ㄱ3)

葛氏備急方治從高墜下瘀血脹心面靑 노푼 ᄃᆡ셔 ᄂᆞ려 디여 얼읜 피 가슴매 티와텨 ᄂᆞ시 프르고(下28ㄴ4)

그 외 '티와티다' 관련 대응 한자는 'ᄇᆞᄅᆞ미 거스리 부니(風逆)《杜초七16》, 거스릴역(逆)《類合下 19》, 바ᄅᆞ 티완고(直上)《胎要 23》' 등에서 나타난다.

(9) 마키다

구급방류에서 '마키다' 관련 대응 한자는 아래의 용례에서 보는 바와 같이 '마키다', '막딜이다', '막히다' 등을 통해 살펴볼 수 있다.

마키다	閉(구上39ㄱ8)(언上25ㄴ06)
	厥(언上06ㄴ08)
	塞(언上02ㄴ07)
	壅(구上03ㄴ8)
막딜이다	壅(구上12ㄴ2)(간二053ㄱ3)
	塞(간三073ㄴ6)
	關格(간二081ㄱ6)
막히다	塞(언上09ㄴ07)

'마키다'는 《구급방》, 《언해구급방》에서 찾을 수 있으며, '막딜이다'는 《구급방》과 《구급간이방》에서, '막히다'는 《언해구급방》에서 찾을 수 있다. 이들을 한자와 대응하여 살펴보면, '마키다'는 '閉, 厥, 塞, 壅', '막딜이다'는 '壅, 塞, 關格', '막히다'는 '塞'에 대응되어, 대체로 한자 '壅, 塞, 閉'를 언해한 것임을 알 수 있다.

그 외 '막딜이다/마키다/막히다'는 '고집ᄒᆞ고 막딜인 이를(固滯)《번小八 42》, 막디르다(窒)《語錄 5》' 등에서 나타난다.

(10) 긏다

구급방류의 '중세'에 관련된 언해로, '긏다' 대응 한자는 아래의 용례와 같다.

긋다/긏다	止(구上13ㄱ3)(간三045ㄱ2)(언上44ㄱ09), 定止(구上87ㄴ5)
	斷(구下36ㄴ6)(간二097ㄱ4), (언下13ㄴ05)
	絶(구下84ㄴ8)(언下22ㄴ04), 滿息絶(구下96ㄱ2)
	禁(언下23ㄱ10)
	剪(구下45ㄱ5)
	輟(언上44ㄱ10)
	定(구上33ㄱ3)(언下12ㄱ03)
	畢(언上16ㄴ01)

切(언下30ㄴ08)
歇(구下53ㄴ8)
住(구下06ㄴ7)
截(구上75ㄱ6), 截斷(구上77ㄱ6), 作截(구上51ㄴ6)

'긏다/긋다'는 《구급방》, 《구급간이방》, 《언해구급방》 모두에서 찾을 수 있으며, 이들을 한자와 대응하여 살펴보면, '止, 定止, 斷, 絶, 滿息絶, 禁, 剪, 輟, 定, 畢, 切, 歇, 住, 截, 截斷, 作截'에 대응된다. 대체로 한자 '斷, 止, 絶, 截, 切, 畢, 住' 등을 언해한 것임을 알 수 있다. '歇'과 '住'가 대응되는 예는 다음과 같다.

去滓歇大熱 줏의 앗고 ᄀ장 더우미 긋거든(구下53ㄴ4)
卽住痛其刺自出즉재 알포미 긋고 가싀 제 나ᄂ니(구下06ㄴ4)

그 외 '그치다'는 '긋치다/긏치다', '긏다', '무지다' 등의 용언들과 관련이 있고 이들과 대응되는 한자는 '머리 무지고 밥 아니 먹거늘(斷髮不食)《三綱 烈 14》' 등에서 나타난다.

5.1.1.2.2. 처방

구급방류에서의 처방에 관련된 용언은 전문가의 식견을 필요로 하는 방법보다는 급한 상황에 빠르게 대처할 수 있는 물리적인 요법이나, 음용법과 관련된 어휘가 주로 사용되고 있다.

물리적인 응급처치법으로는 '침법'과 관련된 것, '매다'와 관련된 것, '붙이다'와 관련된 것이 있다. 일차적인 물리적 시술에 관한 처치를 하고, 약의 복용에 관한 구완법들을 설명하고 있는바, '마시다, 머기다, 슴씨다' 등이 매우 높은 빈도로 나타난다.

(1) 침주다

구급방류에서 '침주다' 관련 대응 한자는 아래의 용례에서 보는 바와 같이 '침주다, '針짐ᄒ다, 침ᄒ다, 침으로 ᄣᅵ르다' 등을 통해 살펴볼 수 있다.

침주다	針(간一063ㄴ2)(언上02ㄴ02)
	鍼刺(언上11ㄱ08), 刺(언上28ㄱ01)
針짐ᄒ다	針(구上78ㄴ1)
침ᄒ다	針(간一055ㄱ8)
침으로ᄣᅵ어	針(간二047ㄱ8)

위의 용례에서 '침주다'는 《구급간이방》, 《언해구급방》에 나타나는 어휘이다. 그 중 《언해구급방》에서 자주 출현하는 어휘이다. 한자와 함께 쓰인 '針짐ᄒ다'는 《구급방》에서, 한자 없이 고유어로만 표기된 '침ᄒ다'는 《구급간이방》에서 보이는 어휘이다. 또한 《구급간이방》에서는 '침으로 ᄣᅵ어'로도 언해되었다.

고유어 '침주다'를 한자와 대응하여 살펴보면 '침주다'는 《구급간이방》에서 '針'을, 《언해구급방》에서 한자 '針, 鍼刺, 刺'를, 《구급방》의 '針짐ᄒ다'와 《구급간이방》의 '침ᄒ다'는 한자 '針'을, '침으로 ᄣᅵ어'도 역시 한자 '針'을 언해한 것임을 알 수 있다. '침주다'와 관련된 대응한자로는 '針'이 가장 많고, 《언해구급방》에서 '鍼'이 보이며, 드물게는 '刺'에도 대응된다.

그 외 '침주다' 관련 대응 한자는 '빗기슭 우희를 침주고(小肚皮上使一針)《朴초上 38》, 침(鍼)《同文下 9》' 등에서 나타난다.

(2) 텨민다

구급방류의 언해에는 물리적인 구급 처치법으로 아래의 용례에서 보듯, '텨민다'가 나타난다.

텨믹다　　　傅(언下14ㄱ02)[17]

　　　　　　　菴(언下12ㄱ03)

위의 용례에서 '텨믹다'는 구급방류 중 《언해구급방》에서 보이는 것이다. 《언해구급방》의 예문은, '生地黃取汁和酒溫服滓傅患處 싱디황을 즙 내여 술의 빠 더여 먹고 즈의를 샹흔듸 텨믹라(下14ㄱ1-2)'와 같은데, 이 때의 '텨믹다'는 단순히 '매다'는 의미 외에도 상처의 부위에 치료가 될 만 한 약을 함께 붙여서 매는 행위를 의미한다. 구급방류에서도 《언해구급방》에만 5회 나타나는 것으로 중세한국어의 다른 문헌에서도 찾아보기 힘든 어휘이다.

고유어 '텨믹다'를 한자와 대응하여 살펴보면 '텨믹다'은 한자 '傅'와 '菴'를 언해한 것임을 알 수 있다.

그 외 자료에서 '텨믹다'는 찾아보기 어려우며, '믹다'와 관련 대응 한자는 '纂는 신측의 둘아 신들믹는 거시라《家언一 46》, 繫는 밀씨라《月序 3》, 鉗은 쇠로 밀씨라《능八 106》, 즛밀 텰(綴)《類合下 24》, 쪄믹다(連絟)《同文下 53》' 등에서 나타난다.

(3) 빠믹다

구급방류에서 '빗믹다' 관련 대응 한자는 아래의 용례에서 보는 바와 같이 '빠믹다', '빠믹여두다'와 '빗다', '빗시다' 등을 통해 살펴볼 수 있다.

빠믹다　　　裹(언下10ㄱ07),

　　　　　　　繫(간六042ㄴ2)(언上41ㄱ07),

　　　　　　　封(간三013ㄱ6)(언下38ㄴ06), 封裹(간六082ㄴ3),

---

17) 《언해구급방》에서의 예를 제시하면 '生地黃取汁和酒溫服滓傅患處 싱디황을 즙 내여 술의 빠 더여 먹고 즈의를 샹흔듸 텨믹라(下14ㄱ1~2)'와 같다. 《언해구급 방》에서 '텨믹다'는 모두 5회 보인다.

傳(언下39ㄱ06), 着(간六021ㄴ7)

菴(언下17ㄴ02), 縛合(언上40ㄱ05), 包(언下11ㄱ06)

布(간六061ㄴ4)

빠미여두다   封(언下38ㄴ03)

傳(언下14ㄴ07)

包(언下14ㄱ05)

裹定(언下17ㄴ03)

빳다   絞(간二037ㄴ6)

裹(구上01ㄴ5)(간六004ㄴ4)(언上34ㄴ07),

裹着(구下79ㄱ2)(간六048ㄴ5), 裹定(언下16ㄴ07)

封(구上82ㄱ4), 封裹(구上81ㄴ2)

塞(언上26ㄴ02), 菴(언下16ㄴ02),

包(구上34ㄴ5)(간一065ㄴ4)

빠시다   裹定 (언下16ㄴ07)

위의 용례에서 '빳다'는《구급방》,《구급간이방》,《언해구급방》에 모두 나타나는 어휘이고, '빠미다'는《구급간이방》과《언해구급방》에서 찾아볼 수 있는 어휘이다. '빠미여두다'와 '빠시다'는《언해구급방》에만 나타나는 것이다.

고유어 '빠미다, 빠미여두다, 빳다, 빠시다'를 한자와 대응하여 살펴보면 '빠미다'는《구급간이방》과《언해구급방》에서 '裹, 繫, 封, 封裹, 着, 布, 傳, 菴, 縛合, 包'를 언해한 것이다. '빳다'는 세 문헌 모두에 나타나는 것으로, 대응되는 한자는 '裹, 裹着, 封, 封裹, 塞, 菴, 裹定, 包'을 언해한 것임을 알 수 있다.

그 외 '빠미다' 관련 대응 한자는 '雲霞ᄅᆞ흔 기ᄫ로써 빳면(籍以雲霞綺)《杜초十六 67》, 발빳개(裹脚)《譯上 47》' 등에서 나타난다.

(4) 브티다

구급방류의 언해에는 '브티다'와 관련된 표기는 아래의 용례에서 보는 바와 같이 이와 관련된 구급방류의 언해에는 아래의 용례와 같이 '브티다, 브텨믹다' 등에서 나타난다.

        브티다   傅(구上07ㄱ6)(간三042ㄱ7)(언下44ㄴ03)
                  敷(구下22ㄱ1)
                  着在(언上33ㄱ04)
                  貼護(언下38ㄱ11),
                  貼(구上63ㄱ8)(간三045ㄱ2)(언上37ㄴ09)
                  菴(언上42ㄴ04)
                  塗(구下76ㄴ5)(언下38ㄴ04)
                  封(구上87ㄱ3)(간三022ㄱ2)
                  粘(구下45ㄱ5)
        브텨믹다   封(간三026ㄱ1)

위의 용례에서 '브티다'는 《구급방》, 《구급간이방》, 《언해구급방》에 모두 나타나는 어휘이다. 고유어 '브티다'를 한자와 대응하여 살펴보면 매우 다양한 한자와 대응되는데, '傅, 貼, 敷, 着在, 貼護, 菴, 塗, 封, 粘, 貼' 등이다. 이들중 '傅, 貼'은 세 문헌 모두에서 '브티다'로 언해되었고, '敷, 粘'은 《구급방》에서, '着在, 貼護, 菴'은 《언해구급방》에서만 '브티다'로 언해된 것이다. 또한 '브텨믹요딕'가 《구급간이방》에서 나타나기도 한다.

그 외 '브티다' 관련 대응 한자는 '븥다, 브티다, 부티다' 등을 찾아볼 수 있다. '附는 브틀씨라《訓諺》, 브틀 졉(接)《類合上 6》, 《石千 36》, 부티다(留住)《同文上 30》, 부티다(貼上)《同文下 53》' 등에서 나타난다.

(5) 마시다

구급방류에서 '마시다' 관련 대응 한자는 아래의 용례와 같다.

        마시다 啜(언上36ㄴ03), 啜服(구下92ㄱ3)

呷(언下35ㄴ11)
服(간三072ㄱ7), 服飮(간七003ㄱ4)
飮服(간二035ㄱ3), 飮(구上24ㄴ4)(간二040ㄴ4)(언上23ㄴ02)

위의 용례에서 '마시다'는 《구급방》, 《구급간이방》, 《언해구급방》에 모두 나타나는 어휘이다. 이 때의 '마시다'는 '물, 즙, 식초, 꿀, 죽 등의 액체'를 섭취하는 행위와 관련된 것으로, 현재의 의미와 유사하다.

'마시다'를 한자와 대응하여 살펴보면 '마시다'는 구급방류에서 한자 '啜, 啜服, 呷, 服, 飮服, 飮, 服飮'을 언해한 것인데, 한자 '飮'은 세 문헌 모두에서 보이는 것이고, '呷'은 '煎水時時呷服妙 달힌 믈을 시시로 마셔 머구미 됴ᄒᆞ니라(언下35ㄴ11)'의 예와 같이 《언해구급방》에만 보이는 것이다.

그 외 '마시다' 관련 대응 한자는 '塵을 드리혈씨(吸塵)《능三 2》, 드리혀ᄂᆞᆫ 氣니(吸氣)《능八 103》, 숨 드리쉴 흡(吸)《字會上 28》' 등에서 찾을 수 있다.

(6) 머기다

구급방류에서 처방 중 '머기다' 관련 대응 한자는 아래의 용례에서 보는 바와 같다.

머기다   灌(구上20ㄴ5)(언上07ㄱ06), 灌服(구上22ㄱ1),
灌下(구下50ㄱ3)(언上07ㄱ01)
喫(구下50ㄱ1)(언上46ㄴ09), 飯(언下43ㄴ09)
服(구上73ㄱ6)(간六083ㄴ5)(언上19ㄱ11),
服灌(구上22ㄱ3), 服下(간六082ㄱ6), 飮服(언下32ㄴ09),
作服(언上18ㄱ04), 調服(언上41ㄴ07)
飼(구下23ㄴ3), 飮(구上28ㄱ6)(간一111ㄱ3)(언下21ㄴ01),
進(구上38ㄱ6), 進前(구上02ㄱ5)
取(언上08ㄴ01), 取飮(언下29ㄴ05)

吞(구上74ㄱ4)(언下24ㄱ06), 湯飮(언下18ㄴ06)
用(언上08ㄱ11)
下(구上13ㄴ4)(간一039ㄴ3)(언上10ㄴ11),
含(구上55ㄱ1)(간七018ㄴ4)(언上29ㄱ01)

위의 용례에서 '머기다'는《구급방》,《구급간이방》,《언해구급방》모두
에서 매우 높은 빈도를 보이는 어휘이다.

'머기다'를 한자와 대응하여 살펴보면 한자 '服, 飮, 下, 含'는《구급방》,
《구급간이방》,《언해구급방》세 문헌 모두에서 대응이 되는 것이고,《언해
구급방》에서는 '飯, 灌下, 用, 取, 取飮, 吞, 調服, 喫, 作服, 湯飮, 飮服,
含'등에 대응되는데 다른 곳에서 나타나지 않는 한자까지를 '머기다'로 언
해한 것을 볼 수 있다. '머기다'에 대응되는 한자 중 '灌'은 대체로 '븟다,
븟다'에 해당되는 것이나, 아래 예문과 같이 '머기다'와 '브어 머기다'에 대
응되기도 한다.

用溫酒灌之卽蘇 ᄃᆞᆺ 수를 머기면 즉재 사ᄂᆞ니라(구上20ㄴ06)
煎湯三盞候溫幷灌服 므레 글혀 세 盞잔을 ᄃᆞ시 ᄒᆞ야 머기라(上22ㄱ1)
又方豆豉濃煎湯灌下立解 ᄯᅩ 젼국을 걸에 달혀 더우닐 머그면 곧 됴
ᄒᆞ리라(구下50ㄱ3)
薑湯調灌卽甦 싱강탕의 플어 브어 머기면 즉제 ᄭᆡᄂᆞ니라(언上06ㄴ04)

그 외 '머기다' 관련 대응 한자는 '밥도 먹어다(飯也喫了)《老上 56》, 즐겨
잔 먹움기로뼈(以啁杯)《小언五 18》, 먹음다(含者)《譯上 54》, 無量이 셜
먹고(口帀 食)《능八 101》, 딕머글 탁(啄)《字會下 7》, 머길 포(哺)《類合下
9》' 등에서 나타난다.

(7) 숨끼다
구급방류에서 '숨끼다' 관련 대응 한자는 아래의 용례와 같다.

숨씨다　　灌(언上29ㄱ08)

吞(구上53ㄱ6)(간六005ㄴ3)

下(구上51ㄴ8)(간二021ㄴ7), 服下(간三093ㄱ3)

嚥津(간六006ㄱ8),

嚥(구上08ㄴ8)(간二012ㄱ7)(언上34ㄴ07)

服(간二066ㄱ4)

入(간二078ㄴ8)

위의 용례에서 '숨씨다'는《구급방》,《구급간이방》,《언해구급방》에 모두 나타나는 어휘이다. '숨씨다'는 치료를 위해 '(액체 혹은 유동식의) 약을 섭취하는 행위'이기도 하고 한편으로는 '(독이나 구슬, 빈혀, 바늘 등)몸에 해로운 것이나, 이물질을 잘못 섭취한'[18) 경우일 수도 있다. 여기에서는 병의 구완을 위한 섭취 행위만을 대상으로 하였다.

고유어 '숨씨다'에 대응하는 한자를 살펴보면, '숨씨다'는 '灌, 吞, 下, 服下, 嚥津, 嚥, 服, 入'에 대응되는데, '嚥'는 세 문헌에서 모두 보이고, 대체로 '灌, 吞, 服' 등의 한자와 관련된다. '嚥津'에 대응되는 예를 제시하면 다음과 같다.

以縣裏細細含嚥津卽差 소오매 빠 적적 머구머 추믈 숨씨면 즉재 됴ᄒ리라(간六006ㄱ8)

그 외 '숨씨다' 관련 대응 한자는 '숨키다(嚥)《漢 382ㄱ》'에서 찾아볼 수 있다.

---

18) 이물질이나 광물 등 잘못 삼킨 다음과 경우도 있다.
下(언上32ㄴ07), 嚥下(언上46ㄴ10), 吞(구上49ㄱ8)(언上30ㄱ06), 吞之(언上28ㄱ08), 嚥吞(구上52ㄱ7), 津(구上46ㄱ6), 誤吞(구上50ㄴ1), 下(구上51ㄴ8), 嚥(구上65ㄴ3), 嚼嚥(구上49ㄴ6), 就嚥(구上46ㄴ6)

5.1.1.2.3. 치료

구급방류에서 치료와 관련되는 것으로는 효험과 관련된 것, 회복의 단계와 관련된 것, 완치에 이르는 것 등 다양한 언해양상을 살펴볼 수 있다.

(1) 궂다

구급방류의 언해 중 치료와 관련된 것으로 '궂다'와 대응 한자는 아래의 용례와 같다.

궂 다/ 긋ᄂᆞ니라	止(구上59ㄴ8)(간二119ㄴ5)
	定(언下12ㄱ03)
근ᄂᆞ니라	止(언下10ㄱ09)
근ᄂᆞ니	止(언上35ㄴ08)

위의 용례에서 '궂다'은 《구급방》, 《구급간이방》, 《언해구급방》에 모두 나타나는 어휘이다. 고유어 '궂다'을 한자와 대응하여 살펴보면 《구급방》, 《구급간이방》, 《언해구급방》 모두에서 한자 '止'를, 《언해구급방》에서는 한자 '定'을 언해한 것임을 알 수 있다. 또한 《언해구급방》에서는 '긋ᄂᆞ니라'와 '근ᄂᆞ니라'가 모두 나타나고, 자음동화된 '근ᄂᆞ니'도 보인다.

그 외 '궂다' 관련 대응 한자는 '녯 버든 書信이 그처업고(故人書斷絶)《杜초七 2》, 止ᄂᆞᆫ 그치ᄂᆞ를 씨니《月八 66》, 그치ᄂᆞ를 저(沮)《類合下 31》, 止ᄂᆞᆫ 그쳐 ᄇᆞ릴씨 解脫이오《月八 66》' 등에서 나타난다.

(2) 긔특ᄒᆞ다

구급방류의 언해에는 '긔특ᄒᆞ다'와 관련된 표기는 아래의 용례에서 보는 바와 같이 '긔특ᄒᆞ다, 神신驗엄ᄒᆞ다, 神씬奇긩ᄒᆞ다, 신험ᄒᆞ다, 묘ᄒᆞ다'가 있다.

긔특ᄒᆞ다   神妙(언下16ㄱ03), 神(언下41ㄴ03),
                神驗(언下32ㄴ01), 妙(언下29ㄴ11)
神신驗엄ᄒᆞ다   驗(구上82ㄱ3)
                神效(구下03ㄱ3), 神(구下30ㄴ4)
神씬奇긩ᄒᆞ다   神(구上37ㄱ2)
신험ᄒᆞ다   神(간二072ㄱ5)
묘ᄒᆞ다   妙(언上22ㄴ01)

위의 용례에서 '긔특ᄒᆞ다'와 '묘ᄒᆞ다'는 《언해구급방》에만 나타나는 것
이고, '신험ᄒᆞ다'는 《구급간이방》에서, '묘ᄒᆞ다'는 《언해구급방》에만 나타
나는 어휘이다. 《구급방》에서는 '神신驗엄ᄒᆞ다, 神씬奇긩ᄒᆞ다'가 나타나
기도 한다.

고유어 '긔특ᄒᆞ다'를 한자와 대응하여 살펴보면 '긔특ᄒᆞ다'는 한자 '神,
妙, 神妙, 神驗' 등을 언해한 것임을 알 수 있다.

그 외 '긔특ᄒᆞ다' 관련 대응 한자는 '긔트기 너기다(奇之)《同文下 52》,
긔특 긔(奇)《類合下 17》, 긔특이 넉이다(驚奇)《漢 169ㄱ》, 녕험 뵈다(現
靈)《同文下 11》' 등에서 나타난다.

(3) 둏다
구급방류의 언해에는 '둏다'와 관련된 표기는 아래의 용례에서 보는 바
와 같이 '둏다'이 있다.

둏다   佳(구上50ㄱ7)(간三119ㄱ1)(언下20ㄴ03), 美(간三117ㄴ5)
        可(구下11ㄴ3)(간一069ㄱ2)(언下17ㄴ04), 可保(간三043ㄴ2)
        得(구下61ㄴ1)(간二081ㄴ4), 得佳(간二029ㄴ2),
        得愈(언下41ㄱ02), 得治(구上23ㄱ6), 得好(간三004ㄴ6)
        妙(구上07ㄴ2)(간二030ㄴ3)(언上26ㄱ04),
        白(언下18ㄱ02), 上效(간六087ㄱ7)
        神驗(간六082ㄴ3), 神效(구下36ㄴ3)

甚良(구下63ㄱ6), 安(언下42ㄴ08), 良(구上25ㄴ8)(간六053ㄱ5)

爲化(간六083ㄱ5)

愈(간三018ㄴ2)(언上05ㄴ03)

宜(간一032ㄴ2)

全(언上16ㄱ03)

進效(간六085ㄴ1), 效(언上03ㄴ07)

差(간三021ㄴ8)(언上13ㄴ05)

治愈(간二018ㄴ3), 便愈(언下13ㄱ07)

通(구下54ㄴ3)

解(언下26ㄱ03)

好(구上55ㄴ5)(언上24ㄱ06)

위의 용례에서 '둏다'은 《구급방》,《구급간이방》,《언해구급방》에 모두에서 매우 높은 빈도로 나타나는 어휘이다. 이 때의 '둏'은 단순히 현재의 '좋다'에 대응되는 것이 아니라, 효험에서부터 완치에 이르는 다양한 한자를 언해한 것이다.

고유어 '둏다'을 한자와 대응하여 살펴보면 '둏다'은 '佳, 可, 得, 得治, 妙, 神驗, 甚良' 등에 이르는 매우 다양한 한자를 언해한 것임을 알 수 있다. 한자 '白'도 다음과 같은 문맥에서 '됴흔'으로 언해되었다.

又白蜜塗之 坁 됴흔 꿀도 ᄇᆞᄅ고(인下18ㄱ02)

그 외 자료에서 '둏다' 관련 대응 한자는 '저저도 됴ᄒᆞ고(濕好)《杜초卄一 22), 즉재 됴커니와(便好了)《朴초上 39), 病이 곧 둔놋다(病卽瘥)《杜초卄 9》' 등에서 나타난다.

(4) ᄡᅴ다

구급방류의 언해에는 'ᄡᅴ다'와 관련된 표기는 아래의 용례에서 보는 바와 같이 'ᄭᅵ다'로 나타난다.

ᄭᅵ다　　醒(구上10ㄴ7)(간一009ㄱ8)(언上01ㄱ09)
　　　　省(구上24ㄱ3)
　　　　甦(간一070ㄱ5)(언上02ㄱ01)
　　　　活(언上12ㄴ05)
　　　　寤(언上11ㄴ03)

'ᄭᅵ다'는 《구급방》, 《구급간이방》, 《언해구급방》 모두에서 찾을 수 있으며, 이들을 한자와 대응하여 살펴보면 주로 한자 '醒, 省, 甦, 活'을 언해한 것임을 알 수 있다.

그 외 'ᄭᅵ다' 관련 대응 한자는 'ᄭᆡᆯ교(覺)《字會上 30》, ᄭᆡᆯ 셩(醒) 《類合下 7》, 플와 나모ᄂᆞᆫ ᄭᅵ야 나ᄂᆞᆺ다(草木蘇)《朴초八 44》' 등에서 나타난다.

(5) 살다

구급방류의 언해에는 '살다'와 관련된 표기는 아래의 용례에서 보는 바와 같이 '살다'로 나타난다.

살다　　愈(구上16ㄴ1)
　　　　救急(언上45ㄱ04), 救(간一067ㄱ5)
　　　　活(구上08ㄴ8)(언上44ㄱ02), 自活(구上73ㄴ4),
　　　　可活(언下32ㄴ10)
　　　　生(간一066ㄴ4), 生活(언上47ㄱ02),
　　　　甦(언下45ㄱ10)
　　　　自然(언下15ㄴ10)
　　　　可(간三047ㄴ2)
　　　　通(간二052ㄴ3)

'살다'는 《구급방》, 《구급간이방》, 《언해구급방》 모두에서 찾을 수 있으며, 이들을 한자와 대응하여 살펴보면 주로 한자 '愈, 救急, 活, 甦' 등을 언해한 것임을 알 수 있다. 《언해구급방》에서는 '一宿尙可救急急拯出 ᄒᆞ 룻쌈 디나도 가히 사ᄂᆞ니 셜리 건뎌나여(언上45ㄱ4)'와 같이, '救急'에 대응되기도 하였다.

그 외 '살다'는 '구활ᄒᆞ다', '스르ᄂᆞ다', '사르다', '살아내다' 등의 용언들과 관련이 있다. '半日이나 되어 또 스르ᄂᆞ니(半天又活過來咧)《華언 上 31》, 白龍을 살아내시니(白龍使活)《용 22》' 등에서 나타난다.

5.1.1.3. 수식언

구급방류들은 환자의 증세에 따른 처방[19]과 치료 및 회복의 경과 등에 관해 서술되어져 있기 때문에 대개 '조금, 점점, 많이, 가장'의 의미와 관련되어 있다.

(1) 져고맛

구급방류에서 '져고맛'에 대응되는 한자는 아래의 용례 ㄱ)에서 보는 바와 같이 '져고맛'을 통해 살펴볼 수 있으며, 이와 유사한 한자들은 용례 ㄴ)의 '져기', '젹젹', '죠고매', '죠곰' 등을 통해 살펴볼 수 있다.

> ㄱ) 져고맛 小(간一004ㄴ7), 少許(간三080ㄱ5), 少(간七044ㄱ3)
>   微(간一028ㄴ2)
>   一二(간二070ㄴ4)
>   半字(간二004ㄱ3), 一字許(간二008ㄴ1),
>   一茶脚許(간七037ㄱ8)

---

19) 처방시 약재의 분량이나 약 조제시의 작업정도를 나타내기도 함.

위의 용례에서 고유어 '져고맛'과 관련된 언해를 문헌별로 살펴보면 이 '져고맛'은 《구급간이방》에만 나타나고 있음을 알 수 있다. 이에 대응되는 한자의 양상은 '小, 少, 微, 少許, 一二, 半字, 一字許, 一茶脚許'임을 알 수 있다. 《구급간이방》의 '져고맛'에 대응되는 한자들은 《구급방》과 《언해 구급방》에서 '져기', '젹젹', '죠고매', '죠곰' 등에 대응되어 나타나기도 한다.

ㄴ) 져기   微(구上56ㄱ6), 微微(간二010ㄱ2)
             些小(구下75ㄱ1)(간六048ㄱ4), 少(구上09ㄴ8),
             小(구上10ㄱ4), 小許(구上42ㄴ8), 少與(구上77ㄴ2),
             少許(구上47ㄱ3)
             稍(구上13ㄱ7), 稍稍(구上89ㄱ1)
             微微(구上04ㄴ5)(간二084ㄴ8)
             旋旋(구上47ㄱ3)(간六006ㄱ4)
             細(간二024ㄴ1), 細細(구上47ㄴ5)(간六003ㄴ6),
             少少(구上03ㄱ6)(간二096ㄱ2), 小小(구上50ㄱ3)(간六043ㄱ3),
             少小(간六015ㄱ2), 少許(구下84ㄱ8)(간二120ㄴ7)
             稍稍(구上34ㄱ5)
죠고매   些少(언上03ㄴ05), 少許(언上07ㄱ04)
             一丸(언下37ㄴ10)
죠곰   少(언上27ㄴ01), 少許(언上37ㄱ09)

위의 용례에서 '져기'는 《구급방》과 《구급간이방》에서, '죠고매'와 '죠곰'은 《언해구급방》에 나타나는 어휘이다. 또한 '젹젹'이 《구급방》과 《구급간이방》에서 보인다. 이들의 한자 대응 양상을 살펴보면 '져기'는 한자 '少, 小, 些小, 小許, 微, 少許, 微微, 稍, 稍稍'에, '젹젹'은 '微微, 細, 細細, 小小, 少小, 少許, 少少, 稍稍, 旋旋'에 대응됨을 알 수 있다. 또한 '죠고매'는 '些少, 少許, 一丸'에, '죠곰'은 '少, 少許'에 대응되고 있다.

그 외 언해 자료에서 '져고맛', '져기', '젹젹', '죠고매', '죠곰' 등과 관련되는 대응 한자의 용례로는 '져고마도 기투미 업도다(無子遺)《杜초卄二

23)〉, 블근 幡은 무틔 올아 져고마 ᄒᆞ도다(朱幡登陸微)《杜초卄四 48》, 져
고맛 져제셔(小市)《杜초七 10》, 져고매 흐르ᄂᆞ 수를(涓涓酒)《杜초七 8》,
져구맛 모미 이밧긔 다시 므스글 구ᄒᆞ리오(微軀此外更何求)《杜초七 4》,
알ᄑᆞᆯ 드듸신 젼ᄎᆞ로 져기 ᄒᆞ시니라(躡前故略之)《능一 111》, 져기 平ᄒᆞᆫ듸
(微平)《杜초七 11》, 슬픈 ᄇᆞᄅᆞ미 젹젹 ᄂᆞᄂᆞ다(悲風稍稍飛)《杜초十六 5
1》, 죠고맛 ᄆᆞᅀᆞ매 銘佩ᄒᆞ야(寸心銘佩)《杜초八 57》, 죠고맛 흐린 것도 업
소미 ᄀᆞᆮ도다(若絶點霞)《金삼二 25》, 슈病에 죠고매 머구믈 여렛노니(病
酒開涓滴)《杜초八 42》, 죠교매도 머므디 아니ᄒᆞ도다(不少留)《南明上 3
6》' 등이 나타난다.

　(2) ᄀᆞ장, 미이, 만히
　구급방류에서 'ᄀᆞ장'에 대응되는 한자는 아래의 용례 ㄱ)에서 보는 바
와 같이 'ᄀᆞ장'을 통해 살펴볼 수 있으며, 이와 유사한 한자들은 용례 ㄴ)
의 '미이', '만히' 등을 통해서도 살펴볼 수 있다.

　　　ㄱ) ᄀᆞ장　　苦(구上80ㄱ2)
　　　　　　　　　極(구上75ㄱ6)(간一091ㄱ3)(언下15ㄱ11)
　　　　　　　　　緊(구上54ㄴ4)
　　　　　　　　　大(구上14ㄱ1)(간一010ㄴ1)(언上40ㄱ01)
　　　　　　　　　上(구上16ㄴ7)(간六013ㄴ8)
　　　　　　　　　深(구上43ㄴ4)
　　　　　　　　　甚(구上87ㄴ6)(간一101ㄱ6)(언下37ㄱ09)
　　　　　　　　　最(언下27ㄱ03)
　　　　　　　　　洪(구下32ㄴ7)

　위의 용례에서 고유어 'ᄀᆞ장'과 관련된 언해를 문헌별로 살펴보면 이
'ᄀᆞ장'은《구급방》,《구급간이방》,《언해구급방》모두에서 나타나고 있음
을 알 수 있다. 이에 대응되는 한자의 양상은 '苦, 極, 緊, 大, 上, 深, 甚,

最,[20] 洪'임을 알 수 있다. 한자 '苦'는 '其人當苦渴 그 사ᄅᆞ미 반ᄃᆞ기 ᄀᆞ장 목ᄆᆞ라 ᄒᆞᄂᆞ니(구上80ㄱ2)', '洪'은 '不通洪腫暗靑疼痛昏悶 피 얼의여 大땡便뼌이 通통티 아니ᄒᆞ야 ᄀᆞ장 브서 검프르러 알파(구下32ㄴ7)'와 같이 대응된다.

또한 'ᄀᆞ장'에 대응되는 한자들은 ㄴ)과 같이 '미이', '만히' 등에 대응되어 나타나기도 한다.

> ㄴ) 미이   緊(구上77ㄱ7)(간一062ㄴ7)(언上44ㄱ04)
>   大(구上80ㄱ4)(간二006ㄱ1)
>   毒(간一030ㄴ7)
>   猛(구上52ㄱ7)
>   痛(구上24ㄱ3)(간一061ㄴ1)
>   만히   過(언下19ㄱ07),
>   多(구上08ㄴ6)(간一082ㄱ3),(언上02ㄱ01)
>   大(언下35ㄱ09)
>   頓(언下46ㄴ04)
>   厚(언上30ㄱ03)

위의 용례에서 '미이'와 '만히'는 《구급방》과 《구급간이방》, 《언해구급방》 모두에 나타나는 어휘이다. 이들의 한자 대응 양상을 살펴보면 '미이'는 한자 '緊, 大, 毒, 猛, 痛'에, '만히'는 '過, 多, 大, 頓, 厚'에 대응됨을 알 수 있다. 이 가운데 '만히'는 56회 중 34회가 《언해구급방》에서 나타난다. 《언해구급방》에서 '만히'의 빈도가 높음을 알 수 있다.

또한 다음의 예 '傷處不甚猛痛則不可服宜 傷상處쳥ㅣ ᄀᆞ장 미이 알

---

20) 'ᄀᆞ장'의 한자 '最'와 관련하여, 홍사만 (2003: 305)의 "'ᄆᆞᆺ'은 '第一'과 '最'로, 'ᄀᆞ장'은 '高', '極', '大', '太', '勝', '深', '絶', '窮', '切', '痛', '頗', '轉', '盡' 등으로 다양하게 나타났다. 여기에서 'ᄀᆞ장'은 'ᄆᆞᆺ' 보다 외연이 넓은 단어로 판단되며, 특히 한시에 있어서는 여러 한자의 시적 의미를 포괄적으로 수용하고 있음이 드러난다'를 참조할 수 있다.

푸디 아니ᄒ면 머고미 몯ᄒ리니(구下23ㄱ6)'에서와 같이 '甚'과 '猛'을 'ᄀ
장 미이'로 언해해 유사 어휘를 중첩하여 그 뜻을 강조하기도 하였다.

그 외 언해 자료에서 'ᄀ장' 등과 관련되는 대응 한자의 용례로는 '게으
른 ᄠ디 ᄀ장 기도다(懶意何長)《杜초七 6》, 미이 퓌에 ᄒ고(令猛熾)《능
七 16》, 미이 므로맨 ᄂ소슬거시 일ᄂ니라(猛噬失蹻騰)《杜초卄四 62》,
내 미이 닐너 비러 오니(我哀告借將來)《老上 17》妄念이 ᄀ재 盛커든(熾
盛)《牧 30》, ᄀ재 극(極)《字會下 35》, 《石千 30》, ᄀ재 힘 뻐 더ᄒ야(盡
力加)《法錄 12》, ᄀ장 최(最)《類合下 61》' 등을 찾아볼 수 있다.

(3) 곧

구급방류에서 '곧'에 대응되는 한자는 아래의 용례 ㄱ)에서 보는 바와
같이 '곧'과 ㄴ)의 '곳'을 통해 살펴볼 수 있다.

ㄱ) 곧　　立(구下50ㄱ3)
　　　　　便(구下37ㄴ1)(간三002ㄱ7)
　　　　　卽(구上04ㄱ2)(언上22ㄴ11)
　　　　　只(구上12ㄱ8)
ㄴ) 곳　　卽(구上88ㄴ6)(언上27ㄴ02)
　　　　　則(언上12ㄱ08)

위의 용례에서 고유어 '곧'과 관련된 언해를 문헌별로 살펴보면 이 '곧'
은 《구급방》, 《구급간이방》, 《언해구급방》 모두에서 나타나고 있음을 알
수 있다. 이에 대응되는 한자의 양상은 '立, 便, 卽, 只'임을 알 수 있다.
이 가운데 《구급방》에는 한자 '只'가 '곧'21)으로 언해된 것이 아래와

---

21) 보조사로 보이는 '곳'이 《구급방》에서 1회, 《언해구급방》에서는 '곳'이 3회
　　나타나는데, 보조사로 쓰인 '곳'의 예는 '汗卽更作服以汗出爲度 ᄯᆞᆷ 곳 아니 나거든
　　다시 딩ᄀ라 머거 ᄯᆞᆷ 날 ᄀ장 ᄒ라(구上88ㄴ7)'와 같다.

같이 나타나는데, 이와 같은 대응은 《구급방》 이외에서는 찾아보기 힘들다.

> 但口內無涎聲此證只是氣中 오직 입 안해 춤ㅅ소릭 업스니 이 證징이
> 곧 이 氣킝中듕이니(구上12ㄱ8)

그 외 언해 자료에서 '곧'과 관련되는 대응 한자의 용례로는 '곧 쳐(處)
《類合上 24》, 《石千 31》, 곧 즉(卽)《類合下 47》, 고대 어름 노ᄀ며(當下
氷消)《金삼 二 1》' 등이 있다.

(4) 즉시

구급방류에서 '즉시'에 대응되는 한자는 아래의 용례 ㄱ)에서 보는 바와
같이 '즉시'를 통해 살펴볼 수 있으며, 이와 유사한 한자들은 용례 ㄴ)의
'즉자히', '즉재', '즉제' 등을 통해서도 살펴볼 수 있다.

> ㄱ) 즉시　　立(언上03ㄴ07)
> 　　　　　　卽(언上01ㄱ09), 卽時(언上26ㄴ01)
> 　　　　　　則(언下30ㄱ10)

위의 용례에서 고유어 '즉시'와 관련된 언해를 문헌별로 살펴보면 이 '즉
시'는 《언해구급방》에만 나타나고 있음을 알 수 있다. 이에 대응되는 한자
의 양상은 '立, 卽, 卽時, 則'임을 알 수 있다. 《언해구급방》의 '즉시'에 대
응되는 한자들은 《구급방》과 《구급간이방》에서 '즉자히', '즉재', '즉제' 등
에 대응되어 나타나기도 한다.

> ㄴ) 즉자히　立(구上37ㄱ6)
> 　　　　　　卽(구上52ㄴ4)
> 　　즉재　　登時(구下81ㄱ1)
> 　　　　　　立(구上02ㄴ8)(간三070ㄴ5)

便(구下78ㄱ1)(간七077ㄴ7), 立便(구下13ㄴ1)

一時(구下60ㄱ04)

須臾(구下44ㄱ3)(간六056ㄴ1)

卽(구上03ㄴ5)(간三044ㄴ3), 卽便(구下51ㄴ8),

卽時(구下82ㄱ5)

즉제   立(언上03ㄱ10)

卽(간二090ㄴ8)[22](언上02ㄱ01)

則(언上40ㄱ10)

便(언上30ㄴ10)

위의 용례에서 '즉자히'는 《구급방》에서, '즉재'는 《구급방》과 《구급간이
방》에서 나타나는 어휘이다. 또한 '즉제'는 《구급간이방》과 《언해구급방》
에서 보인다. 이들의 한자 대응 양상을 살펴보면 '즉자히'는 한자 '立, 卽'
에, '즉재'는 '登時, 立, 便, 立便, 一時, 須臾, 卽, 卽便, 卽時'에 대응됨을
알 수 있다. 또한 '즉제'는 '立, 卽, 則, 便'에 대응된다.

특히 《구급간이방》은 전권을 통틀어 '즉재(卽)'가 362회 출현하고, '卽'
을 언해할 때도 '즉재'로 언해한 것으로 보아, '곧'보다는 '즉재'로 언해한
경향이 뚜렷하다. '즉시'는 《언해구급방》에서만 47회 나타나고, '즉자히'는
《구급방》에서만 27회 나타난다.[23] 또한 '즉재'는 구급방류에서 두루 쓰이
고, 빈도 또한 530회로 매우 높다.[24] '즉제'는 모두 127회 나타나는데, 《언

---

22) 《구급간이방》의 '즉제'는 '즉재'를 오각한 것으로 보임.

23) 김동소(1997: 151)에서는 고영근(1961, 1991)의 《석보상절》에서 '-인그에/-의그
에(여격 표시어), 즉자히(시간 부사), -긔(보조적 연결 어미)' 등이 《월인석보》에
오면 거의 '-인게/의게, 즉재, -게'로 바뀌어 적혀 있으므로 이 세 언어 형태의
변화가 일어난 시기가 1447년에서 1459년 사이였으리라는 추정에 근거하여,
《월인석보》<권4>를 검토한 바 있는데, <권4>에서는 '즉자히'가 모두 9회 나
타나나 '즉재'는 한번도 나타나지 않아, '즉자히'의 경우만은 철저히 보수적 표기를
하고 있음을 설명하고 있다.

24) (1) 經驗良方治蜈蚣諸毒虫傷麻油點燈於瘡口上對瘡口熏登時愈 지네와 여러 가짓
毒獨혼 벌에 헐인 딜 고튜딕 헌 우희 춤기르믈 브레 처디오 헌 딕 마초아

해구급방》에 126회, 《구급간이방》에 1회 나타난다. 《구급간이방》에서 '즉제'로 언해된 예를 제시하면 다음과 같다.

又以釜底墨和酒調塗舌上下卽差 坐 가마미틧거믜영을 수레 무라 혀
아래 우희 ᄇᆞ르면 즉제 됴ᄒᆞ리라(간二090ㄴ8)

위의 용례에서처럼 《구급간이방》에서 선명하게 '즉제'로 나타나는데, 이 장(二090ㄴ)은 다른 장들과 달리, 방점이 없고, 글자가 가늘다. 판심에 적힌 서명은 '簡易'인데, 권2의 다른 곳에서는 '簡易方'으로 나타난다. 다음 장인 91장은 90장과 글자의 모양이나 크기가 비슷하고, 판심제도 역시 '簡易'인데, 이 장의 어미는 대흑구이다.

그 외 언해 자료에서 '즉시' 등과 관련되는 대응 한자의 용례로는 '즉긱(立刻)《漢 206ㄴ》, 비록 즉재 붉기디 몯ᄒᆞ나(雖未卽明)《능六 104》' 등에서 나타난다.

(5) 과글이

구급방류에서 '과글이'에 대응되는 한자는 아래의 용례 ㄱ)에서 보는 바와 같이 '과글이'를 통해 살펴볼 수 있으며, 이와 유사한 한자들은 용례 ㄴ)의 '믄득'과 '문득'을 통해서도 살펴볼 수 있다.

ㄱ) 과글이 急(구上03ㄱ8)(간三088ㄱ2)(언上25ㄴ03)

쇠면 즉재 둗ᄂᆞ니라(下ㄴ8~81ㄱ1)
(2) 衛生易簡方治食河豚魚毒一時困殆倉卒無藥 보기 고기옛 毒독을 먹고 즉재 困콘ᄒᆞ야 바ᄃᆞ랍고 뵈왓바 藥약이 업거든(구下60ㄱ04)
(3) 生甘草一寸爛嚼呑之食着毒藥卽便吐也生 싱甘감草촐 흔 寸촌을 ᄂᆞ로니 시버 ᄉᆞᆷ쪄 毒독藥약애 눌러든 즉재 吐통ᄒᆞᄂᆞ니(下51ㄴ8)
(4) 調雞子淸鵝毛輕拂上立便冷如水 둘기앐 믈군 ᄇᆞ레 걸에 무라 거유 지ᄎᆞ로 ᄌᆞᆫ간 우희 스스면 즉재 초미 어름 ᄀᆞᆮ다 ᄒᆞ니라(下13ㄱ8~13ㄴ1)

卒(구上23 ㄱ4)(간三102 ㄱ7)(언上08 ㄱ07),
卒急(언上19 ㄱ04)
暴(구上60 ㄴ4)(언上07 ㄱ02)

위의 용례에서 고유어 '과ᄀᆯ이'와 관련된 언해를 문헌별로 살펴보면 이
'과ᄀᆯ이'는《구급방》,《구급간이방》,《언해구급방》 모두에서 나타나고 있
음을 알 수 있다. 이에 대응되는 한자의 양상은 '急, 卒, 卒急, 暴'임을 알
수 있다. 이들 가운데 특히 '卒急'는《언해구급방》에만 나타난다.

凡疝氣霍亂皆令腹痛卒急宜審治之   믈읫 산증과 곽난이 다 과ᄀᆯ리 빗
알ᄂᆞᆫ 이 맛당히 ᄉᆞᆯ펴 고틸디니라(언上19 ㄱ4～5)

이 '과ᄀᆯ이'에 대응되는 한자들은 구급방류에서 '믄득', '문득'[25] 등에 대
응되어 나타나기도 한다.

ㄴ) 믄득   過頓(간二026ㄴ7)
           輒(간七023ㄱ4)
           急(간一022ㄴ7)
           頓(간三015ㄱ7)
           驀然(구上15ㄴ4)(언上10ㄴ01)
           奄忽(언上43ㄱ08)
           易(간六051ㄴ7)
           立(구下06ㄱ6)
           卒(구上01ㄴ4)(간二011ㄴ8)
           便(언下14ㄴ01)

---

25) 민현식(998: 84)에 의하면 '문득'이 순간상인 '갑자기'(忽)의 뜻으로 쓰인 예로는
'ᄒᆞᆯ론 아ᄎᆞ미 서늘ᄒᆞ고 하ᄂᆞᆳ光明이 믄득 번ᄒᆞ거늘(月 2:51ㄱ), 어름이 믄득 절로
ᄒᆡ여뎌(氷忽自解, 번小 9:25ㄱ), '믄득2 : 직후미래인 '곧, 즉시'의 뜻으로 쓰인 예
로는 '王ㅅ차반 맛나ᄂᆞᆯ 내 믄득 먹디 몯ᄃᆞᆺ ᄒᆞ니(如逢王膳 未取便食, 法화 3: 64
ㄱ)'을 들고 있다.

暴(언上09ㄱ02)

忽(구上20ㄱ5)(언上19ㄴ02),

忽然(구上15ㄱ8)(언上06ㄴ02)

문득　便(언下19ㄱ11)

驀然(언上10ㄴ01)

奄忽(언上43ㄱ08)

卒(언上01ㄱ06)

暴(언上09ㄱ02)

忽(언上19ㄴ02), 忽然(언上06ㄴ02)

　　위의 용례에서 '믄득'은 《구급방》, 《구급간이방》, 《언해구급방》 모두에서, '문득'은 《언해구급방》에서만 나타나는 어휘이다. 이들의 한자 대응 양상을 살펴보면 '믄득'은 한자 '過頓, 輒, 急, 頓, 驀然, 奄忽, 易, 立, 卒, 便, 暴, 忽, 忽然'에,[26] '문득'은 '便, 驀然, 奄忽, 卒, 暴, 忽, 忽然'에[27] 대응됨을 알 수 있다.

　　그 외 '과ᄀᆞᆯ이', '믄득', '문득' 등과 관련되는 대응 한자의 용례로는 '能所ㅣ 모로기 니저(頓忘)《永嘉上 71》, 믄드시 믌 뉘누릴 드위텨 뻐ᄇᆞ리ᄂᆞ다(欻飜盤過拆)《杜초七 24》, 두 막대ᄒᆞᆯ 믄듯 일흐면 내 將次ㅅ누늘 조ᄎᆞ리오(忽失雙杖兮吾將曷從)《杜초十六 57》, 과ᄀᆞ리 님쟈 엇기 어렵고(急且難着主兒)《老下 56》, 과글리 고티기 어려운 디라(卒)《小언凡 3》, 과걸리(急且)《譯下 49》' 등을 찾아볼 수 있다.

---

26) (1) 霍亂引飲飲輒乾嘔 生薑五兩咬咀 도와리 ᄒᆞ야 므를 닛위여 머고디 머근 다 마다 믄득 뷘 빅 즘ᄒᆞ거든 싱앙 닷 량을 사ᄒᆞ라(간七023ㄱ4)

　　(2) 口鼻吸着惡氣驀然倒地四肢厥冷 입이며 고해 모딘 긔운을 마타 믄득 싸해 굴러디여 ᄉᆞ지 거스리 ᄎᆞ고(언上10ㄴ1~2)

　　(3) 常居寢臥奄忽而絶 샹해 인ᄂᆞ 자리예셔 믄득 긔졀ᄒᆞ거든(언上09ㄱ11)

　　(4) 惡蛇咬易損仆不可療者 모딘 빅얌 믈여 믄득 업더디어 고티디 몯 ᄒᆞ거든(간六051ㄴ7)

27) '忽然'은 이 외에도 '홀연히(언上10ㄱ11)', '忽嚻然션히(구上04ㄴ1)'로도 언해되었다.

(6) 샐리

구급방류에서 '샐리'에 대응되는 한자는 아래의 용례 ㄱ)에서 보는 바와 같이 '샐리'를 통해 살펴볼 수 있으며, 이와 유사한 한자들은 용례 ㄴ)의 '뵈왓바'를 통해서도 살펴볼 수 있다.

ㄱ) 샐리　　　急(구上02ㄴ8)(간一107ㄴ7)(언下10ㄱ07),
　　　　　　　當急(구下71ㄱ6), 但急(간六014ㄴ8)
　　　　　　　速(구下03ㄱ2)(간一025ㄴ4)(언上15ㄴ10)
　　　　　　　疾(구上79ㄱ8)

위의 용례에서 고유어 '샐리'와 관련된 언해를 문헌별로 살펴보면 이 '샐리'는《구급방》,《구급간이방》,《언해구급방》 모두에서 나타나고 있음을 알 수 있다. 이에 대응되는 한자의 양상은 '急, 當急, 但急, 速, 疾'임을 알 수 있다. 이 '샐리'에 대응되는 한자들은《구급방》의 '뵈왓바'에 대응되어 나타나기도 한다.

ㄴ) 뵈왓바　　　急(구下61ㄱ2)
　　　　　　　倉卒(구下60ㄱ4)

위의 용례에서 '봐왓바'는《구급방》에서만 나타나는 어휘로, 한자 대응 양상을 살펴보면 '急, 倉卒'에 대응되고 있다. '倉卒'에 대응되는 예를 제시하면 다음과 같다.

衛生易簡方治食河豚魚毒一時困殆倉卒無藥 보기 고기옛 毒독을 먹고 즉재 困콘ᄒᆞ야 바ᄃᆞ랍고 뵈왓바 藥약이 업거든(구下60ㄱ04)

그 외 중세한국어의 언해 자료에서 '샐리'와 '뵈왓바'에 관련되는 대응 한자의 용례로는 '샐리 도아(速疾資)《능七 49》, 忽忽은 뵈왓블씨라《능跋 2》, 셜운 ᄆᆞᅀᆞ미 뵈왓브더라(痛迫)《朴초卄四 41》, 여희욤 닐오ᄆᆞᆯ 뵈왓비 말라(告別莫忙忙)《杜초卄一 30》' 등에서 나타난다.

5.1.2. 한자의 언해 양상

한자와 고유어의 대응에서는 언해 양상의 특징을 살펴볼 수 있으나, 앞 장에서 제시한 어휘와 의미상 중복이 되는 어휘를 제외한 것을 중심으로 제시하고자 한다. 또한 이 장에서는 약재명과 관련되는 것들이 다루어졌는 데,[28] 약재명은 원문 중 약재에 해당하는 한자어가 같으나, 언해가 달리 나타나는 경우가 많기 때문이다.

1) 粳米 - 니ᄡᆞᆯ, 흰ᄡᆞᆯ

'粳米'는 '메벼'와 '쌀'의 뜻을 지닌 한자가 결합한 것으로 구급방류에서 는 아래의 용례와 같이 '니ᄡᆞᆯ'과 '흰ᄡᆞᆯ'로 언해되고 있다.

> 니ᄡᆞᆯ(언下33ㄴ03)
> 흰ᄡᆞᆯ(간三090ㄱ7)

'니ᄡᆞᆯ'은 '잡곡에 대하여 멥쌀을 지칭하는 말'이고 '흰ᄡᆞᆯ'은 '쌀의 색깔이 희다'는 것으로 이들은 그 외 '니ᄡᆞᆯ(粳米)《辟新 3》', '뫼ᄡᆞᆯ경(粳)《字會上 12》', '죠흔ᄡᆞᆯ(粳米)《譯補 42》' 등으로 언해되고 있다.

---

28) 구급방류에는 기존에 잘 알려진 약재에서부터 긴급한 상황에서 급히 구해서 쓸 수 있는 약재, 그리고 민간요법에 기인한 특이한 약재에 이르기까지 다양한 약재 들을 접할 수 있는데, 여기에서는 세 문헌에서 나타나고, 고유어와 한자어가 모두 있는 예를 중심으로 제시하였다. 약명은 식물명, 동물명, 광물 등과 관련되는 것이 대부분이다.

2) 膏 - 굴, 골, 곰, 곱, 기름

'膏'는 '살찌다, 살찐 살, 기름진 땅'의 뜻을 지닌 한자로 구급방류에서는 아래의 용례와 같이 '膏곰', '고리', '골', '곰', '곱', '기름', '굴'로 언해되고 있다.

> 膏 膏곰(구下03ㄱ3)
> 膏 고리(간三044ㄱ4)
> 膏 골(간三012ㄱ8)
> 膏 곰(간三118ㄱ1)
> 膏 곱(구上84ㄱ1)
> 膏 기름(간七028ㄱ4)
> 膏 굴(구下72ㄴ1)

이 약명은 한자 '膏'에 대응하는 것으로 현대어로는 '곰'이다. 《구급방》에서는 '膏곰', '곱', '굴'로 나타나며, 《구급간이방》에서는 '고리' '골', '곰', '기름'으로 나타난다.

3) 滑石 - 滑嚳石쎡, 활석, 곱돌

'滑石'은 '반드럽다'와 '미끄럽다', '부드럽게하다', '흐르다' 등의 뜻을 지닌 한자 '滑'에 한자 '石'이 결합한 것으로 구급방류에서는 아래의 용례와 같이 '滑嚳石쎡', '곱돌', '활석'으로 언해되고 있다.

> 滑石 滑嚳石쎡(구上69ㄱ7)
> 滑石 곱돌(언下47ㄱ02)
> 滑石 활석(간三076ㄱ4)

이 약명은 한자어 '滑石' 혹은 '滑石末'에 대응하는 것으로 현대어로는 '활석'이라 부르는 것이다. 《구급방》은 '滑嚳石쎡' 혹은 '滑嚳石쎡ㅅᄀᄅ'

으로 되어 있다. 《구급간이방》에서는 '활셕'으로, 《언해구급방》에서는 '곱돌'로 되어 있다.

4) 韭 - 韭굴榮칭, 부치, 염교

'韭'는 '부추'의 뜻을 지닌 한자로 구급방류에서는 아래의 용례와 같이 '韭굴榮칭', '부치', '염교'로 언해되고 있다.

> 韭 韭굴榮칭(구下53ㄱ2)
> 韭 부치(구上24ㄱ4)
> 韭 염교(간六035ㄴ8)
> 韭菜 부치닙(언上10ㄱ03)

이 약명은 한자어 '韭'에 대응하는 것으로 현대어로는 '부추'라 부르는 것이다. 《구급방》에서 '韭굴榮칭'와 '부치'로 《구급간이방》에서는 '염교', 《언해구급방》에서는 '부치'로 되어 있다. 이와 관련되는 어휘로는 '부치(薤)《老下 34》, 《朴重中 33》, 《漢 375d》, 《柳物三草》', '부치움(黃芽韭)'《漢 375d》과 '염교 구(韮)《字會上 13》, '염교(薤)《物譜 菜蔬》' 등이 있다.

5) 狗(子)/犬 - 가히, 강아지, 개

'狗'와 '犬'은 '개, 강아지'의 뜻을 지닌 한자로 구급방류에서는 아래의 용례와 같이 '가히', '강아지', '가히', '개고기', '개'로 언해되고 있다.

> 狗肉 가히고기(구下72ㄴ8)
> 狗子 강아지(구上10ㄱ7)
> 犬糞 가히똥(간六038ㄱ7)
> 犬 개(언下11ㄴ08)
> 狗肉 개고기(언下26ㄱ07)
> 犬糞 개똥(언下24ㄴ09)

白犬 셴개(언上11ㄱ02)
白狗 흰개(언下18ㄴ09)

이 약명은 한자 '犬'에 대응하는 것으로 현대어로는 '개'이다. 세 문헌에
서 두루 나타난다. 《구급방》에서는 '가히고기'와 '강아지', 《구급간이방》에
서는 '가히ᄧᅩᆼ', 《언해구급방》에서는 '가히'의 후대형인 '개'로 나타나는데,
'개고기, 개ᄧᅩᆼ' 및 색깔을 고려한 '셴개'와 '흰개'를 쓰고 있다. 어휘에 있어
서, 《구급방》의 '강아지'는 다른 문헌에서는 찾아보기 힘들고, 《구급방》 및
《구급간이방》에만 볼 수 있는 것이다.

  6) 蚯蚓 - 디룡이, 것위/겄위
  '蚯蚓'은 '지렁이'의 뜻을 지닌 두 한자가 결합한 것으로 구급방류에서는
아래의 용례와 같이 '디룡이'와 '것위/겄위'로 언해되고 있다.

    디룡이(언下32ㄴ09)
    것위/겄위(구下43ㄴ8)(간一104ㄱ7)

  '디룡이'와 '것위/겄위'는 모두 현대어 '지렁이'를 지칭하는 말로 이들은
다른 문헌들에서 '蚯蚓 거위《柳物二 昆》', '디룡이(蚯蚓)《分온 24》', '디룡
이(蚯蚓)《譯下 35》' 등으로 언해되고 있다.

  7) 筋 - 힘, 힘줄
  '筋'는 '힘줄', '힘', '체력'의 뜻을 지닌 한자로 구급방류에서는 아래의 용
례와 같이 '힘', '힘줄'로 언해되고 있다.

    힘(구上49ㄱ8)(간六010ㄴ6)(언上43ㄴ02)
    힘줄(언上22ㄱ09)

'筋'의 언해 가운데 '져'는 '현대어의 '젓가락'에 해당하는 말로 '힘줄'이나 '힘'과는 전혀 관련이 없는 것처럼 보이나 《字會》와 《類合》 등에는 한자 '筋'의 새김을 밝혀 적어 두었는데 '힘줄 근(筋)《類合上 22》', '힘ㅅ줄(筋) 《同文上 17》', '힘쭐 근(筋)《倭上 18》' 등으로 언해되고 있다.

8) 噤 - 다믈다, 마고믈다, 말다, 미좃다, 버리디 몯ᄒ다

'噤'은 '입을 다물', '닫다', '열린 문짝을 닫다' 등의 뜻을 지닌 한자로 구급방류에서는 아래의 용례와 같이 '다믈다', '마고믈다', '말다', '미좃다', '버리디 몯ᄒ다' 등으로 언해되고 있다.

다믈다(언上01ㄴ05)
마고믈다(구上06ㄱ4)(간七004ㄴ8)
말라(구下72ㄴ8)
미좃다(구下94ㄴ1)(간七064ㄱ3)
버리디 몯ᄒ다(구上45ㄴ4)

'噤'의 언해 가운데 '마고믈다'는 '마주 물다'라는 뜻이고, '미좃다'는 '입이 닫히다', 또는 '입이 다물어지다'라는 뜻으로 이들은 중세한국어 언해 자료에서 '미조자(噤)《杜초十 41》', '버외오(噤)《杜重十七 2》', '마고 ᄆᆞ러시리오(噤)《杜초九 21》' 등에서 찾을 수 있다.

9) 爛 - 닉다, ᄂᆞ로니, ᄆᆞ르, ᄆᆞ르다, ᄆᆞ르닉다, ᄆᆞ르딯다,
    즌ᄆᆞ르다, 헐다, 헤여디다

'爛'은 '문드러지다', '불에 데다', '너무 익다', '다치어 데다', '문드러지게 하다' 등의 뜻을 지닌 한자로 구급방류에서는 아래의 용례와 같이 '닉다', 'ᄂᆞ로니', 'ᄆᆞ르', 'ᄆᆞ르다', 'ᄆᆞ르닉다', 'ᄆᆞ르딯다', '즌ᄆᆞ르다', '헐다', '헤여디다' 등으로 언해되고 있다.

닉다(구下70ㄱ1)(간六057ㄴ1)
ᄂᆞ로니(구上11ㄱ4)(간二030ㄴ2)
므르(구上83ㄴ2)(간三007ㄱ8), 므르다(구下21ㄴ4)(간六019ㄱ8), 므르
닉다(간三108ㄴ6), 므르딯다(간六021ㄴ1)
즌므르다(언下43ㄱ06)
헐다(언下40ㄴ10)
헤여디다(구上06ㄴ7)

'爛'의 언해 가운데 'ᄂᆞ로니'는 '풀기 없이 보드랍게'라는 뜻이고 '므르'는
'무르게', '므르닉다'는 '무르익다', '므르딯다'는 '무르게 찧다', '즌므르다'는
'짓무르다'는 뜻으로 이들은 '므르게(爛)《救要 8》', '므르(爛)《朴초上 5》',
'데거냐ᄒᆞ니(爛乎)《小언六 102》', '믕긔여 디고(爛)《痘上 31》', '농난히 구
은 죡과(爤爛足旁蹄)《朴重上 5》', 'ᄆᆞ이(爛)《譯補 33》', '무로녹을 란(爛)
《倭上 48》', '믈오녹다(軟爛)《譯補 55》', '블애 니글 란(爛)《類合下 52》', '즌
무른이(爛)《漢 153ㄴ》' 등으로 언해되고 있다.

10) 南星 - 南남星셩, 남셩, 두야머주저기, 텬남셩

'南星'은 '산지의 그늘진 곳에서 자라는 천남성과의 여러해살이 풀'로,
원래는 '天南星'이라 불리는 약이다.[29] 구급방류에서는 아래의 용례와 같
이 '南남星셩', '남셩', '두야머주저기', '텬남셩', '天텬南남星셩', '텬람셩'으
로 언해되고 있다.

南星 南남星셩(구上02ㄱ6)
南星 남셩(언上01ㄴ05)
南星 두야머주저기(간一003ㄱ3)
南星 텬남셩(언上09ㄱ07)
天南星 天텬南남星셩(구上05ㄱ3)

---

29) 약재의 설명에 관해서는 김동소(2003ㄷ)의 '전문용어 색인'을 참조할 수 있다.

天南星 두야머주저깃불휘(간二070ㄴ2)
天南星 텬람셩(언上16ㄴ10)
生南星 生싱南남星셩(구上02ㄱ4)
生南星 두야머주저기(간一002ㄴ7)

이 약명은 한자어 '南星' 혹은 '天南星'에 대응하는 것으로 현대어로는
'천남성'이라 부르는 것이다.《구급방》은 한자음 그대로 표기하였고,《구급
간이방》에서는 '두야머주저기'로,《언해구급방》에서는 '남셩' 혹은 '텬남셩'
으로 되어 있다. '두야머주저기'의 다른 표기로는 '豆也摩次火《향약 上
8》', '두여머조자기《동의 湯藥3》' 등이 있다.

11) 度 - 번/번곰, 견주다, 그슴 삼다, 번이드록, 싟장, 젹곰, 흔ᄒ다

'度'는 '법도'와 '제도', '기량' 등의 명사와 '단위를 나타내는 의존명사'로
사용되는 한자로 구급방류에서는 아래의 용례와 같이 '번/번곰', '견주다', '그
슴 삼다', '번이드록', '싟장', '젹곰', '흔ᄒ다' 등으로 언해되고 있다.

번/번곰(구上64ㄴ5)(간一015ㄱ7)
견주다(구上36ㄱ8)
그슴삼다(구下75ㄴ5)(간六83ㄱ7)
싟장(구上46ㄱ6)
젹곰(구下75ㄱ8)
흔ᄒ다(언下20ㄱ05)

'度'의 언해 가운데 '견주다'는《월인석보》의 용례(度ᄂᆫ 기리 견주ᄂᆫ 거
시오《月九 7》)에서 그 관련성을 찾을 수 있으며, '그슴삼다'[30]는 '한도로

---

30) '그슴삼다'와 관련된 것으로 '未來옛 그스ᄆ로(未來之期)《法화三 165》, 그슴 몯
ᄒ리라(不可限)《法화六 20》, 닐웨로 그슴ᄒ시고(爲期ᄒ시고)《능七 24》' 등이
있다.

삼다', '끝으로 하다'라는 뜻을 지닌 어휘로 아래의 용례에서와 같이 '건넘직호몰(應度)《法화三 178》', '디윌(度)《杜초十六 52》', '혜아료딕(度)《능十22》', '견조워(度)《分온 19》', '댱째 도(度)《類合下 20》', '볼(度) 반 볼(半度)《漢 352ㄱ》' 등에서 나타난다.

12) 摩 - 믄지다, ㅂ롭다, 빚다, 쓰다듬다. 어르믄지다

'摩'는 '갈다', '문지르다', '비비다', '쓰다듬다', '어루만지다', '연마하다'의 뜻을 지닌 한자로 구급방류에서는 아래의 용례와 같이 '믄지다', 'ㅂ롭다', '빚다', '쓰다듬다'. '어르믄지다'로 언해되고 있다.

　　　　믄지다(구下23ㄴ5)(언下16ㄱ02)
　　　　ㅂ롭다(간七047ㄱ2)
　　　　빚다(구下32ㄱ4)(간六087ㄱ7)
　　　　쓰다듬다(언上44ㄱ07)
　　　　어르믄지다(언上04ㄱ04)

'摩'의 언해 가운데 'ㅂ롭다'는 '가렵다'의 뜻이고 '빚다'는 '문지르다'는 뜻으로, 이들은 다른 문헌들에서 '빚듯 ㅎ야(摩)《능二 70》', '뿟처(摩)《능一35》', 'ᄆ다듬아(摩)《御小六 10》', '더듬다(摩)《譯上 23》', '문지르다(按摩)《漢 258ㄴ》', '부　다(揉摩)《同文上 29》'. 등으로 언해되고 있다.

13) 木通 - 木목通통, 목통, 이흐름너출

'木通'은 '으름덩굴의 말린 줄기'로 구급방류에서는 아래의 용례와 같이 '木목通통', '목통', '이흐름너출'로 언해되고 있다.

　　　　木通 木목通통(구下28ㄴ1)
　　　　木通 목통(언下43ㄴ03)

木通 이흐름너출(간三078ㄴ3)

《구급방》과 《언해구급방》에서 한자의 음역인 '木목通통', '목통'으로 표기하고 있고, 《구급간이방》에서는 '이흐름너출'로 되어 있다. '이흐름너출'의 다른 표기로는 '으흐름 너출(通草)《東醫 湯液三 3》', '으흐름(燕覆子)《物譜草果》', '으흐름(木通)《物譜 藥草》', '通草 으흐름《柳物三 草》' 등을 찾아볼 수 있다.[31]

14) 墨 - 墨믁, 먹, 거믜영, 검듸영

'墨'은 '먹, 검다, 검어지다' 등의 뜻을 지닌 한자로 구급방류에서는 아래의 용례와 같이 '墨믁', '먹', '거믜영', '검듸영'으로 언해되고 있다.

> 墨 墨믁(구上64ㄱ7)
> 墨 먹(구下38ㄱ5)
> 墨 거믜영(간三121ㄴ1)
> 墨 검듸영(구上40ㄴ4)

《구급방》은 '墨믁' 혹은 '먹', '검듸영'으로 표기하였고, 《구급간이방》에서는 '거믜영'으로 되어 있다.

15) 斑猫 - 斑반猫묘, 쳥갈외, 갈외

'斑猫'는 구급방류에서는 아래의 용례와 같이 '斑반猫묘', '쳥갈외', '갈외'로 언해되고 있다.

---

31) 이은규(1993: 151)에 의하면, 《향약구급방》에는 '通草'로 되어 있고, '木通, 防己' 등의 異名과 함께 쓰인 것으로 후대에까지 사용되었고, '너출'에 대하여는 《약용식물 72》에서 '防己'를 '댕댕이덩굴'로 본 점을 들어, '*nəcur>너출∽덩굴/줄기'의 변화를 겪는 것으로 분석하였다.

斑猫 斑반猫묘(구下71 ㄱ7)
斑猫 쳥갈외(간三017 ㄱ2)
斑猫 갈외(언下38 ㄴ02)

이 약명은 한자어 '斑猫'에 대응하는 것으로 현대어로는 '가뢰'이다. 세
문헌에서 두루 나타난다. 《구급방》에서는 '斑반猫묘'을, 《구급간이방》에서
는 '쳥갈외'를, 《언해구급방》에서는 '갈외'로 나타난다.

16) 半夏 - 半반夏행, 반하, 끽모롭

'半夏'는 구급방류에서는 아래의 용례와 같이 '半반夏행', '반하', '끽모
롭'로 언해되고 있다.

半夏 半반夏행(구上25 ㄱ8)
半夏 반하(언上09 ㄱ06)
半夏 끽모롭(간一002 ㄴ8)

이 약명은 한자어 '半夏'에 대응하는 것으로 현대어로는 '반하'라 부르는
것이다. 《구급방》과 《언해구급방》에서 한자의 음역인 '半반夏행', '반하'로,
《구급간이방》에서는 '끽모롭'으로 언해하고 있다. '끽모롭'의 다른 표기로
는 '雉毛奴邑 꿩의모롭《촌구》', '끽무릅(半夏)《物譜 藥草》', '半夏 끽무릇'
《柳物三 草》 등이 있다.[32]

17) 白梅 - 白삑梅밍, 흰미실, 미홧여름, 미실

'白梅'는 구급방류에서는 아래의 용례와 같이 '白삑梅밍', '미실', '미홧
여름', '흰미실'로 언해되고 있다.

---

32) '끽'에 대하여는 이은규(1993: 80)에서와 같이, 《촌구》에 나타나는 차자와 수꿩
을 나타내는 말로 '장끼'가 있음을 참조하여 '꿩'과 관련됨을 추정할 수 있다.

      白梅 白삑梅밍(구下06ㄱ8)
      白梅 민실(언下17ㄱ01)
      白梅 민홧여름(간六025ㄴ6)
      白梅 힌민실(간三009ㄴ8)

이 약명은 한자어 '白梅'에 대응하는 것으로 현대어로는 '흰 매실'이다.
《구급방》은 한자음 그대로 표기하였고, 《언해구급방》에서는 '민실'로,
《구급간이방》에서는 '민홧여름' 혹은 '힌민실'로 되어 있다.

18) 白附子 - 白삑附뽕子중, 븩부즈, 힌바곳불휘

'白附子'는 '바곳'의 뜻을 지닌 한자어 '附子'에 한자 '白'이 결합한 것으
로 구급방류에서는 아래의 용례와 같이 白삑附뽕子중', '븩부즈', '힌바곳
불휘'로 언해되고 있다.

      白附子 白삑附뽕子중(구下62ㄱ6)
      白附子 븩부즈(언上16ㄴ07)
      白附子 힌바곳불휘(간二007ㄱ4)

이 약명은 한자어 '白附子'에 대응하는 것으로 현대어로는 '백부자', 또
는 '흰바곳'이라 부르는 것이다. 《구급방》은 한자음 그대로 표기하였고,
《언해구급방》에서는 '븩부즈'로, 《구급간이방》에서는 '힌바곳불휘'로 되어
있다. 그 외의 다른 표기로는 '흰바곳(白附子)《東醫 湯液三 22》, 白附子
괴망이《柳物三 草》 등이 있다.

19) 百草霜 - 百빅草촐霜상, 솓미틧거믜영, 검듸영

'百草霜'은 '솓 밑에 붙은 검은 그을음'을 뜻하는 한자어 '草霜'에 한자
'白'이 결합한 것으로 구급방류에서는 아래의 용례와 같이 '百빅草촐霜

상', '손미튓거믜영', '검듸영'으로 언해되고 있다.

> 百草霜 百빅草춍霜상(구上44ㄱ4)
> 百草霜 손미튓거믜영(간二078ㄱ6)
> 百草霜 검듸영(언上27ㄱ09)

이 약명은 한자어 '百草霜'에 대응하는 것으로 현대어로는 '백초상', 또는 '앉은검정'이라 부르는 것이다. 《구급방》은 한자음 그대로 표기하였고, 《구급간이방》에서는 '손미튓거믜영'으로, 《언해구급방》에서는 '검듸영'으로 되어 있다.

20) 白朮 - 白삑朮뜗, 빅튤, 삽듓불휘

'白朮'은 '삽주, 차조, 엉겅귀과에 속하는 다년초' 등의 뜻을 지닌 한자 '朮'에 한자 '白'이 결합한 것으로 구급방류에서는 아래의 용례와 같이 白삑朮뜗', '빅튤', '삽듓불휘'로 언해되고 있다.

> 白朮 白삑朮뜗(구上06ㄱ7)
> 白朮 빅튤(언上20ㄱ04)
> 白朮 삽 불휘(간一015ㄴ6)

이 약명은 한자어 '白朮'에 대응하는 것으로 현대어로는 '백출', 또는 '산계', '삽주 뿌리'라 부르는 것이다. 《구급방》은 한자음 그대로 표기하였고, 《언해구급방》에서는 '빅튤'로, 《구급간이방》에서는 '삽듓불휘'로 되어 있다. 그 외의 다른 표기로는 '白朮 뎐즛풀《柳物三 草》' 등이 있다.

21) 小薊 - 小숄薊곙, 조방, 조방이

'小薊'는 '삽주'와 '엉거시과에 속하는 풀'인데, 한자 '薊'에 한자 '小'가 결합한 것으로 구급방류에서는 아래의 용례와 같이 '小솔薊곙', '조방', '조방이'로 언해되고 있다.

小薊 小솔薊 (구上62ㄱ7)
小薊 조방(언上38ㄴ07)
小蘇 조방이(간二115ㄴ6)

이 약명은 한자어 '小薊'에 대응하는 것으로 현대어로는 '조방이'라 부르는 것이다. 《구급방》은 '小솔薊곙'로 표기하였고, 《구급간이방》에서는 '조방이'로, 《언해구급방》에서는 '조방'으로 되어 있다. 그 외의 다른 표기로는 '小薊 죠방이《柳物三 草》' 등이 있다.

22) 須臾 - 아니 한 덛, 아니 한 ᄉᆡ/아니 한 ᄉᆞ이, 이슥고, 이슥
    ᄒᆞ다, 잢간 ᄉᆡ, 져근 덛, 즉재

'須臾'는 '모름지기'와 '잠깐'의 뜻을 지닌 두 한자가 결합한 것으로 구급방류에서는 아래의 용례와 같이 '아니 한 덛', '아니 한 ᄉᆡ/아니 한 ᄉᆞ이', '이슥고', '이슥ᄒᆞ다', '잢간 ᄉᆡ', '져근 덛', '즉재'로 언해되고 있다.

아니 한 더데(구下79ㄱ2)(간七048ㄴ8)
아니 한 ᄉᆡ예(구下29ㄴ2)(간二016ㄴ1), 아니한 ᄉᆞ이에(언下12ㄱ03)
이슥고(간一046ㄱ3), 이슥ᄒᆞ야(간六052ㄱ7)
잢간 ᄉᆡ(구下81ㄴ7)
져근 더데(간二046ㄱ4)
즉재(구下44ㄱ3)

'須臾'의 언해 가운데 '아니 한'과 '져근'은 '많지 않은(짧은)'이라는 뜻이고, '덛'은 '사이'라는 뜻이다. '이슥ᄒᆞ다'는 '꽤 깊다'는 이때 '須臾'는 '꽤'의 의미와 더 많은 관련성이 있어 보인다.

23) 壓 - 지즐이다, 티이다, 짜눌리다

'壓'은 '누르다', '억압하다', '무너뜨리다', '막다'의 뜻을 지닌 한자로 구급방류에서는 아래의 용례와 같이 '지즐이다', '티이다', 'ㄱ오눌이다', '짜눌리다' 등으로 언해되고 있다.

> 지즐이다(언下12ㄴ11)
> 티이다(언下12ㄱ06)
> 짜눌리다(언上26ㄱ10)

'壓'의 언해 가운데 '지즐이다'는 '짓눌리다'의 뜻이고, 'ㄱ오눌이다'는 '가위눌리다'는 뜻으로 이들은 다른 문헌에서 '누르건마른(壓)《法화四 142》', '텨누르며(壓)《능八 92》', '뽀몬(壓)《法화 七 120》', '지즐울 압(壓)《字會下 11》', '거디다(壓)《譯上 1》', '안초다(壓)《譯補 56》', '업눌으다(强壓住)《譯補 58》', '식이다(壓)《譯補 9》', '핍박ᄒᆞ여 시기다(壓泒)《漢 191ㄴ》' 등으로 언해되고 있다.

24) 烏梅 - 烏홍梅밍, 민실/닉예그스린 민실/닉예그스린 미홧여름

'烏梅'는 '까마귀, 검다'와 '매실'의 뜻을 지닌 한자가 결합한 것으로 구급방류에서는 아래의 용례와 같이 '烏홍梅밍', '닉예그스린 민실', '닉예그스린 미홧여름', '민실'로 언해되고 있다.

> 烏梅 烏홍梅밍(구下04ㄴ6)
> 烏梅 닉예 그스린 민실(간二024ㄴ7)
> 烏梅 닉예 그스린 미홧여름(간二014ㄱ3)
> 烏梅 민실(언上01ㄴ05)

이 약명은 한자어 '烏梅'에 대응하는 것으로 현대어로는 '오매'라 부르는

것이다. 《구급방》은 한자음 그대로 표기하였고, 《구급간이방》에서는 '닉예 그스린 미실' 혹은 '닉예그스린 미홧여름'으로 되어 있다. 《언해구급방》에 서는 '미실'로 되어 있다.

25) 癱疽 - 죵긔, 브스름

'癱疽'는 '악창'과 '등창, 악성종기, 가려운 병'의 뜻을 지닌 두 한자가 결 합한 것으로 구급방류에서는 아래의 용례와 같이 '죵긔'와 '브스름'으로 언 해되고 있다.

　　　죵긔(언下36ㄱ04)
　　　브스름(간三025ㄴ4)

'癱疽'의 언해 가운데 '브스름'은 '부스럼'이라는 뜻으로 이들은 '죵긔 삐 리둣 ᄒ며(如裏癱瘡)《永嘉上 42》', '브스름에 열운 가치《龜下 55》', '브스 름(瘡癤)《四解下 4》', '브스름 절(癤)《字會中 33》' 등으로 언해되고 있다.

26) 椀/梡/碗 - 보ᅀᅥ, 사발

'椀'와 '碗'는 '주발', '梡'은 '도마'의 뜻을 지닌 한자로 구급방류에서는 아래의 용례와 같이 '보ᅀᅥ'과 '사발'로 언해되고 있다.

　　　보ᅀᅥ(구上54ㄴ8)(간六032ㄱ4)
　　　사발(간三029ㄱ8)(언下33ㄴ04)
　　　沙상鉢밣(구下21ㄱ8)

'椀/梡/碗'의 언해 가운데 '보ᅀᅥ'는 '작은 사발'의 뜻으로 이들은 '사발(椀 子)《老下 29》', '사발뎝시(椀楪)《老上 61》', '보ᅀᅥ 구(甌)《字會中 12》', '사 발(碗)《物譜 酒食》', '자완 완(椀)《倭下 14》', '나모 완(大木碗)《漢 344

c》', '쥬발(銅碗)《漢 344c》' 등으로 언해되고 있다.

27) 龍骨 - 龍룡骨곬, 룡골, 쎠

'龍骨'은 '용'과 '뼈'의 뜻을 지닌 한자가 결합한 것으로 구급방류에서는
아래의 용례와 같이 '龍룡骨곬', '룡골', '쎠'로 언해되고 있다.

> 龍骨 龍룡骨곬(구上61ㄱ5)
> 龍骨 룡골(간七057ㄴ8)
> 龍骨 쎠(간二.115ㄴ1)

이 약명은 한자어 '龍骨'에 대응하는 것으로 현대어로는 '용골'이다. 《구
급방》에서는 '龍룡骨곬'로 표기하였고, 《구급간이방》에서는 '룡골' 혹은
'쎠'로 나타난다.

28) 月經 - 月웛經경, 월경, 月웛水슁, 월슈, 월경슈

'月經'은 '여성의 생리적인 현상'을 뜻하는 한자어로 구급방류에서는 아
래의 용례와 같이 '月웛經경', '월경', '월경슈', '월슈', '月웛水슁'로 언해되
고 있다.

> 月經 月웛經경(구下64ㄱ1)
> 月經 월경(간一109ㄱ7)
> 月經 월경슈(간二054ㄴ4)
> 月經 월슈(언上05ㄱ10)
> 月水 月웛水슁(구下83ㄴ6)
> 月水 월경슈(간六072ㄴ4)

이 약명은 한자어 '月經' 혹은 '月水'에 대응하는 것으로 현대어로는 '월

경', '월수'라 부르는 것이다. 《구급방》은 '月윓經경', '月윓水슁'으로 명명
하였고, 《구급간이방》에서는 '월경' 혹은 '월경슈'로, 《언해구급방》에서는
'월슈'로 되어 있다.

29) 肉桂 - 肉육桂궹, 육계, 계피

'肉桂'는 '계수나무'와 '월계수' 등의 뜻을 지닌 한자 '桂'에 '과일·채소
등의 껍데기에 싸인 연한 부분'을 뜻하는 한자 '肉'이 결합한 것으로 구급방
류에서는 아래의 용례와 같이 '肉육桂궹', '육계', '계피'로 언해되고 있다.

> 肉桂 肉육桂궹(구上13ㄱ5)
> 肉桂 육계(언上20ㄱ04)
> 肉桂 계피(간一021ㄴ7)

이 약명은 한자어 '肉桂'에 대응하는 것으로 현대어로는 '육계'라 부르는
것이다. 《구급방》에서는 한자음 그대로 표기하였고, 《언해구급방》에서는
'육계'로, 《구급간이방》에서는 '계피'로 언해되어 있다.

30) 仍 - 쏘, 인ᄒᆞ야, 후에

'仍'는 '인하다'와 '거듭'의 뜻을 지닌 한자로 구급방류에서는 아래의 용
례와 같이 '쏘'와 '인ᄒᆞ야', '후에' 등으로 언해되고 있다.

> 쏘(구下01ㄴ2)(간六031ㄱ8)
> 인ᄒᆞ야(언上06ㄱ03)
> 후에(간三118ㄴ6)

'仍'의 언해 가운데 '인ᄒᆞ다'는 '거듭하다'라는 뜻으로 이들은 '지즈로(仍)
《杜초廿四 63》', '仍ᄒᆞ여 《家언七 2》', '숟직(仍)《杜초九 26》', '젼대로홀

잉(仍)《類合下 30》' 등으로 언해되고 있다.

31) 井(花/華)水 - 井졍花황水솅, 우믈믈, 새배ᄂᆞᆷ아니기러셔몬져
     기론우믌믈, 춘믈, 졍화슈, 우믌가온딋믈, 믈

'井水/井花水'는 '우물 물'의 뜻을 지닌 한자어로 구급방류에서는 아래
의 용례와 같이 '井졍花황水솅', '우믈믈/우믌믈', '춘믈', '졍화슈', '우믌가
온딋믈', '믈', '새배ᄂᆞᆷ아니기러셔몬져기론우믌믈'로 언해되고 있다.

> 井水　井졍花황水솅(구上16ㄱ1)
> 井水　우믈믈(언下21ㄱ11)
> 井水　우믌믈(간三034ㄱ4)
> 井水　춘믈(언上27ㄴ01)
> 井花水　井졍花황水솅(구上22ㄱ2)
> 井華水　졍화슈(언上38ㄱ04)
> 井花水　우믌가온딋믈(구下85ㄴ7)
> 井花水　우믌믈(간七052ㄴ4)
> 井花水　믈(간七045ㄴ8)
> 井花水　새배ᄂᆞᆷ아니기러셔몬져기론우믌믈(간二109ㄱ2)
> 井花水　새배ᄂᆞᆷ아니기러셔몬져기론우믌믈(간三084ㄱ3)

이 약명은 한자어 '井水' 혹은 '井花水', '井華水'에 대응하는 것으로 현
대의 '정화수'이다. 《구급방》은 '井졍花황水솅', '우믌가온딋믈'으로 언해
하였고, 《구급간이방》에서는 '우믌믈', '믈', '새배 ᄂᆞᆷ 아니 기러셔 몬져 기
론 우믌 믈', '새배ᄂᆞᆷ아니기러셔몬져기론우믌믈'로, 《언해구급방》에서는
'우믈믈', '춘믈', '졍화슈'로 되어 있다.

32) 地漿 - 누른 흙믈, 딜흙믈, 딜흙싸흘 ᄑᆞ고흥등인믈, 地띵漿쟝

'地漿'는 '땅지'와 '장물'의 뜻을 지닌 한자가 결합한 것으로 구급방류에

서는 아래의 용례와 같이 '누른 흙믈'과 '딜흙믈' 등으로 언해되고 있다.

> 누른 흙믈(언下21ㄴ10)
> 딜흙믈(언下22ㄴ05)
> 딜흙싸홀 푸고홍둥인믈(간―034ㄴ6)
> 地맹漿장(구上09ㄴ5)

'地漿'의 언해 가운데 '딜흙싸홀 푸고홍둥인믈'은 '진흙땅을 파고 받아 휘정거린 물'의 뜻으로 이들은 '니뿔(粳米)《辟新 3》', '뫼뿔경(粳)《字會上 12》', '죠흔뿔(粳米)《譯補 42》' 등으로 언해되고 있다.

33) 車前 - 車창前젼, 뵈땅이, 길경이

'車前'은 '질경이'를 뜻하는 한자어로 구급방류에서는 아래의 용례와 같이 '車창前젼', '뵈땅이', '길경이'로 언해되고 있다.

> 車前 車창前젼(구上85ㄱ1)
> 車前 뵈땅이(간二097ㄴ1)
> 車前草 길경이(언上41ㄴ06)

이 약명은 한자어 '車前'에 대응하는 것으로 현대어로는 '질경이'라 부르는 것이다. 《구급방》에서 한자어를 그대로 적은 '車창前젼'으로, 《구급간이방》에서는 '뵈땅이'로, 《언해구급방》에서는 '길경이'로 언해하고 있다. 이은규(1993: 139)에 의하면, '길경이' 型과 '뵈땅이'[33] 型은 초기문헌에서부터 함께 나타나는 바, 공존형이 현대에 이르기까지 이어진다고 하였다.

---

33) 이은규(1993: 139)에서는 '뵈땅이'의 여러 형태에 대하여, 후대로 오면서 '배부장이, 배짜개, 질경이, 길경이, 길장구, 길짱구, 길짱귀, 뱀조개' 등 異名이 많이 나타나며, '배부장이'는 '뵈땅이>배부장이'의 음운변화를 겪은 것으로 보고, '길짱구'는 '길경'과 '뵈땅이'와 관련된 '길경+땅이>길짱구'로 추정하였다.

'뵈땅이'와 관련된 것으로, '뵈땅이 삐(車前子)'《東醫湯夜二 41》, '뵈땅이 부(莩)'《字會上 15》 등이 있고, '길경이'와 관련된 것으로는 '길경이 치(車前荣)'《漢 377c》, '길경이(車前)'《物譜 藥草》가 있다.

34) 菖蒲 - 菖창蒲뽕, 챵포, 숑의맛불휘

'菖蒲'는 '창포'와 '부들, 창포'의 뜻을 지닌 한자가 결합한 것으로 구급방류에서는 아래의 용례와 같이 '菖창蒲뽕', '챵포', '숑의맛불휘'로 언해되고 있다.

> 菖蒲 菖창蒲뽕(구下55 ㄱ5)
> 菖蒲 챵포(언上08 ㄴ03)
> 菖蒲 숑의맛불휘(간二028 ㄱ6)

이 약명은 한자어 '菖蒲'에 대응하는 것으로 현대어로는 '창포'라 부르는 것이다. 《구급방》은 한자음 그대로 표기하였고, 《언해구급방》에서는 '챵포'로, 《구급간이방》에서는 '숑의맛불휘'로 되어 있다. 그 외의 다른 표기로는 '셕챵포(菖蒲)'《東醫湯液二 37》, 菖蒲 챵포《柳物三 草》' 등이 있다.

35) 川芎 - 川쳔芎쿵, 궁궁이/궁궁잇불휘

'川芎'은 '내'와 '궁궁이, 천궁'의 뜻을 지닌 한자가 결합한 것으로 구급방류에서는 아래의 용례와 같이 '川쳔芎쿵', '궁궁이', '궁궁잇불휘'로 언해되고 있다.

> 川芎 川쳔芎쿵(구上44 ㄱ1)
> 川芎 궁궁이(언下46 ㄱ08)
> 川芎 궁궁잇불휘(간六078 ㄴ6)

이 약명은 한자어 '川芎'에 대응하는 것으로 현대어로는 '천궁'이라 부르는 것이다.《구급방》에서 한자의 음역인 '川쳔芎콩'으로,《구급간이방》과《언해구급방》에서는 '궁궁이', '궁궁이 불휘'로 언해하고 있다. 그 외 '궁궁(川芎)'《濟衆》, '芎藭 궁궁이'《柳物三 草》 '궁궁이 닙(蘼蕪)'《物譜 藥草》 등이 있다.

36) 川椒 - 川쳔椒쥬, 죠핏 여름, 쳔쵸

'川椒'는 '산초나무'와 '수추나무'의 뜻을 지닌 한자 '椒'와 한자 '川'이 결합한 것으로 구급방류에서는 아래의 용례와 같이 '川쳔椒쥬', '죠핏 여름', '쳔쵸'로 언해되고 있다.

　　　　川椒 川쳔椒쥬(구下26ㄱ4)
　　　　川椒 죠핏 여름(간二033ㄴ8)
　　　　川椒 쳔쵸(언下32ㄴ11)

이 약명은 한자어 '川椒'에 대응하는 것으로 현대어로는 '천초'라 부르는 것이다.《구급방》과 언구는 한자음 그대로 표기하였고,《구급간이방》에서는 '죠핏 여름'으로 명명하였다. 그 외의 다른 표기로는 '죠피'가 있다.

37) 淸 - 노기다, 묽다, 휜즈의

'淸'는 '맑다'의 뜻을 지닌 한자로 구급방류에서는 아래의 용례와 같이 '노기다', '묽다', '휜즈의'로 언해되고 있다.

　　　　노기ᄂᆞ니라(구上44ㄴ1)
　　　　묽근(언下26ㄱ03)
　　　　휜즈의예(언下18ㄱ04)

'淸'의 언해 가운데 '흰ᄌ의'는 '알의 흰자위'를 뜻하는 것으로 이들은 '됴흔 ᄀ댱(好淸醬)《朴新二 26》', 'ᄯᄯ거든(淸明)《蒙 3》', '가령가령ᄒ다 (淸楚)《漢 190ㄴ》', '묽고(淸)《능四 40》', '조흔(淸淨)《朴초上 36》', '알 흰 ᄌ의(蛋淸)《漢 430d》', '흰ᄌ의(鳴淸)《譯補 47》', '흰ᄌ의(蛋淸)《同文下 35》', '프른(淸)《杜초卄 18》' 등으로 언해되고 있다.

38) 稍稍 - 쟉쟉, 젹젹, 졈졈

'稍稍'는 '벼의 줄기의 끝', '졈졈', '작다', '젹다'의 뜻을 지닌 한자로 구급 방류에서는 아래의 용례와 같이 '쟉쟉', '젹젹', '졈졈' 등으로 언해되고 있다.

> 쟉쟉(언上46ㄱ05)
> 젹젹(구下78ㄴ1)(간一018ㄱ3)
> 漸졈漸졈(구上08ㄴ8), 졈졈(구上50ㄱ3)(간六015ㄱ1)

'稍稍'의 언해 가운데 '쟉쟉'은 '조금씩', '젹젹'은 '조금씩, 조그마치'라는 뜻으로 이들은 '졈졈(稍稍)《杜초卄30》', '젹젹(稍稍)《杜초十六 51》' 등으 로 언해되고 있다.

39) 置 - 녛다, 놓다, 닿다, 담다, 두다, 드리다, 서려놓다, 브티다, 실다, 엱다

'置'는 '두다', '버리다', '남기다' 등의 뜻을 지닌 한자로 구급방류에서는 아래의 용례와 같이 '녛다', '놓다', '닿다', '담다', '두다', '드리다', '서려놓 다', '브티다', '실다', '엱다' 등으로 언해되고 있다.

> 녛다(구下77ㄴ8)(간三091ㄱ6)(언上41ㄱ08)
> 놓다(언上38ㄱ03)
> 닿다(구上52ㄱ4)(간一060ㄴ7)

담다(간七068ㄴ1)

두다(구下35ㄴ6)(간六004ㄴ6)

드리다(언上04ㄱ03)

서려놓다(언下41ㄴ08)

브티다(간三070ㄱ5)

실다(간一069ㄱ6)

엱다(간一065ㄱ4)

'置'의 언해 가운데 '서려놓다'는 '썰어두다'라는 뜻이고 '실다'는 '깔다'는 뜻으로 이들은 '두려뇨(置)《杜초卄五 27》', '녀허늘(置)《內三 36》', '노햇는 듯ㅎ도다(置)《杜초八 22》', '연저(置)《法화四 143》' 등으로 언해되고 있다.

40) 蒲黃 - 蒲뽕黃勢, 포황, 부들마치 우희 누른 フ릭, 부들좇

'蒲黃'는 '부들, 왕골, 창포'와 '누르다'의 뜻을 지닌 한자가 결합한 것으로 구급방류에서는 아래의 용례와 같이 '蒲뽕黃勢', '포황', '부들마치 우희 누른 フ릭', '부들좇'으로 언해되고 있다.

蒲黃 蒲뽕黃勢(구下23ㄴ7)

蒲黃 포황(언上27ㄴ03)

蒲黃 부들마치 우희 누른 フ릭(간二095ㄴ1)

蒲黃 부들좇(언下11ㄴ03)

이 약명은 한자어 '蒲黃'에 대응하는 것으로 현대어로는 '부들', 또는 '향포(香蒲)'라 부르는 것이다. 《구급방》은 '蒲뽕黃勢'으로 표기하였고, 《언해구급방》에서는 '포황' 혹은 '부들좇'으로, 《구급간이방》에서는 '부들마치 우희 누른 フ릭'로 되어 있다.

41) 必 - 당다이, 덛더디, 모로매, 반ᄃ기, 반ᄃ시

'必'는 '반드시', '틀림없이', '오로지', '꼭', '기필하다' 등의 뜻을 지닌 한 자로 구급방류에서는 아래의 용례와 같이 '당다이', '덛더디', '모로매', '반 ᄃ기', '반ᄃ시' 등으로 언해되고 있다.

> 당다이(구下94ㄴ2)
> 덛더디(구下71ㄱ3)
> 모로매(구下66ㄱ1)
> 반ᄃ기(구上24ㄴ2)(간一043ㄱ2), 반ᄃ시(언上18ㄴ09)

'必'의 언해 가운데 '당다이'는 '마땅히', '덛더디', '떳떳이', '모로매'는 '모 름지기'의 뜻으로 이들은 '반ᄃ시(必)《小언六 113》', '구틔여 필(必)《類合 下 9》', '굿드리(必)《呂約 23》', '모딕(必)《용 88》', '굿히여(何必)《漢 245 d》', '모로매(必)《內一 27》', '굿 블가(必明)《능四 12》', '구퇴여(必)《능四 1 3》', '반ᄃ기(必)《圓上二之三 2》', '반둧 필(必)《類合下 9》', '반득 필(必) 《石千 8》', '반든 필(必)《倭上 28》' 등으로 언해되고 있다.

42) 荊芥 - 荊경芥갱, 형개, 뎡개, 뎡가/뎡갓닙

'荊芥'는 '모형나무, 가시나무, 인삼목(人蔘木)' 등과 '겨자, 갓' 등의 뜻 을 지닌 한자가 결합한 것으로 구급방류에서는 아래의 용례와 같이 '荊경 芥갱', '뎡가', '형개', '뎡개'으로 언해되고 있다.

> 荊芥 荊경芥갱(구下28ㄱ7)
> 荊芥 뎡가(간三080ㄴ1)
> 荊芥 형개(간二086ㄱ6)
> 荊芥 뎡개(언下33ㄴ07)
> 荊 뎡갓닙(간二113ㄴ2)

이 약명은 한자어 '荊芥' 혹은 '荊'에 대응하는 것으로 현대어로는 '형개', 또는 '정가', '가소'라 부르는 것이다. 《구급방》은 한자음 그대로 표기하였고, 《구급간이방》에서는 '뎡가' 혹은 '형개'로 표기하였다. 《언해구급방》에서는 '뎡개'로 되어 있다. 그 외의 다른 표기로는 '형개(荊芥)《朴重中 33》, 荊芥 뎡가《柳物三 草》' 등이 있다.

43) 胡椒 - 胡룧椒죬, 고쵸, 호쵸

'胡椒'는 '드리워지다'와 '산초나무, 수추나무, 향기롭다' 등의 뜻을 지닌 한자가 결합한 것으로 구급방류에서는 아래의 용례와 같이 '胡룧椒죬', '고쵸', '호쵸'로 언해되고 있다.

> 胡椒 胡룧椒죬(구上35ㄴ1)
> 胡椒 고쵸(간一032ㄴ1)
> 胡椒 호쵸(언上18ㄱ02)

이 약명은 한자어 '胡椒'에 대응하는 것으로 현대어로는 '후추'라 부르는 것이다. 《구급방》과 《언해구급방》에서 한자의 음역인 '胡룧椒죬', '호쵸'로 언해하고 있고, 《구급간이방》에서는 '고쵸'으로 표기하고 있다. 이와 관련되는 표기로는 '番椒 고초《柳物二 草》, '고쵸 쵸(椒)《字會上 12》, '고쵸 (秦椒)《漢378ㄱ》, '고쵸(番椒)《物譜 蔬菜》' 등이 있다.

5.2. 동일 원문의 언해 비교

《구급방》, 《구급간이방》, 《언해구급방》의 세 문헌의 원문을 비교한 결과, 《구급방》과 《구급간이방》이 원문이 일치하는 부분이 많은 데 비해 《언해구급방》는 《구급방》, 《구급간이방》에 나오는 내용이 매우 압축되어 나타나므로 내용은 유사하더라도, 원문이 일치하는 부분은 찾기 힘들다.《구급방》과《구급간이방》은 약 120여 단락이 정확히 일치하거나 조금 다른 것이어서 이들을 대상으로 언해를 비교하였는데, 원전 제시의 차이, 언해의 차이로 나누어 분석하고, 언해의 차이는 다시 어순·문장구조·문법 요소로 나누어 살펴보았다.

5.2.1. 원전 제시의 차이

《구급방》에서는 원문의 맨 처음에 출처를 밝혀 놓고 있는데, 특정 문헌을 직접 언급하지 않더라도 '方' 혹은 '又方'으로 인용의 흔적을 보여준다. 그러나《구급간이방》과《언해구급방》에는 원문의 출처가 없다.

> (1) [구방] <u>直指方</u>治卒中法　直띡指징方방 믄득 中듕風봉ᄒᆞ니 고티ᄂᆞᆫ 法법은 (구上01ㄴ5)
>
> 　　[구간] 　　ø 34)　卒中法　　　　ø　　　　믄·득 ᄇᆞ름맛거·든 (一1ㄴ1)
>
> (2) [구방] 簡易方救急稀涎散治中風忽然　救굴急급稀희涎쎤散산은 中듕風봉ᄒᆞ야 忽훓然션히 어즐ᄒᆞ야 醉췽흔 ᄃᆞᆺᄒᆞ며……고티ᄂᆞ니 (구上04ㄴ1)
>
> 　　[구간] 　　ø　　　　　中風忽然 ᄇᆞ름마·자 믄·득 ·어·즐·ᄒᆞ야 :취흔 ·ᄃᆞᆺ·ᄒᆞ·며 (1-5ㄱ)
>
> (3) [구방] 千金方治一切卒死灸臍中百壯　一잃切촁 과ᄀᆞᆯ이 주그닐 고툐ᄃᆡ 빗복을 百빅壯장을 ᄡᅳ라 (구上26ㄴ8)
>
> 　　[구간] 　　ø　{急於人中穴及兩脚大毋指甲離甲一薤葉許各灸三五壯卽活}臍中灸百壯亦效(1-42ㄱ) 셜리 신듕·혈와 신듕·혈은 고아·래 입시·울 우·희 오목흔 ᄃᆡ라 두 ·밠 엄·지가락 ·톱:뒤·

---

34) 여찬영(2004: 106-107)에서는 '효경언해'와 '효경주해'를 비교하면서 '효경언해'에 나타나는 요소가 여타 효경류에서는 생략된 것들을 나타내는데 'ø'를 쓰고 있으며, 이러한 비교 작업을 통하여 효경언해의 언해문은 원문에 보다 충실히 언해하고 있음을 언급하고 있다.

흐로·서 :부·칫닙 너·븨 ·만 흔 ·듸 ·세 붓·기어나 다·슷 붓·기
어·나 ·쓰면 ·즉재 :살리·라 빗복 가·온듸 ·일빅 붓·글 ·써도
:됴ᄒ·리라(1-42ㄴ)

[언구] 灸法 臍中(灸百壯卽活)又急灸人中及兩脚大拇指內(上09ㄴ
-11) 離甲一韭葉許各灸七壯卽活 쯸 법은 빗복 가온대를 일
빅 붓 쓰면 즉제 사ᄂ니라 ᄯ 인듕혈과 두 발 엄지가락 안
겯 밧톱의셔 흔 부칫닙 너 만 믈려 닐굽 붓 쓰면 즉제 사
ᄂ니라(上10ㄱ-3)

예문 (1)에서는《구급방》의 한문 원문에는 '直指方'이라는 원전의 출처
를 밝히고 언해에서도 '直 指징方방'이라 언해하였다. 아울러 원문의 한
자 '治'에 대한 언해로 '中듕風봉ᄒ니 고티ᄂ 法법은'이라고 하여 구체적
인 병명을 제시해 두어 이 부분이 중풍 증세에 대한 처방임을 먼저 알리고
있다.[35] 이에 비해《구급간이방》에서는 원문과 언해 모두에 처방의 출처
를 밝히지 않고 '믄·득 ᄇ름맛거·든'이라고 시작하여 병증을 바로 제시하고
있다.

예문 (2)에서는《구급방》원문에는 '簡易方救急稀涎散治'라 하여 '簡易
方'이라는 출처를 밝히고 '치료법'의 이름으로 보이는 '救急稀涎散'이 제시
되어 있다. 그러나 언해에서는 예문 (1)과 달리 '簡易方'이라는 출처를 다
시 언해하지 않고 있다. 또한 '救굴急급稀횡涎쎤散산은'이 주어가 되어,
'-고티ᄂ니'와 호응한다. 역시, (1)과 같이《구급간이방》은 이와 같은 출처
와 치료법의 이름이 생략되어 있고, 중풍에 대한 증상이 바로 제시된다.

예문 (3)에서는《구급방》은 '千金方'이라는 출처를 밝히고 '治'에 대응되
는 언해로, '고툐딕'가 쓰였다. 이 예문의 경우는《구급간이방》과《언해구
급방》의 일치도가 높은데,《언해구급방》는《구급방》과《구급간이방》과 달

---

35)《구급방》에서 원문 "又方治牙齒縫忽然出血(구上64ㄱ8)"에 대해 처방의 출처를
언해하지 않고 증세를 바로 제시한 "ᄯ 닛쩨메 忽홇然션히 피 나거든(구上64ㄴ
4)"와 같은 언해도 나타나기도 한다.

리 '灸法'임을 명시하고 있다. 《구급간이방》은 '신듕·혈'의 부위를 자세히 설명하고 있으나 《언해구급방》에는 '인듕혈'을 설명하지 않고 있다.

세 문헌 중 《구급방》과 《구급간이방》에서 원문이 일치하는 부분 중, 《구급방》에서 '千金方'이라는 밝혀 놓은 부분은 《구급간이방》에서도 같은 원문을 찾을 수 있는 경우가 많았다.

그 외에 체재의 원문에서 출처임을 드러내는 예를 몇 가지 제시하면 아래와 같다.

> (4) 備急大全良方療臥忽不悟愼(上23ㄴ7), 經驗良方云其證皆因內損 (上59ㄱ6), 聖惠方治九竅(上63ㄴ3), 得效方文蛤散治熱壅(上67ㄱ 4), 經驗良方凡(上70ㄴ4), 聖惠方凡溺水急 (上71ㄱ8), 管見大全 良方救男女 (구上73ㄱ2～4), 得效方以酒壜(上74ㄴ4～6), 得效 方緊 (上77ㄴ5～6), 壽域神方治自縊就以所縊繩(上77ㄴ8～78ㄱ 1), 千金方治從(下36ㄱ1), 聖惠方取夫十指(下84ㄱ7～8), 千金方 治産難(下86ㄴ4～6)
>
> (5) 又方治卒魘右以雄黃(구上23ㄱ3～4), 又方馬屎(구上24ㄴ3～4), 又方以雄雞(구上26ㄱ5)

(4)와 같이, 《구급방》에서는 '備急大全良方, 經驗良方, 聖惠方, 得效 方, 管見大全良方, 壽域神方, 千金方' 등의 원전을 제시하고 있으나, 《구 급간이방》과 《언해구급방》에서는 원전을 제시하지 않는다. 또한 《구급방》 에서는 특정 이름의 원전을 제시하지 않더라도, (5)와 같이 '又方'이라 하 여, 인용의 흔적을 나타내고 있다.[36]

---

36) 《구급방》은 원문간의 긴밀하게 엮어져 있어, 단순 나열된 《구급방》과 차이 가 있음을 확인할 수 있다.
  [구방] 如無前藥用川升麻四兩剉碎水四椀煎一椀灌服 (구上42ㄱ2～3)又無川升麻用 皂角三莖搥碎挼一盞灌服或吐或不吐卽安 (구上42ㄱ5～6) ᄒᆞ다가 알ᄑᆡᆫ 藥약이 업 거든 川쳔升싱麻망 넉(구上42ㄱ4)량을 사ᄒᆞ라 …… 글혀 브ᅀᅳ라 ᄯᅩ 川쳔升싱 麻망 업거든 皂쫑角각 세 줄길 ᄯᅩ드려 븟아……便 安한ᄒᆞᄂᆞ니라 (구上42ㄱ7～ 8)

이들 문헌이 보여주는 서술 방식의 차이는 간행 후 책을 읽게 될 서로 다른 계층의 독자를 배려한 결과라고 여겨진다. 《구급방》에서 출처 및 전문적인 용어를 단락의 앞에 제시한 것이나 약재의 등급을 고려한 기술은 어느 정도의 전문적 식견이 있는 사람들을 고려하여 의사와 같은 전문인들에게 읽히기 위한 간행이었을 가능성이 있다. 《구급간이방》의 경우 처방의 출처를 밝히지 않고 바로 증상을 제시하고 약재 역시 등급 없이 단순 나열한 사실을 보면 이 문헌이 전문적인 지식이 부족한 민간인들을 고려하여 이들이 출처보다는 증상을 먼저 확인하고 그에 해당하는 구급법을 찾아 치료할 수 있도록 간행한 것으로 추정할 수 있다.[37)]

5.2.2. 언해의 차이

같은 원문에 대해 《구급방》과 《구급간이방》은 언해에서 차이를 보이는

[구간] ∅   川升麻四兩到碎水四椀煎一椀灌服……皂角三莖 搗碎按一盞灌服或吐或不吐卽安 (二79ㄱ) ∅ 숭맛블·휘 :녁 량·을 사 ᄒ·라…… 브스·라 ……
∅ ·조·각 :세 줄·기 두·드려 ㅂ·ᅀᅡ …… 편안ᄒ·리라

예문을 보면 《구급방》에서는 처방에 쓰이는 약에 대해 '如無前藥(ᄒ다가 알핏藥약이 업거든)' → '川升麻四兩(川쳔升싱麻망 녁 兩량)' → '又無川升麻(쏘 川쳔升싱麻망 업거든)' → '皂角三莖(皂쫑角각 세 줄걸)' 등으로 효능이 좋은 약의 등급을 인식하면서 설명하고 있다. 《구급방》에서는 이처럼 처방에 있어 가장 좋은 약을 먼저 제시하고 만약 그 약재를 구하지 못했을 경우 차선책으로 쓸 수 있는 약재들을 순차적으로 나열하였으나 《구급간이방》에서는 약재에 대한 등급을 고려하지 않고 단순 나열하고 있다. 《구급방》에서는 약재의 등급을 인식하고 기술을 하였으나 《구급간이방》에서는 약재를 등급 없이 단순 나열한 것을 알 수 있었다.

37) 《구급방》이 전문가를 위한 간행이며 《구급간이방》이 비전문가를 위한 간행이라는 것은 이 두 문헌에서 동일한 원문에 대한 서로 다른 언해들을 비교해 보아도 알 수 있는 사실이다. 동일한 원문에 대한 언해를 비교해 보면 《구급간이방》이 《구급방》보다 더 고유어를 많이 사용하고 있으며 언해도 더 상세한 것을 확인할 수 있는데 이러한 사실 역시 《구급간이방》이 민간인들을 고려한 간행임을 뒷받침하는 근거이다.

데, 여기에서는 어순을 바꾼 것, 문장 구조를 달리한 것, 문법 요소가 다른
것 등으로 나누어 살펴보았다.

5.2.2.1. 어순을 달리한 것

    (6) [구방] 剉散分作二服 -　ø 사ㅎ라 **ᄂᆞ화 두 服뿍애** 밍ᄀᆞ라(구上01
          ㄱ6~7)
      [구간] 剉散分作二服　　-　:대·도히 사ㅎ라 **두 ·복·애 ·ᄂ:화** 밍·
          ᄀᆞ라(간一1ㄴ5)
    (7) [구방] 水和乾者　　　-　**ᄆᆞ레 ᄆᆞᄅᆞ닐 프러도**(구上24ㄴ5)
      [구간] 水和乾者　　　-　ᄆᆞ른 똥·을 **ᄆᆞ레 ·프러**(간一43ㄱ8)
    (8) [구방] 以水調一錢服　-　**ᄒᆞᆫ 돈을 ᄆᆞ레** 프러 머그라(구上49ㄴ4)
      [구간] 以水調一錢服之　　**ᄆᆞ레 ᄒᆞᆫ 돈을** 프러 머그라(간六6ㄴ)

예문 (6)은《구급방》에는 '사ㅎ리 ᄂᆞ회 두 服뿍애 밍ᄀᆞ라'로,《구급간이
방》에서는 '사·ㅎ라 :두 ·복·애 ·ᄂ:화 밍·ᄀᆞ라'로, 예문 (7)의 '水和乾者'는
《구급방》에는 'ᄆᆞ레 ᄆᆞᄅᆞ닐 프러도'로《구급간이방》에서는 'ᄆᆞ른 똥·을 ᄆᆞ
레 ·프러 머·거도'로 언해하였고, 예문 (8)의 '水調一錢服之'는《구급방》에
서 'ᄒᆞᆫ 돈을 ᄆᆞ레 프러 머그라'로,《구급간이방》에서 'ᄆᆞ레 ᄒᆞᆫ 돈을 프리
머그라'로 언해하고 있다. 대체로《구급방》에서는 한문원문의 순서에 맞추
어 언해하였음을 알 수 있고,《구급간이방》의 어순은《구급방》에 비해 고
유어 어순에 더 가까움을 알 수 있다.

5.2.2.2. 문장 구조를 달리한 것

    (9)　[구방] 燒灰細硏(구上49ㄴ1)　　　**진 ᄉᆞ라** ᄀᆞᄂᆞ리 ᄀᆞ라(구上49
                 ㄴ3)
      [구간] 燒灰細硏　　　　　**ᄉᆞ론 지를** ᄀᆞᄂᆞ리 ᄀᆞ라.

(10) [구방] 四介肥實幷不蛀者……硏勻 - 네 나치 슬지고 염글오 좀
　　　　먹디 아니ᄒᆞ닐(구上04ㄴ4)

　　　[구간] 四箇肥實幷不曾蛀者……硏勻 - ·슬지·고 염·글오 ·좀
　　　　아·니 머·그니 :네 :나·츨

(11) [구방] 水四椀煎一椀 믈 네 보ᅀᆞ애 ᄒᆞᆫ 보ᅀᅡ ᄃᆞ외에 글외(구上42
　　　　ㄱ4)

　　　[구간] 水四椀煎一椀(二79ㄱ)　　　·믈 :네 사·발·애 달·혀 ᄒᆞᆫ 사
　　　　·바·리어·든

(12) [구방] 生地黃一兩細切蒲黃半兩靑竹茹半兩 生싱地띵黃ᅘᅪᇰ ᄒᆞᆫ 兩
　　　　량을 ᄀᆞᄂᆞ리 사ᄒᆞ오 蒲뽕黃ᅘᅪᇰ 半반兩량과 프른 댓거프를
　　　　갈로 굴가(구上63ㄴ7)

　　　[구간] 靑竹茹(프·른 ·대 굴·고니半兩)生地黃(一兩細切)蒲黃(부
　　　　·들마·치 우희 누·른 ᄀᆞᄅᆞ半兩)以水一大盞煎至六分去滓
　　　　每於食後溫服 프·른 ·대 굴·고니 :반 량과 늘 ·디홦불·휘
　　　　ᄀᆞᄂᆞ리 사 ᄒᆞ로·니 ᄒᆞᆫ 량·과 부·들마치 우·희 누·른 ᄀᆞᄅᆞ :
　　　　반 량·과를

　　예문 (9)의 '燒灰'에 대응되는 언해가 《구급방》은 '짓 ᄉᆞ라'로, 《구급간이
방》은 'ᄉᆞ론 ᄌᆡ를'로 언해하고 있다. 《구급방》은 '주+술' 구조인 데 반해
《구급간이방》은 관형구성을 보여주고 있다. 예문 (10)의 '四介(《구급간이
방》은 箇)肥實幷不曾蛀者'는 《구급방》에서 '네 나치 슬지고 염글오 좀 먹
디 아니ᄒᆞ닐'로 《구급간이방》에서는 '·슬지 ·고 염·글오 ·좀 아니 머·그니
:네 :나·츨'로 언해하고 있다. 이 역시 《구급방》의 '네 낯'이 문장의 주어로
되어 있는데 반해 《구급간이방》은 동격 명사구 형태를 취하고 있다. 이런
점은 (12)에서도 마찬가지로 나타난다.

　　예문 (11)에서는 '水四椀煎一椀'에 대응 언해로 《구급방》은 '믈 네 보ᅀᆞ
애 ᄒᆞᆫ 보ᅀᅡ ᄃᆞ외에 글외'로, 《구급간이방》은 '·믈 :네 사·발·애 달·혀 ᄒᆞᆫ 사
·바·리어·든'으로 언해하고 있다.

　　《구급방》에서는 대체로 원문의 순서에 충실하게 언해한 경향을 볼 수

있고, 《구급간이방》에서는 구어에 가깝게 자연스러운 순서로 언해한 경우
가 많다.

용례 (12)는 원문의 내용을 도치시켜 언해한 차이가 있을뿐 아니라, 언
해자들의 약재 사용에 대한 지식이 서로 다르다고 인식하여 언해한 것으
로 짐작할 수 있다. 《구급방》은 문장과 대등하게 연결했고, 《구급간이방》
은 명사구와 명사구를 접속하고 있다. 그러므로 연결표지가 전자는 '-고'
이고 후자는 '-과'이다. 의학서라는 측면을 고려해 본다면 《구급방》은 '生
싱地띵黃荷 흔 兩량을 ᄀᄂ리 사ᄒᆞ오'에서와 같이 먼저 약재인 '생지황'
을 가져와서 가늘게 썰어 사용하는 방식을 택하고 있다면, 《구급간이방》은
'ᄂᆞᆯ ·디황불·휘 ᄀᄂ·리 사·ᄒᆞ로·니 흔 량·과'라 하여 이미 썰어둔 '생지황'
을 사용하는 방식을 택하고 있어 두 의서의 약재 처리가 다름도 알 수 있
을 듯하다. 또 《구급방》은 '프른 댓거프를 갈로 글가'에서도 마찬가지로 약
재 '댓거플'을 가져와서 칼로 갋는 방식을 택한 반면, 《구급간이방》은 '프·
른 ·대 글·고니 :반 량·과'은 '푸른대'를 갋은 것을 가져다가 사용하는 방식
을 택하고 있다.38)

> (13) [구방] 中熱暘死用路上熱土大蒜等分爛硏水調去粗飮之卽活　ᄯ
> 더위 메여 죽거든 길헷 더운 ᄒᆞᆰ과 굴근 마ᄂᆞᆯ와 等둥分분
> ᄒᆞ야 ᄂᆞ로니 ᄀᆞ라 므레 프러 즛의 앗고 **머기면** 즉재 사ᄂᆞ
> 니라(구上11ㄱ4)
>
> [구간] 中暑熱暘死道上熱土(길헷더·운 ᄒᆞᆰ)大蒜(마ᄂᆞᆯ)略等多少爛
> 硏冷水和去滓脚飮之卽差 더·위 ·드려 죽ᄂᆞ·닐 길·헷 더·
> 운 ᄒᆞᆰ·과 마ᄂᆞᆯ와를 ·ᄀᆞᆯ게 ᄂᆞ·화 므르 ·ᄀᆞ라 ·츤 ·므레 ·프
> 러 즈싀 :앗·고 **머·그면** ·즉·재 :됴ᄒᆞ·리라
> (14) [구방] 以陳米飮調下三錢許　무근 ᄡᆞᆯ 글혼 므레 프러 세 돈 남
> ᄌ기 **머기면** (구上60ㄱ5)

---

38) 이와 같은 점은 앞선 언급에서처럼 《구급방》에서 환자를 구급하는 사람이 환자
자신이었다기보다 어느 정도 의학적 식견이 있는 사람이었다는 점에 착안한 것이다.

[구간] 以陳米飮(무근·뿔글·힌·믈)調下三錢許 무·근 ·뿔 글·힌 ·
므레 :서 :돈·을 ·프러 **머그라**(간二112ㄴ)

(15) [구방] 濃米飮調下連進二三服 두터이 글힌 뿞므레 프러 닛우 **머기라**(구上60ㄴ1)

[구간] 濃米飮(디·투 글·힌 ·뿔·믈)調下連進二三服 디·투 글·힌 ·
뿔·므레 ·프러 닛·워 :두·서 번·을 **머·그라**(간二112ㄴ)

용례 (13)(14)(15)는 동사가 사동사로 된 것과 그렇지 않은 것의 차이를 보여준다. 행위의 형태가 주동이냐, 사동이냐에 따라 문헌의 특성을 구분 지을 수 있다. 원문의 한자 '食', '下', '服'의 언해가 《구급방》에서는 모두 사동형 '머기면/머기라'로 되어 있는 반면, 《구급간이방》에서 모두 능동형 '머그면/머그라'로 되어 있어 《구급방》은 병자가 아닌 간호자를 중심으로 언해를 했으며 《구급간이방》은 간호자가 아닌 병자를 중심으로 언해한 것으로 보인다.

5.2.3. 문법 요소의 차이

여기에서는 문법 요소의 차이를 크게 '조사류'와 '어미류'로 나누어 살펴 보고자 한다.

5.2.3.1. 조사류

격조사의 쓰임에 차이를 보이는 구문은 여러 곳이 있으나 여기서는 특정적인 용례 몇 가지를 제시하여 설명하기로 한다.

(16) [구방] 右足下作里字手出者亦効 올흔녁 발 아래 里링字쭝롤 스라 **소니** 낫ᄂ니도 쏘 됴ᄒ니라(구下84ㄴ4)

[구간] 右足下作里字手出者亦效 ·올흔녁 ·발 아:래 ᄆ슬:리쯧롤 ·쓰라 **손** 나니도 ·쏘 :됴ᄒ·니라(7-41ㄴ)

(17) [구방] 分半以故布數重裹之 半**반올** 눈화 눌근 뵈로 두서 븐를
　　　　　 빠 (구下36ㄴ2)

　　　 [구간] 分半以故布數重裹之 :**반·만** 눈·화 눌근 ·뵈로 :두·서 볼 ·**빠**

(18) [구방] 令溺水之人將肚橫覆相抵在牛背上兩邊用人扶策徐徐牽牛
　　　　　 而行以出腹)內之水 므레 짜딘 **사르므로** 비를 쇠 등 우희
　　　　　 ㄱ르 업데**오**고 두 녁 ㄱ·새 사른미 자바 (구上71ㄱ2〜4)

　　　 [구간] 令溺水之人將肚橫覆相抵在牛背上兩邊用人扶策徐徐宰牛
　　　　　 以行以出腹內之水 그 주·근 **사르·미** ·비를 :쇼ㅣ 등의 서
　　　　　 르 다·혀 :걸·티고 :두 ·ㄱ·새 :사르므로 븐드러 (1-72ㄱ)

(19) [구방] 若無牛以活人於長板櫈上… ᄒ다가 쇼 업거든 산 **사르므**
　　　　　 로 長땅床쌍 우희 　바뉘이고 (구上71ㄱ6〜7)

　　　 [구간] 若無牛以活人於長板簦上… ·ᄒ다가 :쇼ㅣ 업거·든 :산 :
　　　　　 사르·몰 댱상 우·희 올여 젓·바뉘이·고

(20) [구방] 又方以竈中灰布地令厚五寸 쏘 브서빗 **진로** 짜해 신로딕
　　　　　 두틱 다ᄉ ᅔ寸이에코 (구上71ㄴ7)

　　　 [구간] 竈中灰布地令厚五寸 브서·컷 **진롤** 짜·해 :반·잣 둗긔만
　　　　　 실오 (1-72ㄱ)

(21) [구방] 口鼻俱出　**입과 고콰애** 다 나ᄂ니 (구上59ㄴ5)

　　　 [구간] 口鼻俱出　·**입과 고·해** ·다 나

(22) [구방] 男**남**女**녕ㅣ** 므레 짜디닐 救굴ᄒ딕 (구上73ㄴ2〜3)

　　　 [구간] **남진·이어·나** :**겨·지비어·나** 므레 디·닐 살·오딕(1-66ㄴ)

　　예문 (16)에서는《구급방》에서의 주격조사가《구급간이방》에서는 생략
되었음을 확인할 수 있는데 원문 '手出者'에 대해《구급방》에서는 '소니 낫
ᄂ니도'로,《구급간이방》에서는 '손 나니도'로 주격조사 'ㅣ'가 생략되었다.
예문 (17)은《구급방》의 목적격 조사가《구급간이방》에서 보조사로 쓰였
는데,《구급방》에서 '分半'는《구급방》에서 '半반올 눈화'로 언해하여 '목
적격 조사'를 쓴 반면,《구급간이방》에서 ':반·만 눈·화'로 언해하여 '단독
보조사'를 사용하고 있음을 알 수 있다. 이 때《구급간이방》과 같이 '반만
눈화'로 언해한 것은,《구급방》에서와 같이 '半반올 눈화'로 언해하면 의

학적 지식이 없는 독자들이 '특정한 1개를 단순히 반으로 나누어 (1개를 전부)사용하라'라고도 인식할 수 있으므로, 이러한 오인을 피하여 정확하게 설명하기 위해 1개를 '나누어 반만 사용하라'는 것으로 언해한 것이라 여겨진다.

예문 (18)은 《구급방》에서 부사격 조사가 《구급간이방》에서는 목적격 조사로 쓰인 예인데, '令溺水之人…橫覆'는 《구급방》에서 한자 '令'의 의미를 언해에 반영하여 'ᄆ레 ᄲ싸딘 사ᄅᆞ ᄆᆞ로…ᄀᆞᄅ 업데우고(사람으로 하여금~엎드리게 하고)'라 언해하였는데, 《구급간이방》에서 '그 주·근 :사ᄅᆞ·ᄆᆡ 빈를…:걸·티고'라 언해하여 문장 구조를 달리하여 관형격 조사를 사용하였다. 또한 예문 (19)에서 보면 원문 '以活人'는 《구급방》에서는 '산 사ᄅᆞ ᄆᆞ로'로, 《구급간이방》에서는 ':산 :사ᄅᆞ·ᄆᆞᆯ'로, 예문 (20)에서 '以竈中灰'는 《구급방》에서 '브서빗 ᄌᆞ로'로, 《구급간이방》에서 '브서·긧 ·ᄌᆞ를'로 언해하여 《구급방》에서 부사격 조사를 사용하여 언해한 것에 비해 《구급간이방》에서는 목적격 조사를 사용하였음을 볼 수 있다.

예문 (21)은 '口鼻'는 《구급방》에서 '입과 고콰애'라 언해하여 '입'과 '고'에 모두 동반부사격이 결합한 형태, 즉 집단곡용이나, 《구급간이방》에서는 '입과 고해'라 언해하여 집단곡용을 하지 않음을 알 수 있다.

예문 (22)은 서술격 조사의 쓰임이 다른 용례를 제시한 것으로, 《구급방》에서는 '男남女녕 ㅣ'라 언해하여 주격을 사용하고 있는 반면, 《구급간이방》에서는 '남진·이어·나 :겨·지비어·나'라 언해하여 나열보조사를 사용하고 있음을 알 수 있다.

5.2.3.2. 어미류

어미의 쓰임에 차이를 보이는 구문은 특히 많으나 이는 오랜 경험과 많은 시술로 인해 어느 정도 병세나 치료 등에 확신이 담긴 표현을 쓰고 있는 《구급방》과, 이에 비해 다소 소극적인 표현을 쓰고 있는 《구급간이방》

으로 확연히 나눌 수 있다. 또한 어미들의 사용을 검토해 보면 원문의 내
용을 부연설명하여 주의사항이나 금기에 대해 독자에게 환기시키는 표현
을 쓰는 문헌과 그렇지 못한 문헌이 있으며, 약재의 사용에 있어서도 그
차이를 발견할 수 있다. 그러므로 여기서는 이러한 특징들을 중심으로 설
명하기로 한다.

(23) [구방] 又方纏喉風氣不通雄黃一塊新汲水磨急灌吐卽差 坐 纏
喉롷風봉에 氣 分분이 通통티 아니커든 雄熊黃熿 흔 무
저글 새 므레 ▽라 섈리 브서 吐통ㅎ면 즉재 됻ᄂ니라 (구
上45ㄱ2)

[구간] 雄黃(·셕우황)一塊新汲水(又 기·론 ·믈)磨急灌吐卽差 ·셕우
황 흔 무저·글 ▽ 기·론 ·므레 ·▽라 섈리 브·서 토ᄒ ·면
·즉재 :됴ᄒ·리라(二79ㄴ6)

(24) [구방] 又方口念鷗鶩鷗鶩立愈 坐 이베 鷗롱鶩쯩鷗롱鶩쯩ᄒ야
念념ᄒ면 즉재 됻ᄂ니라 (구上47ㄴ7

[구간] 口稱鷗鶩鷗鶩則下 ·이브·로 가마·오디 가마·오디 ·ᄒ야 니
ᄅ·면 ᄂ·리리·라(六2ㄴ)

(25) [구방] 服不過二服效 두服뿌애 넘디 아니ᄒ야셔 됻ᄂ니라 (구上
60ㄱ5)

[구간] 服不過二服效 :두 번 너무 먹·디 아·니 ·ᄒ야·셔 :됴ᄒ·리
라(2-112ㄴ)

(26) [구방] 厚封損處立差 헌 싸해 둗거이 브티면 즉재 됻ᄂ니라 (구
下29ㄴ5)

[구간] 厚封損處立差 :헌 ·ᄃ| 묻[둗]거·이 브·티면 ·즉재 :됴ᄒ리
라 (1-80ㄱ)

용례 (23)에서 보는 바와 같이 '卽差'의 언해에 있어서 《구급방》에서는
원칙법 '-니-'를 사용하여 보다더 일반적 사실을 설명한 반면, 《구급간이
방》에서 추측법 '-리-'를 사용하여 《구급방》보다는 소극적인 표현을 하고
있다. 이 때 '-니-'와 더불어 현재를 나타내는 직설법의 선어말 어미 '-ᄂ-'

가 항상 함께 쓰이는데, 이것은 '둏-'을 동사로 인식하였기 때문인 것으로 분석된다.

이와 같은 점을 보여주는 예를 모두 제시하면 아래와 같다.

(27) [구방] [][][][]口中咀嚼嚥之立下 또 硇舖o砂상 半반 돈을 이베 시버 숨씨면 즉재 느리느니라 (구上49ㄴ7)

　　　[구간] 硇砂半錢口中咀嚼嚥之立下 망사 반 돈을 이베 시·버 숨씨면 즉재 느리리라(6-7ㄱ)

(28) [구방] 口中咀嚼嚥之立下　이베 시버 숨씨면 즉재 느리느니라(구上49ㄴ7)

　　　[구간] 口中咀嚼嚥之立下　이베 시·버 숨씨면 즉재 느리리라 (6-7ㄱ)

(29) [구방] 下部不下卽出　느리디 아니ᄒ면 즉자히 나느니라 (구上52ㄴ4)

　　　[구간] 解衣帶眼看下部不下卽出　느·리디 아니·ᄒ야 ·즉재 나·리라(6-3ㄴ)

(30) [구방] 又扶令倚立子卽出　또 븓드러 지여 셔케 ᄒ면 子중식이 즉재 나느니라 (구下82ㄴ6～7)

　　　[구간] 又扶令[倚立]子卽出 또 븓드·러 ·지여 셔·게 ᄒ면 ·ᄌ·시기 ·즉재 나·리라(7-40ㄴ)

(31) [구방] 不過二服卽止 두 服뽁애 넘디 아니ᄒ야셔 즉재 긋느니라 (구上59ㄴ7～8)

　　　[구간] 不過二服卽止 :두 번 너무 먹·디 아니·ᄒ야·셔 ·즉재 그 ·츠리·라(2-112ㄱ)

(32) [구방] 又方裏石灰納下部中水出盡卽活 또 石셕灰횡를 ᄲᅡ 밑굼긔 녀흐면 므리 다 나면 즉재 사느니라(구上72ㄴ6)

　　　[구간] 石灰縣裏納下部中水出盡則活 ·셕회를 소옴·애 ·ᄲᅡ 항문 ·에 녀허 므리 :다 나면 :살리·라(1-76 ㄱ)

(33) [구방] 頭髮一撮如筆管大揫之立活 머리터럭 흔 져부미 붇ᄌᆞᆨ만 ᄒ닐 자바 둥긔면 즉자히 사느니라(구上76ㄱ2～3)

　　　[구간] 頭髮一撮如筆管大製之立活 머리터럭 흔 져·봄 ·붇ᄌᆞᆨ만 ᄒ·닐 자·바 ·둥·긔면 ·즉재 :살리·라(1-62ㄴ)

(34) [구방] 一二百轉則水出自活 一힗二싕百빅 버늘 구으리면 므리
나면 젎[-뒤집힘]로 사ᄂᆞ니라(구上73ㄴ2~3)

　　　[구간] 一二百轉則水出自活 ·일:싀·빅 번·을 구우·리면 ·므리 ·나
·ᄌᆞ션·히 :살리·라 (1-66ㄴ)

(35) [구방] 更以爐中煖灰覆臍上下則元氣廻自活 ᄯᅩ 火황爐롱앳 더운
지로 빗복 아라우희 두프면 元원氣킝 도라와 사ᄂᆞ니라(구
上73ㄴ4)

　　　[구간] 更以爐中煖灰(:화·로·앳 더운 지)覆臍上下則元氣回自活
다·시 :화·로·앳 더·운 ·지를 빗복 아라우희 더·프면 긔우
·니 도·라와 ·ᄌᆞ션·히 살리·니(1-67ㄴ)

(36) [구방] 唯開七孔水出卽活 오직 닐굽 굼글 여러 므리 나면 즉재 사
ᄂᆞ니라 (구上72ㄴ1)

　　　[구간] 唯七孔水出卽活 오·직 ·눈과 ·고콰 ·귀와 ·입과·를 여·러·
두어 ·므리 나면 즉재 살리라(1-70ㄴ)

(37) [구방] 各灸三五壯卽活 各각各각 세다ᄉᆞᆺ 壯장을 ᄡᅳ면 즉자히 사
ᄂᆞ니라 (구上74ㄱ8)

　　　[구간] 各灸三五壯卽活 두 녁·을 :세 봇·기어·나 다·ᄉᆞᆺ 봇기어나
ᄡᅳ면 즉재 살리라(1-77ㄴ)

(38) [구방] 又方卽於鼻下人中穴針灸遂 ᄯᅩ 人신中듕穴韄을 針짐ᄒᆞ고
ᄡᅳ면 사ᄂᆞ니라(구上78ㄴ2)

　　　[구간] 卽於鼻下人中穴針灸遂活·고 아·래 입시·울 우·희 오목흔
·디 침 주·고 ·ᄡᅳ면 :살리·라(1-63ㄴ)

용례 (11)에서 보는 바와 같이 '卽(則)活'의 언해에 있어서 《구급방》에
서는 '사ᄂᆞ니라'로 원칙법 '-니-'를 사용한 반면, 《구급간이방》에서 '살리라'
로 추측법 '-리-'를 사용하여 추정하고 있음을 알 수 있다.

《구급방》에서 한자어가 많다는 점, 전문 용어가 많이 쓰인 점, 사동형이
많다는 점 등은 민간에서 직접 이 문헌을 보고 병을 구완했을 가능성보다
는 전문지식이 있는 사람들에 의해 읽혀졌을 가능성을 생각해 볼 수 있게
한다. 또한 구급방류에서의 한문원문은 《언해구급방》에 비해 《구급방》과

《구급간이방》이 더 일치되는데 특히 《구급방》은 《구급간이방》보다 원문
에 더 충실하게 언해하고 있다.

6. 구문

이 장에서는 세 문헌에서 반복되거나 같은 내용을 공유하는 부분을 바탕으로 유사 구문을 추출하여 분석하여 구급방류 구문의 특성을 밝히기로 한다.

중세국어 전반의 구문에 관한 연구는 이현희(1994, 1999) 등을 중심으로 폭넓고 자세하게 이루어졌다.[1]

구문연구에 있어 구급방류는 주로 단문이거나, 단순나열식의 문장이 많고, 내포문보다 이어진 문장이 많으므로 제외되거나 보조적인 자료로 쓰여온 것이 사실이다. 그러나 오히려 이러한 점은 중세국어의 구문을 파악하는 데 용이할 뿐만 아니라 구문 분석의 어려움을 쉽게 해결할 수 있는 기초적 문장으로서 그 의의를 기대할 수 있다.

이들 구문을 분석하기 위해, 이들 세 문헌의 내용 체계를 비교하여 구문을 분류하고 분석한다. 이때 대상 자료의 언해뿐만 아니라 한자원문을 모두 입력하여 만들어진 각종 색인(어절 단위 색인, 한자와 언해를 대응시킨

---

1) 이현희(1994)에서는 15세기 구문을 정밀하게 관찰하고, 구문 유형을 제시하여 구문연구의 큰 틀을 제시하고, 구문의 성격에 대해 설명하였는데, 지정구문('아니'구문의 성격), 존재구문과 소유구문의 성격, 평가구문('맛당ᄒᆞ-', '올ᄒᆞ-', '둏-', '어렵-', '쉽-', '맞-'), 심리구문('젛-', '저프-', '두리-', '두립-', '지-', '깃브-', '즐기-', '즐겁-', '슳-', '슬프-', '시름ᄒᆞ-', '시름ᄃᆞ외-', '셟-'), 사유구문은 포괄적 사유구문('ᄉᆞ랑ᄒᆞ-', '너기-', '숫ᄒᆞ-')과 유표적 사유구문('믿-', '疑心ᄒᆞ-', '혜-')으로, 화법구문과 의미해석구문에서는 유표적 화법구문('묻-', '出令ᄒᆞ-', '讚嘆ᄒᆞ-'), 청원구문('請ᄒᆞ-', '빌-', '願ᄒᆞ-', '브라-'), 인지구문('알-', '모르-'), 지각경험구문은 청각경험구문과 수용구문, 시각경험구문과 인식경험구문이 그 유형이다.

병행 색인, 역순 색인, 세 문헌 비교 색인 등) 자료들은 구문 분석을 위한
비교·통계적 방법의 기초 자료로 이용한다. 주로 고빈도의 고유어를 중심
으로 구문 분석을 행할 것이다. 고빈도의 고유어들을 가려내기 위해서는,
언해와 한자를 병행한 색인에서 고유어들을 추출하여 빈도를 파악한다.

6.1. 체제 비교를 통한 구문 설정

세 문헌의 성격과 내용을 비교하기 위해, 먼저 목록을 비교하였는데, 세
문헌의 목록 모두에서 나타나고 현전하여 내용 비교까지 가능한 목록은
墮壓傷, 中風, 舌腫, 吐血, 凍死, 溺死, 自縊死, 卒死, 骨鯁, 失音, 鬼魘,
中寒, 難產, 霍亂, 纏喉風喉閉, 中暑 등 16항목이다. 이를 중심으로 세 문
헌의 체제를 비교하였는데,《구급방》은 대체로 '병명－원인－증세－처방'
의 순서로 구성되어 있고,《구급간이방》은 대체로 '병명－전문처방－간단
한 증세－매우 다양한 구급 처방'의 순서로,《언해구급방》은 대체로 '병명
－증세－처방－침구법'의 순서로 되어 있다. 세 문헌의 체제를 대비하면
다음과 같다.

[표 1] 구급방류의 내용 체제

		제시부		반복부		
구급방	병명	원인	증세	처방		치료
구급간이방	병명	전문처방	간단 증세	다양 처방		치료
언해구급방	병명		증세	처방	(침구법)	치료

먼저,《구급방》에서는 한자로 병명을 밝히고, 그 병에 걸리게 된 원인을
세분화하여 설명한다. 이어 그에 해당하는 증세를 간단하지만 매우 전문적

이고 과학적으로 기술하고 있다. 그리고 그 증세에 해당하는 처방을 다양하게 제시하고 있다. 특히 처방에는 주로 '먹는 약'이 높은 빈도를 차지한다.

《구급간이방》에서는 한자로 된 병명을 밝히고 세주에 그 병명에 대해 간단히 설명한다. 바로 다음에는 전문적인 처방전을 제시한다. 그리고는 《구급방》과 같은 자세한 병의 원인과 증세에 대한 설명은 뛰어 넘고, 간단한 병의 증상과 그에 해당하는 처방을 기술하였다. 《구급간이방》은 처방하는 방법이 매우 다양하나, 비슷비슷한 증세들과 그에 해당하는 각각의 처방들이 대부분을 차지하고 있는 등, 짜임새가 허술하고 비슷한 내용으로 중복 설명을 하기도 한다. 아마도 다양한 치료법들을 모으는 게 급선무였던 듯하다.

《언해구급방》은 한자로 된 병명을 밝히고, 그 병명에 대한 설명을 비교적 자세히 하였다. 그 뒤의 언해부분부터는 한자어로 된 병명을 직접 제시하면서 간단한 증세와 처방을 설명하고 있다. 증세와 처방을 기술할 때는 《구급방》과 《구급간이방》보다 훨씬 더 체계적인 양상을 보인다. 좀더 관련이 깊은 증세끼리는 모아서 그에 해당하는 처방을 한꺼번에 제시한다. 또한 《언해구급방》은 새로운 내용이 추가되기도 한다. 《언해구급방》의 가장 두드러진 특징은 처방의 마지막에 '침구법'이 다루어진다는 것이다.

이같은 구급방류의 체제를 기준으로 구문을 분류한바, '증세－처방－치료'로 명명하기로 한다. 이 중 《언해구급방》의 '침구법과 그에 따른 치료' 구문은 '처방 구문'과 '치료 구문'으로 함께 다루기로 한다.

6.2. 구문의 분석

6.2.1. 증세 구문

증세와 관련하여 병이나 환자의 증세에 사용된 용언들이 각 구급방류에서 어떻게 언해되었는가를 중점으로 살펴볼 것이다. 이 연구의 대상 문헌들이 모두 병이나 환자의 급한 상황을 설명하거나 처치하는 방법을 기술한 의서이기 때문에 증세와 관련된 용언들은 순간적인 치료를 요하는 증세들이 많음을 알 수 있다.

한 병명에 대한 구급방류 텍스트에서 증세 구문은 목록 다음에 위치하며, 대체로 증세+처방, 증세+처방이 수회 반복되며 텍스트의 후반부에 치료 구문이 위치한다. 증세 구문의 위치를 그림으로 나타내면 다음과 같다.

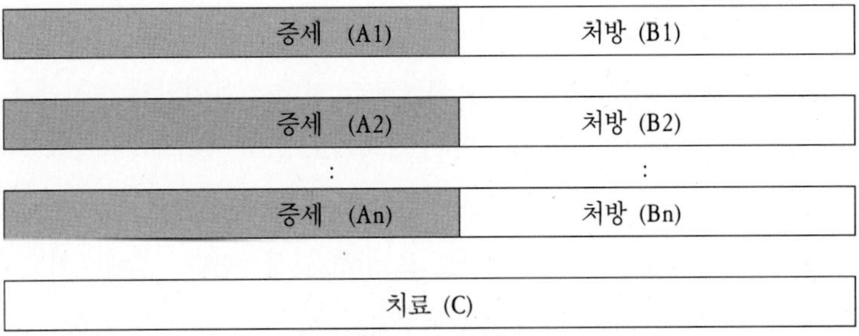

증세 (A1)	처방 (B1)
증세 (A2)	처방 (B2)
:	:
증세 (An)	처방 (Bn)

치료 (C)

[그림 1] 텍스트 상에서 증세 구문의 위치

구급방류 증세 구문은 텍스트상에서 비교적 전반부에 나타나며, 증세－처방－치료 구문이 나열식으로 반복된다. 또한 구급방류는 의학적 지식이 있는 발화자가 실제적으로 환자를 구완하는 수신자에게 응급처치법을 알려주기 위한 것이므로, 전체적으로는 명령문의 양상을 띤다. 명령문의 특성은 '처방' 구문에서 더욱 뚜렷이 드러난다.[2]

　중세 구문에서는 주로 주어가 실현되지 않는데, 구급방류에서 그 이유를 다음과 같은 화용적 상황과 관련지어 해석할 수 있다.

　구급방류 문헌은 화용적으로 의학에 권위가 있는 전문가가 또다른 전문가나 환자에게 명령 혹은 청유의 형태로 지시사항을 전달하는 형태이다. 의학적 지식이 있는 발화자가 실제적으로 환자를 구완하는 수신자에게 응급처치법을 알려주기 위한 것이다.

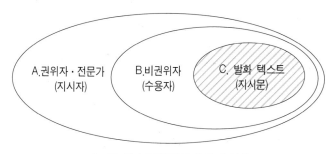

[그림 2] 구급방류의 화용적 상황

　구급방류의 화용적 상황은 [그림 2]와 같이 A가 B에게 지시 혹은 명령하는 구조로 이루어져 있고, 텍스트의 구성도 A가 발화할 때는 B의 존재를 상정한 상태이다. 그러므로 텍스트에는 A와 B에 대해서는 언급하지 않고 C만 표면적으로 드러낸다. 이와 같은 화용적 양상은 구급방류의 환자의 증세를 제시하고 있는 '증세' 구문에서도 ([[환자]가]) [[몸]이] [~어떠하면~]³⁾(~와 같이 처방하라)와 같이 수용 대상이 환자라고 상정하고 있으므로 환자인 주어가 나타나지 않는다⁴⁾는 특성을 띠게 한다. 이때의 표면형

---

2) '처방' 구문에서 '명령문의 특성'을 보여 준다면, 중세 구문에서는 '(환자가) ~ 어떠할 때에는, 어떠하다면' 등으로 해석되는 '조건문의 특성'을 보여준다 할 것이다. 그러나 이 글에서는 중세 구문의 조건적 구문에 대해서는 상술하지 않는다.

3) 구급방류에서 증세를 나타내는 구문은 이현희(1994:229-288)에 보이는 '형용사적인 심리동사'구문 [NP1이 NP2이 V]('NP1이'는 경험주 표시 명사구, 'NP2이'는 대상표시 명사구)과 구조상에서 유사한 양상을 띤다.

으로 [NP이 V/A-]이 일반적이다.

이를 바탕으로 이제, 구급방류에서 증세와 관련된 구문 '답답ᄒ다, 어즐ᄒ다, 헐다, 모ᄅ다, 막히다, 티와티다, 미치다, 주리다' 등을 분석하기로 한다. 이때 이들 어휘는 빈도가 높은 순으로 제시하였다.5)

1) 답답ᄒ다

'답답ᄒ다'와 관련된 용언들은 《구급방》(9회), 《구급간이방》(46회), 《언해구급방》(9회) 모두에서 찾을 수 있으나, '답답다'는 《구급간이방》에서, '답ᄭ다'는 《구급방》에서 훨씬 더 일반적으로 사용되고 있음을 알 수 있다. 이들을 한자와 대응하여 살펴보면 '답답ᄒ다'는 한자 '悶, 塞悶, 悶亂, 煩悶, 煩躁, 緊', '답답다'는 '悶, 迷悶, 煩, 煩躁', '답ᄭ다'는 '煩悶, 悶, 迷悶, 悶絶' 등에 대응되고 있다. 대체로 한자 '煩, 悶, 緊, 躁, 迷悶' 등을 언해한 것임을 알 수 있다.

구급방류에서 '답답ᄒ다'는 모두가 나타나는 구문은 다음과 같다.

> (1) a. 시긧병ᄒ야 ᄆᆞᅀᆞ미 답답ᄒ거든 (天行病心悶) (간一108ㄱ2)
>   b. 쏘 혜 忽홀然연히 브어 세윌고 답답ᄒ거든(又方舌忽腫硬塞悶)
>   (구上44ㄱ5)
>   c. 큰 병ᄒᆞᆫ 후에 긔운이 협협ᄒ고 답답ᄒ야 자디 몯ᄒ며 ᄆᆞᅀᆞ미
>   저프며(간一115ㄱ4)

'답답ᄒ-' 구문은 예문 (1a)에서처럼 [[ᄆᆞ슴]이 답답ᄒ-]로 분석되며, 다음과 같이 나타낼 수 있다.

---

4) 주어의 공범주 원리는 그 내용이 확인되어야 하는데, 이 경우는 상황 자체에 의해 주어지는 상황 공범주에 해당한다(고성환 (2003:51)참조).

5) 증세와 관련한 구문은 세 문헌 모두에서 나타나는 어휘를 대상으로 추출하였다.

$$\boxed{\text{NP이 답답ᄒ ─}}$$

다른 중세 구문과 같이 [사람이] 혹은 [환자가] 의미상의 주어로 여겨지나 실현되지 않는다. 또한 (1b)와 같이 주어가 생략되어 [(NP이)　A─]로 나타나기도 한다. '답답ᄒ ─' 구문의 선행절에는 '시　병ᄒ야(간─108ㄱ2) ─', '가슴 빗 ᄒ야디며 네 활기 것거디여(간─79ㄱ4)─'와 같이 [원인], [계기], [과정] 등으로 확장된다. 또한 '답답ᄒ ─' 구문은 '답답ᄒ야 주거가거든, 답답ᄒ야 알파 주글 돗거든, 답답ᄒ야 ᄠ통ᄒ고 주거가릴, 답답ᄒ야 덥달며, 답답ᄒ야 안씨 몯ᄒ며' 등과 같이 '답답ᄒ ─' 구문에 [진행], [예정], [추측], [결과] 등의 요소가 후행하는 경우가 많다. 이와 같은 점으로 미루어, '답답ᄒ ─'의 증세의 정도는 어떤 원인으로 인해 병이 심해지는 [과정], [상태의 경과]상에 놓인 것으로 이해할 수 있겠다. 그러나 현대의 '답답하─'에 비하여 그 정도가 '緊'에서부터 '塞悶'에 이르는 더욱 심화된 단계에까지 미친다.[6)]

2) 어즐ᄒ다

'어즐ᄒ다'는 《구급방》(15회), 《구급간이방》(12회), 《언해구급방》(5회) 모두에서 찾을 수 있으며, '아득ᄒ다'는 《구급방》과 《언해구급방》에서 찾

---

6) 《언해구급방》에서는 '답답ᄒ ─'와 관련하여 의미상의 주어인 '사람'이 주격조사 '이'의 형태로 실현되지 않고 '사름으로'로 나타나는 구문을 볼 수 있다. 이것은 원문의 한자 '슈人'을 '사람으로(~ 하여금)'로 언해한 것인데, 이 경우에도 '답답ᄒ ─'의 주어는 나타나기도 하고, 생략되기도 한다. 이러한 예문을 모두 제시하면 다음과 같다.
　ㄱ. 셕류황 머근 독은 사름으로 가슴이 답답ᄒᄂ니 (언下23ㄱ5)
　ㄴ. 오두과 텬웅과 부즈 머근 독은 사름으로 ᄆ음이 번열ᄒ야 답답ᄒ고 (언下21ㄱ7)
　ㄷ. 비상 머근 독은 사름으로 답답ᄒ야 미친 듯ᄒ고 가슴과 빈 젓ᄂ듯시 알ᄑ고 입과 ᄂ치 검프르고(언下21ㄴ7)
　ㄹ. 초우황 머근 독은 사름으로 ᄀ장 답답ᄒ야 (언下22ㄴ10)

을 수 있다. 이들을 한자와 대응하여 살펴보면, '어즐ᄒ다'는 '旋, 暈悶, 悶, 恍惚, 精恍惚, 發昏, 昏, 霍亂, 煩亂, 迷亂', '아득ᄒ다'는 '昏, 昏迷'에 대응된다. 대체로 '어즐ᄒ다'는 한자 '旋, 恍惚, 暈悶' 등을, '아득ᄒ다'는 한자 '昏迷'를 언해한 것임을 알 수 있다. '어즐ᄒ다' 구문은 '중풍'과 '무더위', '출혈', '중독' 등의 증세와 관련이 있는 것으로 구급방류를 통틀어 모두 32회의 높은 빈도를 보인다.

구급방류에서 '어즐ᄒ다'가 나타나는 용례는 다음과 같다.

> (2) a. 中듕風봉ᄒ야 忽홉然션히 어즐ᄒ야 醉쥥ᄒᆫ ᄃᆞᆺᄒ며 모미 어즐코 ᄃᆞᆲ가와 네 활개를 거두디 몯ᄒ며 (구上04ㄴ2)
> b. 一힗金금散산은 고해 피 나미 너무 하 어즐ᄒ야 주거가ᄂᆞ니 여러 藥약이 고티디 몯ᄒᆞ닐 고티ᄂᆞ니 (구上63ㄱ6)
> c. ᄯᅩ 어즐ᄒ야 귓것 보아 미치거든(구上19ㄴ1)
> d. 血휗氣킝 가ᄀᆞ기 뷔여 잔치디 몯ᄒ야 피 氣킝分분 조차 올아 ᄆᆞᅀᆞᆷ울 어즐게 홀 ᄉᆡ 눉 벼로기 나ᄂᆞ니 (구下94ㄱ8)
> e. 턱특곳 머근 독은 사ᄅᆞᆷ ᄆᆞ로 어즐코 토ᄒ니(躑躅毒恍惚吐逆)(언下23ㄴ11)

'어즐ᄒ-' 구문은 [[몸]이 어즐ᄒ-]로 분석되며, 다음과 같은 구문을 상정할 수 있다.

$$\boxed{\text{NP이 어즐ᄒ }-}$$

'어즐ᄒ－'구문에서도 주어는 잘 나타나지 않는다. '어즐ᄒ－'의 주체는 신체이며, 구급방류에서는 '머리', '마ᅀᆞ미' 등의 주어를 볼 수 있다. 증세를 나타내는 다른 구문과 마찬가지로 대주어인 '사람' 정도가 생략되었고, 신체의 일부를 소주어로 가지는 경우가 있다. '어즐ᄒ－'의 선행요소로는 주로 [원인], [계기], [과정], [시간] 등이며 후행요소로는 [다른증세], [상태], [경과], [결과] 등이 따른다.

또한《구급방》의 예문 (2d) [[피 기운]∅ 조차 올아 [무슴]을 어즐케 ᄒ
─]에서처럼 '어즐ᄒ─'의 사동형도 나타난다.

'어즐ᄒ─' 구문에서도 '답답ᄒ─' 구문과 같이 의미상의 주어인 '사람'
이 주격조사 '이'의 형태로 실현되지 않고 '사ᄅᆷ으로'로 나타난다. 이 또한
《언해구급방》에서만 나타나는 예이며, 한자 '슈人'을 충실하게 언해한 것
으로 파악된다. 또다른 예문으로 '바곳 머근 독은 사ᄅᆷ으로 자려 어즐ᄒᄂ
니(草烏毒令人麻痺暈悶)(언下24ㄱ10)'가 있다.

구급방류의 증세를 나타내는 구문 '어즐ᄒ-'는 현대어의 '아찔하다(갑자
기 정신이 아득하고 조금 어지럽다' 혹은 '어지럽다(몸을 제대로 가눌 수
없이 정신이 흐리고 얼떨떨하다)'의 구문과 같은 구조를 보인다.

'어즐ᄒ─'와 같은 의미로 [[精졍神씬]이 아득ᄒ-] 혹은 [(NP이) 아득
ᄒ-] 등으로 실현되며, '어즐ᄒ─' 구문과 같은 구조를 보인다. 그 예를 제
시하면 다음과 같다.

> f. 닶가와 사ᄅᆷᄆᆯ 모ᄅ고 이비 ᄆᆯ졎고 精졍神씬이 아득ᄒ고 氣 分분
>   이 ᄎᄂ니 (구下94ㄴ1)
> g. 믄득 듕풍ᄒ야 아득ᄒ야 업더디여 츨호디 몯ᄒ고(언上01ㄱ6)
> h. 쇼쥬를 만히 머거 독을 마즈면 ᄂ치 프르고 입을 다믈고 아득ᄒ야
>   인스 모로고 심ᄒ면 챵ᄌᆡ 석고 (언下19ㄴ8)

3) 헐 다

'헐다' 구문은 《구급방》(11회), 《구급간이방》(17회), 《언해구급방》(2회)
모두에서 찾을 수 있으며, 한자와 대응하여 살펴보면, '헐다'는 한자 '傷瘡,
傷, 瘡'등에 대응된다.

구급방류의 언해에서 '헐다'가 나타나는 구문은 아래와 같다.

(3) a. 늘근 사룸과 긔운 허흔 사ㄹ미 입 헐어든 (간三4ㄴ5)[7]
    b. 믈읫 金금瘡창 헐어나 것거나 피나거든(구上81ㄴ3)
    c. ㄴ치 풍독으로 만히 헐어든 (간三7ㄴ4)
    d. 쏘 갈해 헐며 도치예 버흔 들헷 瘡창을 고툐ᄃᆡ(구上82ㄱ7)
    e. 쏘 거믜 므러 모매 ᄀᆞ ᄃᆞ기 헐어든 고툐ᄃᆡ 즉재 둗ᄂᆞ니(구下77ㄴ2)

'헐-' 구문은 (3a)와 같이 대주어인 '사람'과 소주어 '입'이 표면형으로 나타나는 이중주어 구문이 보인다. 이때 두 개의 주어는 부분과 전체의 관계를 가지며, '헐-'구문은 [NP1이 + NP2이 + 헐-]로 상정할 수 있다. 그러나 대부분의 예문에서는 대주어인 '사람'은 생략되어 나타나지 않는다. '헐-' 구문이 14회, '헐이-' 구문이 2회로 구급방류에서 모두 16회 나타나는데, (3a)와 같이 주어가 드러나는 경우는 단 1회에 그친다. 구급방류에서 주어를 밝혀 적는 경우는 다른 구문에서도 찾아보기 힘들며, (3a)에서처럼 주어를 밝힌 것은 구급방에서 다루어지는 의미상의 주어인 불특정 환자에 비해 '늘근 사룸'과 '긔운 허흔 사룸'이라는 특정한 주어[8]를 나타내기 위함으로 파악된다. 그러므로 '헐-' 구문은 아래와 같이 상정할 수 있다.

$$\boxed{(\text{NP}_1이) + \text{NP}_2이 + 헐-}$$

'헐-' 구문을 위와 같이 상정하였을 때, 예문 (3b)는 대주어는 나타나지 않고, 단지 'NP{이/Ø} + V-'로만 나타난다. 구급방류 전체에서 '헐-' 구문은 대체로 이와 같은 양상을 보이는데, 이와 같이 대주어가 생략되고, 소주어만이 보이는 경우는 모두 14회 중 12회로, 1회는 이중주어가 나타

---

7) 예문의 약호는 ≪구급방≫은 '구', ≪구급간이방≫은 '간', ≪언해구급방≫은 '언'으로 표시함.
8) 고성환(2003:56)에서는 주어 생략의 조건으로 '주어에 배타적 의미가 부여되지 않을 경우에 생략될 수 있다'고 논하고 있다.

나며 1회는 주어가 보이지 않는다.

또한 '헐-' 구문은 예문 (3c)처럼 확장 구문도 나타난다.

(3c)와 같이, '헐-' 구문은 'NP1이'와 '헐-' 사이에 '풍독으로', '많이', 그 외에도 '셜독으로 ᄀ장 헐-', '다숫 가짓 비츠로 헐-' 등의 예를 찾을 수 있는데, 이처럼 [원인], [정도], [색채]를 나타내는 부사어들로 확장된다.

예문 (3d)는 주어가 생략되고 '헐-' 만이 보이는데, [[갈ᄒ]애 헐-]9)과 같이 분석되며, '헐-' 앞에 [원인], [도구]를 나타내는 부사어만 나타나며 주어는 보이지 않는다. 예문 (3e)에는 주어가 나타나지 않고, 부사어인 [[몸]애]만이 나타난다. 이때 '모매'는 '헐-' 구문이 [NP이 헐-]로 실현된다는 점을 감안하면, '몸이 헐다'라는 뜻으로 보아야 하므로 의미상으로는 주어로 볼 수 있으며, '몸의 (부분 부분이/곳곳이) 가득 헐면' 정도로 해석할 수 있을 것이다. '헐-' 라는 어휘는 의미상 '대상의 일부가 손상되는' 것이므로 크기가 비교적 작거나, 부분을 지칭하는 주어를 취하는 것이 자연스럽다. '몸'은 전체를 의미하는 주어이므로 '몸이 헐-' 과 같이 실현되는 것도 어색하다. 그러므로 [[[몸]애] ([[부분]이]) [[헐]어든]] 의 구조로 파악할 수 있으며, '몸 전체에서 어느 부분이 헐면'으로 해석이 가능하다. 그러므로 예문 (3f)에서는 소주어가 생략되었다고 볼 수 있겠다.

'헐이-' 구문은 2회 보이는데, 이때 [NP애 + V-]로 나타난다.

(3)' a. 쏘 金금瘡창을 고툐ᄃᆡ 오직 갈콰 도최예 헐여(구上82ㄴ8)
    b. 쏘 고ᄆᆡ 발토배 헐여 毒독氣킝 알폰 짜홀 고튜ᄃᆡ(구下63ㄴ3)

'헐이-' 구문은 [도구]나 [처소]를 나타내는 부사어를 가지며, 그 외에도 [[NP]애 [[헐이-]ㄴ]-{ᄃᆡ/굼}]와 같이 '도구부사격조사' + '헐이-' + '-

---

9) 구문의 분석은 '무표지 대괄호표시법'으로 나타내기로 한다. 용어는 임홍빈·이홍식 외(2002:179) 참조.

ㄴ' + 'N'의 형태로도 나타난다. 예문을 제시하면 다음과 같다.

      (3)" a. 곰과 범과의 토배 헐인 딜 바물 니기 시버 브티라 (구下63ㄴ6)
         b. 범과 일희와 헐인 딜 고튜딕 (구下64ㄱ2)

  4) 모르다

'모르다'는 《구급방》(8회), 《구급간이방》(6회), 《언해구급방》(8회) 모두
에서 찾을 수 있으며, '모르다'는 한자 '無知, 不識, 不知, 勿-知'를 언해한
것임을 알 수 있다. 유사한 의미를 갖고 있는 '아디 몯다/몯ᄒ다'는 '不知,
不識'에 'ᄎ리다'는 '不省'에 대응된다. '모르다/아디 몯다'는 주로 한자
'無知, 不識, 不知'를, '몯ᄎ리다'는 '不省'에 대응된다.

  구급방류에서 '모르다'가 나타나는 용례는 다음과 같다.

      (4) a. ᄯ또 미친 가히 므론 毒독이 므ᄉ매 드러 닶가와 사르믈 모르거
          든 (구下70ㄱ6)
        b. ᄯ또 믄득 中듕風봉ᄒ야 人신事ᄊᆞ 모르고 (구上03ㄴ8)

'모르-' 구문은 예문 (4a) [[사름]을 모르-]와 같이 분석되며, 구문은
다음과 같이 상정할 수 있다.

(NP이) NP를 모르-

  예문 (4b)는 목적격 조사가 생략되어 [NPØ V-]로 실현되었다. 구급방
류의 '모르-' 구문에서 주어는 표면형에 나타나지 않는다. 구급방류에서
'모르-'의 대상이 되는 명사는 '사람'과 '인사'뿐이다. 'NP을 모르-'의 선
행절에는 [원인], [경과], [과정] 등이 나타난다.

'모ᄅᆞ-'와 의미상 같은 구문으로 '아디몯ᄒᆞ-'가 있는데, '도와리 ᄒᆞ야 ᄀᆞ장 셜워 사ᄅᆞᆷ을 아디 몯ᄒᆞ거든 (간二56ㄱ3)'에서처럼 [[사ᄅᆞᆷ]ᄋᆞᆯ 아디 몯ᄒᆞ-]로 분석되며, '모ᄅᆞ-'와 같은 구문 구조를 보인다. '아디 몯ᄒᆞ-' 구문은 《구급방》과 《구급간이방》에서만 보이며 《언해구급방》에는 나타나지 않는다.

5) 막히다

'막히다'는 《구급방》(3회), 《구급간이방》(1회), 《언해구급방》(6회) 모두에서 찾을 수 있으며, '막히다' 구문을 한자와 대응하여 살펴보면, '마키다'는 한자 '閉, 厥, 塞, 壅'에 대응되며, 유사한 어휘인 '막딜이다'는 한자 '壅, 塞, 關格'에 대응된다.

구급방류에서 '막히다'가 나타나는 용례는 다음과 같다.

(5) a. 尸싱厥궳을 고툐ᄃᆡ 脉ᄆᆡᆨ이 뮈유ᄃᆡ 氣킝分분 업스며 氣 分분이 마켜 通통티 몯홀ᄉᆡ (구上39ㄱ8)
b. 담이 마켜 인ᄉᆞ 모ᄅᆞ고 소ᄅᆡ 톱 혀ᄃᆞᆺᄒᆞ고 약이 드디 아니커든 (언上02ㄴ7)
c. 믄득 ᄇᆞᄅᆞᆷ 마자 추미 올아 긔운이 막딜이며 어귀 굳ᄇᆞᄅᆞ고 누눌 티ᄠᅳ고 (간一7ㄴ1)
d. 긔운이 막딜여 가ᄉᆞ미 훤티 아니ᄒᆞ고 답답ᄒᆞ야 바비 ᄂᆞ리디 아니커든(간二81ㄱ5)

'막히-' 구문은 예문 (5a) [[氣 分분]이 막히-]와 같이 분석할 수 있으며, 다음과 같은 구문을 상정할 수 있다.

NP이 막히-

'막히-' 구문은 주로 [긔운]과 [담]을 주어로 가지며, 이때의 주어는 거의 생략되지 않는다. 이 구문의 선행절에는 [상태], [원인] 등이 나타나며, 후행절에는 [결과], [상태] 등이 따른다.

예문 (5c)와 (5d)는 '막히-' 구문과 의미상 같은 구문으로 '막딜이-'가 쓰인 예이다. '막딜이-' 구문은 《구급간이방》에서만 찾아볼 수 있고, '막히-' 구문과 같은 구조를 보인다.

6) 티와티다

'티와티다' 구문은 주로 《구급간이방》(6회)에서 찾을 수 있으나 《구급방》(1회), 《언해구급방》(1회)에서도 보인다. '티와티다'는 한자 '上, 上攻, 上喘逆, 上衝, 塞上, 上衝, 急, 脹'에 대응된다. 유사한 의미를 지닌 것으로 '티티다'가 있는데, 《언해구급방》에서만 찾을 수 있다. 이들을 한자와 대응하여 살펴보면, '티티다'는 '上連, 上衝, 泄逆"에 대응된다.

구급방류에서 '티와티다'가 나타나는 용례는 다음과 같다.

(6) a. 노푼 뒤셔 느려 디여 얼읜 피 가슨매 티와텨 느시 프르고 氣킝分분이 덜어 죽느닐 고툐뒤(구下28ㄴ6)

   b. 과ᄀ리 긔운이 티와텨 수미 되오 주글가 싁브닐 (긴二16ㄴ3)

   c. 그 중이 열이 가슴애 티와티고 머리 므거워 드디 몯ᄒ고 (언上04ㄴ11)

   d. 산증 알키 빗기슭으로셔 가슴애 티티느니를 일후믈 분돈이라 ᄒ느니 (언上20ㄱ2)

   e. 아무일에나 것딜여 분로흔 셩흔 긔운을 발 셜티 몯ᄒ야 우흐로 티티면 믄득 업더디여 인ᄉ를 모ᄅ고 (언上06ㄴ2)

'티와티-' 구문은 예문 (6a) [[[얼의]ㄴ] 피]∅ [가슴]애 티와티-]와 같이 분석할 수 있으며, 다음과 같은 구문을 상정할 수 있다.

$$\boxed{\text{NP}_1\text{이 (NP}_2\text{애) 티와티} -}$$

예문 6b)에서는 '처소를 나타내는 부사어'가 생략되어 표면형이 'NP이 티와티 -'로만 나타난다. '티와티 -' 구문의 선행절에는 [원인], [계기] 등이 나타나며, 후행절에는 [상태], [결과], [진행] 등이 따른다.

예문 (6c)에는 [NP이[그 중]이 [[열]이 [가슴]애 티와티 -]]와 같이 분석된다. 구급방류에서 '티와티-' 구문은 모두 7회 나타난다.

(6d)와 (6e)의 예는 '티와티 -'와 유사한 의미를 지닌 '티티 -' 구문인데, 《언해구급방》에서만 나타난다. '티티 -' 구문 (6d)는 [[산중 알키] ㅣ [빗기 슘]으로서 [가슴]애 티티 -]와 같이 분석되며, '산중 앓는 것이 뱃속에서부터 가슴에까지 치밀면' 정도로 해석할 수 있다. 구문은 'NP1이 NP2으로서 NP3애 티티 -'와 같이 실현되었다. 그 외에도 'NP으로 티티 -', 'NP이 NP{이/애} 티티 -'와 같은 표면형이 나타난다.

7) 미치다

'미치 -'와 관련된 구문들은 《구급방》(2회), 《구급간이방》(1회), 《언해구급방》(3회) 모두에서 찾을 수 있으며, 구급방류에서 '미치다'에 대응하는 한자는 '狂, 發狂, 狂亂, 癲狂, 猘'이 있다. 구급방류에서 '미치다'가 나타나는 용례는 다음과 같다.

> (7) a. 사름이 미쳐셔 슬허 울고 읇쥬기ᄂ니 이ᄂᆫ 샤긔 빌믜 들여시니
> (언上13ㄱ6)
> b. 과길이 미쳐 망녕읫 말ᄒ고 ᄂᆷ 구짓씨를 친소 혜디 아니ᄒ고
> (언上15ㄱ3)
> c. 녀름 처서메 가히 해 미치ᄂ니 모로매 아히ᄅᆞᆯ 警경誡갱ᄒ야
> (구下66ㄱ1)

d. 쏘 어즐ᄒ야 귓것 보아 미치거든 (구上19ㄴ1)

예문 (7a)는 [[사람]이 미치ᅳ]와 같이 분석되며 '미치ᅳ' 구문을 다음과 같이 상정할 수 있다.

NP{Ø/이} 미치ᅳ

(7b)는 표면형이 [(NP이) Ⅴᅳ]로 나타났는데, 주어를 생략한 것이다. '미치ᅳ' 구문은 유정체언만 주어로 삼을 수 있다. 그 중 주로 '사람'을 주어로 가지는데, 일반적으로 생략되어 나타난다. 그러나 예문 (7c) [[가히]Ø [하ㅣ [[[미치]ᄂ니]]]와 같이 동물을 주어로 삼기도 하는데, 이때 대응되는 한자는 '猘'이다. 또한 예문 (7c), (7d)와 같이 [NP이 미치ᅳ]의 구문의 선행절에는 [원인], [계기], [시기] 등이 나타나기도 한다.

8) 주리다

한자와 대응하여 살펴보면 '주리ᅳ'에 대응하는 한자는 '飢, 餓'가 있다. '주리다'와 관련된 용언들은 《언해구급방》(2회)에서 찾을 수 있으며, 다만 '(비) 곫다'의 경우는 《구급방》에서만 1회 찾을 수 있다. 이러한 점으로 미루어볼 때 《언해구급방》의 독자들이 《구급방》과 《구급간이방》의 독자들에 비해 더욱 굶주림에 시달리고 있었음을 알 수 있게 한다. 구급방류의 언해에서 '주리ᅳ'가 나타나는 용례는 다음과 같다.

(8) a. 눈에 블이 나고 ᄉ지 주리혀고10) 빗기슬기 주리혀 아프고(언上 46ㄴ2)

---

10) 이때 '주리히ᅳ'는 한자 '餓'에 대응되며, '주리히ᅳ'는 옛말사전류에 '걷다, 걷어모으다(輯)', '줄이다(緊, 縮)'의 의미만 등재되어 있다.

　　b. ㄱ장 주리거든 보야ᄒᆞ로 믈근　 믈를 주어 머기라 (언上22ㄴ9)

　'주리-' 구문은 예문 (8a)와 같이 [[빗기슭]이 주리-]로 분석되며 다음
과 같이 나타낼 수 있다.

```
┌─────────────────────┐
│    NP₁이 주리-        │
└─────────────────────┘
```

　서술어 '주리-'는 주어로 '신체의 소화기관인 배'를 선택제약으로 취하
게 된다. 이때에도 역시 의미상의 주어인 '사람이'는 드러나지 않고, 사람
의 신체 중의 일부인 '빗기슭'만이 보일 뿐이다. 또한 예문 (8b)는 '매우 주
리면 조금씩 맑은 죽물을 먹이라' 정도로 해석할 수 있는데, 이와 같이 주
어가 생략되고 [(NP이) 주리-]로만 나타나기도 한다. 또한 'NP'와 '주리-'
사이는 'ㄱ장'처럼 [정도]를 나타내는 부사어로 확장될 수 있다.
　'주리-'와 같은 의미로 파악되는 '곯-/고ᄑ'의 구문은 다음과 같다.

　　(8) c. 시혹 빅 골커나 시혹 너무 怒농커나(구上31ㄱ5)
　　　　d. ᄯᅩ 콩을 봇가 ㄱᄅᆞ 밍ㄱ라 솔닙 섯거 머그면 빅 고ᄑᆞ디 아닌ᄂᆞ
　　　　　니라 (언上47ㄴ2)
　　　　e. 밀을 ᄒᆞᆫ 덩이 씨브면 져므도록 고ᄑᆞ디 아닌ᄂᆞ니라(언上47ㄱ09)

　구급방에서는 [[빅]Ø + 곯-][11], 언해구급방에서는　[[빅]Ø 고ᄑᆞ-]
로 분석된다. 현대국어에서 '곯-'은 '음식을 양에 차게 먹지 못하거나 굶
다'라는 뜻의 타동사로, [[배]를 곯-]와 같이 목적어를 취한다. 그러므로 예
문 (8c)는 [NP를 곯-] 구문으로 파악할 수 있고 목적격 조사 '를'이 생략

─────────────────

11) 구급방류에서는 '골ᄑᆞ-'는 나타나지 않는다. '곯-'은 ≪구급방≫에서만 쓰이는
　　어휘이고, '고ᄑᆞ-'는 『언구』에 나타나는 어휘이다.

된 것으로 분석된다. 이때에도 '주리-'와 마찬가지로 목적어로서 '배'를 선택제약으로 취하게 된다.

예문 (8d)와 (8e)는 의미상으로는 'NP가 고프지 않을 것이다'라고 해석이 되어 증세구문이라기보다 치료구문과 관련지을 만하다. 그러나 위 예문을 통해 '고프-' 구문을 파악할 수 있으므로 여기에서 함께 논하기로 한다. '고프-'는 현대국어에서는 '그는 배가 고팠다'[[[그]는] [[배]가] [[[고프]았]다]]와 같이 이중주어를 취하는 것이 자연스럽다. 그러나 예문 (8d)에서는 [[빈]Ø [고프-]]와 같이 소주어만을 가지며, 이때 주격조사는 생략되었고, 예문 (8e)에서는 주어가 모두 생략되었다.

6.2.2. 처방 구문

한 병명에 대한 구급방류 텍스트에서 처방 구문은 증세 구문의 다음에 위치하며, 대체로 한 가지의 증세(증세(A))에 따르는 하나 정도의 처방이 같은 문장 안에서 제시된다. 이어서 이미 제시한 증세에 관하여는 설명을 생략한 채, 다양한 처방(처방(B1, B2,……Bn))을 나열하고 있다. 이렇듯 '증세+처방'이 수회 반복되며 텍스트의 후반부에는 치료 구문(치료(C))이 위치한다. 처방 구문의 위치를 그림으로 나타내면 다음과 같다.

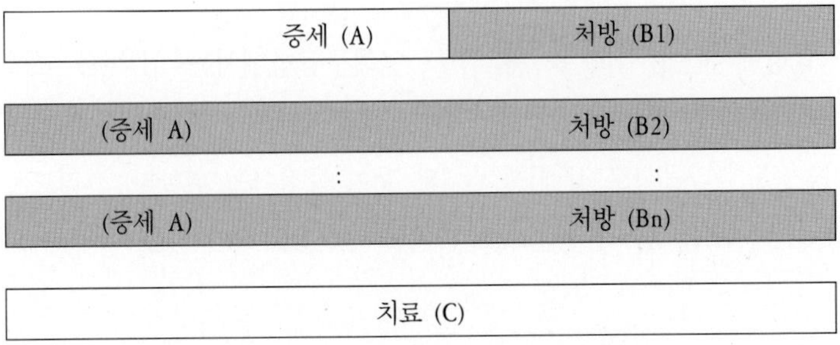

증세 (A)	처방 (B1)
(증세 A)	처방 (B2)
:	:
(증세 A)	처방 (Bn)
치료 (C)	

[그림 2] 텍스트 상에서 처방 구문의 위치

구급방류 처방 구문은 텍스트상에서 중세 구문에 후행하여 나타나며, 처방 구문 뒤에는 치료구문이 따른다. 대체로 증세－처방－치료 구문이 과정적, 나열식으로 반복된다.

처방 구문의 문헌별 차이를 보면,《구급방》은 일정한 증세에 해당하는 처방을 다양하게 제시하는데, 특히 '먹는 약'에 관한 처방이 높은 빈도를 차지한다.

《구급간이방》에서는 한자로 된 병명을 밝히고 세주를 달아 그 병명에 대해 간단히 설명한다. 바로 다음에는 '宜服和劑方牛黃淸心圓至寶丹小續命湯排風湯省風湯御藥院方木香保命丹得效方解語湯 화·졔·방·애 우황 청심원 ·지:보단 :쇼·속:명·탕 비풍:탕 ·싱풍:탕 :어·약:원방·애 ·목향:보·명 단 ·득:효방·애 :희·어:탕·과를 머·고미 ·맛당ᄒ·니라(1-1ㄴ)'와 같이 첫 부분에 전문적인 처방전을 우선 제시한다. 그러고는《구급방》에 비해 간단하게 병의 증상을 밝히고, 그에 해당하는 처방을 기술하였다.《구급간이방》에는 처방하는 방법이 매우 다양하게 제시되어 있으나, 비슷비슷한 증세들과 그에 해당하는 각각의 처방들이 대부분을 차지하고 있는 등, 짜임새가 허술하고 비슷한 내용으로 중복 설명을 하기도 한다. 아마도 다양한 치료법들을 모으는 게 급선무였던 듯하다.

《언해구급방》은 한자어로 된 병명을 직접 제시하면서 간단한 증세와 처방을 설명하고 있다. 처방을 기술할 때는《구급방》과《구급간이방》보다 훨씬 더 체계적인 양상을 보인다. 좀더 관련이 깊은 증세끼리는 모아서 그에 해당하는 처방을 한꺼번에 제시한다. 또한《언해구급방》는 새로운 내용이 추가되기도 하는데, 처방에서는 마지막에 '침구법'이 다루어진다는 것이다.

구급방류 특성은 원전이 존재하는 한문원문을 언해한 것으로, 언해사가 화자라면, 청자는 환자이거나 응급처치를 하게 될 중간자가 된다. 구급방류 문헌은 의학에 권위가 있는 전문가가 또다른 전문가나 환자에게 명령 혹은 청유의 형태로 지시사항을 전달하는 형태이다. 의학적 지식이 있는 발화자가 실제적으로 환자를 구완하는 수신자[12]에게 응급처치법을 알려주기 위한 것이다.

　이러한 구급방류의 명령문의 특성은 '처방' 구문에서 뚜렷이 드러난다.[13]

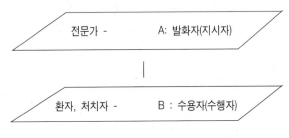

[그림 3] 구급방류의 화용적 상황

　구급방류의 '처방' 구문은 [두터비 ᄉ론 지]를 ([粥죽 믈]에) 머그라'와 같이 주로 명령문으로 실현되는데, 이때 구급방류 텍스트를 통한 간접명령의 형태를 띠며, 중화된 형식의 '하라'체를 쓰고 있다. 간접명령은 특정한 청자를 상대로 한 명령이 아니므로[14] 텍스트의 화용론적 상황으로 수용자를 추정할 수밖에 없다. 그러나 몇몇 국어학적 특징으로 구급방류의 수용자를 분류해 볼 수 있는데, '먹다' 구문의 경우, 원문의 한자 '食', '下', '服'의 언해가 《구급방》과 《언해구급방》에서는 사동형 '머기면/머기라'로 되어 있는 반면, 《구급간이방》에서는 능동형 '머그면/머그라'로 되어 있어, 《구급방》은 병자가 아닌 간호자를 중심으로 언해를 했으며 《구급간이방》은

---

12) 《구급방》에서는 어느 정도의 전문적 식견이 있는 사람들을 고려하여 의사와 같은 전문인들에게 읽히기 위한 간행이었을 가능성이 있고, 《구급간이방》의 경우, 전문적인 지식이 부족한 민간인들을 고려하여 이들이 출처보다는 증상을 먼저 확인하고 그에 해당하는 구급법을 찾아 치료할 수 있도록 간행한 것으로 추정할 수 있다.

13) '처방' 구문에서 '명령문의 특성'을 보여 준다면, 중세 구문에서는 '(환자가) ~ 어떠할 때에는, 어떠하다면' 등으로 해석되는 '조건문의 특성'을 보여준다 할 것이다.

14) 고성환(2003:110-111) 재참조.

간호자가 아닌 병자를 중심으로 언해한 것을 짐작할 수 있다.

구급방류는 병이나 환자의 급한 상황에 대해 처치하는 방법을 기술한 의서이기 때문에 처방과 관련하여서는 순간적인 치료를 요하는 증세들과 한 증세에 따르는 처방도 다양함을 알 수 있다.

구급방류에서의 처방 관련 구문으로는 '침법'과 관련된 것, '매다'와 관련된 것, '붙이다'와 관련된 것에서 찾을 수 있다. 또한 약의 복용과 관련하여, '마시다, 머기다, 솜끼다' 등의 구문이 매우 높은 빈도로 나타난다. 이를 바탕으로 구급방류에서 처방과 관련된 구문 '먹다, 브티다, 솜끼다, 마시다, 벗다, 침주다' 등을 분석하기로 한다. 이들 어휘 역시 빈도가 높은 순으로 제시하였다.15)

(1) 먹다

처방 구문과 관련하여 '먹-' 구문은 세 문헌 전체에서 가장 높은 빈도를 보이며, 그 외에도 '마시다', '솜끼다' 구문이 높은 빈도를 보이는데, 이것은 구급방류에서 처방 시 '먹는 약'이 가장 널리 쓰이고 있음을 짐작하게 한다.

'먹다'와 관련된 용언들은 《구급방》(48회), 《구급간이방》(664회), 《언해구급방》(39회) 모두에서 찾을 수 있으며, 세 문헌 모두에서 매우 높은 빈도를 보이는 어휘이다.

'먹다'는 한자 '服, 食, 飮, 下, '啖, 吃, 飯, 啜, 取, 墮, 逼, 可, 呑, 灌, 喫'등과 대응이 된다. '服, 食, 飮, 下'는 《구급방》, 《구급간이방》, 《언해구급방》 세 문헌 모두에서 대응이 되는 것이고, 啜, 取는 《구급방》 '可, 墮, 逼'는 《구급간이방》에서, '啖, 吃, 飯'는 《언해구급방》에서만 대응되는 한자이다.

---

15) 처방과 관련한 구문은 세 문헌 모두에서 나타나는 어휘를 대상으로 추출하였다. 이들 구문 외에도 '기드리-, 넣-, 노기- , 누르-, 덮-, 돔그- 불-, 붗-, 쓰-, 울흐-, 싯-, 양지호-.' 등이 있다.

(1) a. 쏘 두터비 스론 지룰 粥쥭 므레 머그라(구下67ㄴ5)

　　b. 쏘 귓거시 텨 여러 法법으로 고티디 몯ᄒ거든 니근 뿍을 ᄒ얄
　　　만ᄒ니 두 나출 믈 두 盞잔애 글혀 다슷 分분을 取츔ᄒ야 즛의
　　　앗고 다 머그라(구上17ㄱ3-4)

　　c. 姜강附뿡湯탕 乾간薑강 흔 兩량과 附뿡子즁 ᄂ를 것과 빗보
　　　글 앗고 細셍切쳟호니 흔 낫과를 사ᄒ라 每ᄆᆡ服뽁 세 돈애 믈
　　　흔 盞잔 半반ᄋ로 닐굽 分분을 글혀 食씩前쪈에 ᄃᆞᆺ닐 머그라
　　　(구上05ㄴ7-8)

　　d. 時씽節졇 혜디 마오 ᄃᆞ순 수레 두 돈곰 프러 머고ᄃᆡ ᄒᆞᄅᆞ 서너
　　　번 머그라(구下19ㄱ8)

　　e. 쏘 과ᄀᆞ리 中듕惡학ᄒ야 가슴 알ᄂᆞ닐 고툐ᄃᆡ 苦공參ᄉᆞᆷ 석 兩
　　　량을 사ᄒ라 됴흔 醋총 흔 되 半반ᄋ로 글혀 여듧 호ᄫᆞᆯ 取츔
　　　ᄒ야 强강ᄒᆞᆫ 다 먹고 늘그니와 져므니ᄂᆞᆫ 둘헤 ᄂᆞ화 머그라
　　　(구上30ㄱ7-ㄴ1)

'먹다' 구문은 '[두터비 스론 지]룰 ([粥쥭 믈]에) 머그라'와 같이 분석되며 (1a)에서와 같이 '먹다'와 관련되는 구문은 [(NP이) NP을 먹-]로 상정할 수 있다.

$$\boxed{\text{(NP이) NP을 먹-}}$$

주로 명령문에 의해 전달되는 처방 구문의 특성상 주어는 생략되어 있다. 이때 의미상의 주어는 병의 증세와 관련되는 내용에서 찾을 수 있는데, 증세 구문은 주로 '-ᄒᆞᄃᆡ, -거든' 등과 같은 조건절로 나타나며 환자에 대한 정보를 밝히고 있는 것이다. (1b)에서도 '귓거시 텨…못ᄒ거든'처럼 조건절이 나타나고,[16] 주어가 생략된 처방 구문이 나타나고 있는데 이와 같

---

16) 주어이면서 주제어에 해당한다. 그러므로 해석상에서도 '-이/가'보다는 '-은/는'이
　　더 자연스럽다.

은 경우가 일반적이다. 이때의 주어는 생략되었지만 목록과 텍스트의 앞부분에서 밝히고 있듯이 구정보이자 발화의 초점이 되고 있는 정보이므로 충분히 예측이 가능하다. 또한 (1b)와 (1c)에서처럼 [NP이 NP을 V-] 구조에서 부사구의 의미기능은 약의 조제 및 복용법에 관한 것인데, 이들 부사어의 일반적인 순서는 [먹는 대상]-』[먹는 방법(조제법17)-』복용량-』복용시기)]이다. 다만, (1d)의 '時씽節졇 혜디 마오 두슨 수레 두 돈을'에서처럼 초점이 되는 정보이거나, 비교적 많은 양의 정보를 담고 있는 부사구는 '時씽節졇 혜디 마오 두슨 수레'와 같이 먼저 복용 시기를 먼저 제시한 다음, 복용법 및 복용량을 제시하고 있기도 하다.

(1e)는 [[늘그니와 져므니]는 [둘혜 ᄂᆞ호]아 머그라](구下26ㄱ6)와 같이 '먹-' 구문의 주어를 밝히고 있는데, 이때의 주어는 신정보이자 앞서 언급한 주어와는 구별되는 특정한 주어이므로 생략되지 않았다.

현대국어에서 '먹-' 구문은 'NP이 NP을 먹-'으로 실현되며, 이때 '먹-'의 목적어로 고체, 기체, 액체를 모두 취하지만,18) 대체로 고체를 목적어로 취하는 경우가 많다. 그러나 구급방류에는 약재를 달여 즙 등 액체 상태로 먹는 경우가 많으므로, '먹-'의 목적어로 '액체'를 취하는 경우가 '고체'를 취하는 빈도보다 훨씬 높다

또한 구급방류에서는 '먹다'의 사동형인 '머기다'의 빈도 또한 매우 높게 나타난다.

'머기다'와 관련된 용언들은 《구급방》(52회), 《구급간이방》(208회), 《언

---

17) 이 때 《구급방》은 '따뜻한 술에 풀어 먹-'고, 《구급간이방》은 '술에 풀어 달혀 먹-'는 경향이 높은 것으로 보인다. 《언해구급방》은 《구급방》과 비슷한 양상을 띤다. 이중 《구급방》과 《구급간이방》에서 '먹다' 구문 중 같은 원문을 공유하고 있으나 문헌별로 언해의 차이를 보이는 예도 있다.
   以水調一錢服之 - 흔 돈을 므레 프러 머그라(구上49ㄴ4)
   以水調一錢服之 - 므레 흔 돈을 프러 머그라(간六6ㄴ4)
18) 현대국어에서 '먹다'는 '밥을 먹다, 술을 먹다, 연탄가스를 먹다' 등과 같이 물질의 성질에 구애받지 않고 비교적 자유롭게 목적어를 취할 수 있다.

해구급방》(256회) 모두에서 찾을 수 있다.

《구급간이방》에서는 '먹다'의 빈도가 훨씬 높게 나타나지만, 《구급방》에서는 '먹다'와 '머기다'가 비슷한 빈도로 나타나며, 《언해구급방》에서는 오히려 '머기다'의 빈도가 훨씬 높다. '머기다'의 한자 대응 양상은, '服, 飮, 下, 含'는《구급방》,《구급간이방》,《언해구급방》 모두에서 대응되고, 《언해구급방》에서는 다양한 한자가 대응 되는데, '飯, 灌下,19) 用, 取, 取飮, 呑, 調服, 喫, 作服, 湯飮, 飮服, 含'등이 그것이다. 이렇듯《언해구급방》에서는 다른 곳에서 나타나지 않는 다양한 한자까지를 '머기다'로 언해한 것을 볼 수 있다.

구급방류에서 '머기다'가 나타나는 용례는 다음과 같은데,

> (1') a. 가마 미틧 홀글 細셍末맗ᄒ야 두 돈을 ᄀᆞ 기른 井졍花황水쉉
>   예 프러 머기고(구上22ㄱ3)
>   b. 쏘 더위 메여 죽거든 길헷 더운 흙과 굴근 마ᄂᆞᆯ와 等등分분ᄒ
>   야 ᄂᆞ로니 ᄀᆞ라 므레 프러 즛의 앗고 머기면 즉재 사ᄂᆞ니라(구
>   上11ㄱ4)
>   c. 남진 병ᄒᆞ니란 겨지비 믈 ᄒᆞᆫ 잔을 머기고 겨집 병ᄒᆞ니란 남진이
>   믈 ᄒᆞᆫ 잔을 머기라(간二29ㄱ8)20)

구급방류에서 '먹이다'는 (1'a)의 [가마 미틧 흙]을…머기고'와 같이 분

---

19) '머기다'에 대응되는 한자 중 '灌'은 대체로 '붓다, 븟다'에 해당되는 것이나, 아래 예문과 같이 '머기다'와 '브어 머기다'에 대응되기도 한다.
    用溫酒灌之卽蘇 ᄃᆞᄉᆞᆫ 수를 머기면 즉재 사ᄂᆞ니라(구上20ㄴ06)
    煎湯三盞候溫倂灌服 므레 글혀 세 盞잔을 ᄃᆞ시 ᄒᆞ야 머기라(구上22ㄱ1)
    又方豆豉濃煎湯灌下立解 쏘 젼국을 걸에 달혀 더우닐 머그면 곧 됴ᄒᆞ리라
    (구下50ㄱ3)
    薑湯調灌卽甦 싱강탕의 ᄑᆞ러 브어 머기면 즉제 ᄭᆡᄂᆞ니라(언上06ㄴ04)
20) 《구급방》에서는 같은 의미의 예문으로 'ᄒᆞ다가 남지니 病뼝커든 겨지비 믈 ᄒᆞᆫ
    자ᄂᆞᆯ 주어 머기고 ᄒᆞ다가 겨지비 病뼝커든 남지니 믈 ᄒᆞᆫ 자ᄂᆞᆯ 주어 머기라(구上
    28ㄱ7)'와 같이 나타나고 있다.

석되므로, '(NP이) NP를 먹이다'의 구조로 상정할 수 있다. 이처럼 (1′a)와 (1′b)에 의하면, '먹다'와 같은 구문으로 실현되고 있음을 볼 수 있다.

더욱이 《구급방》과 《구급간이방》에서 같은 원문을 언해하면서 문헌에 따라 주동형인 '먹다'와 사동형인 '먹이다'로 서로 다르게 언해한 것을 확인할 수 있다.

(1″) a. [구방] 中熱暍死用路上熱土大蒜等分爛研水調去粗飮之卽活
　　　쏘 더위 몌여 죽거든 길헷 더운 흙과 굴근 마늘와 等등
　　　分분ᄒᆞ야 ᄂᆞ로니 ᄀᆞ라 므레 프러 즛의 앗고 머기면 즉
　　　재 사ᄂᆞ니라(구上11ㄱ4)

　　[구간] 中暑熱暍死道上熱土(길헷더·운 흙)大蒜(마늘)略等多少
　　　爛研冷水和去滓脚飮之卽差 더·위 ·드려 죽ᄂᆞ·닐 길·헷
　　　더·운 흙·과 마늘와를 ·ᄀᆞᆯ게 ᄂᆞ·화 므르 ·ᄀᆞ라 ·ᄎᆞ· 므
　　　레 ·프러 즈싀 :앗·고 머·그면 ·즉·재 :됴ᄒᆞ·리라(간二
　　　038ㄴ3)

b. [구방] 以陳米飮調下三錢許   무근 ᄡᆞᆯ 글흔 므레 프러 세 돈 남
　　　즈기 머기면 (구上60ㄱ5)

　　[구간] 以陳米飮(무근·ᄡᆞᆯ글·힌 ·믈)調下三錢許 무근 ·ᄡᆞᆯ 글·힌
　　　·므레 :서 ·돈·을 ·프러 머그라(간二112ㄴ1)

c. [구방] 濃米飮調下連進二三服 두터이 글힌 벐므레 프러 닛우
　　　머기라(구上60ㄴ1)

　　[구간] 濃米飮(다·투 글·힌 ·ᄡᆞᆯ·믈)調下連進二三服 다·투 글·힌 ·
　　　ᄡᆞᆯ·므레 ·프러 닛·워 :두·서 번·을 머·그라(간二112ㄴ7)[21]

위 (1″a), (1″b), (1″c)예문은 같은 한자 '食', '下', '服'의 언해가 《구급방》에서는 모두 사동형 '머기면/머기라'로 되어 있는 반면, 《구급간이방》에서는 모두 능동형 '머그면/머그라'로 되어 있는 예들이다. 그러나 현대국어에서 '먹다'의 사동형인 '먹이다'는 '어머니가 아기에게 밥을 먹이다'와 같이 'NP

21) 《언해구급방》에서는 원문이 일치하는 부분을 찾을 수 없다.

이 NP에게 NP을 먹이다'의 구문으로 실현된다. 이들 문장에서는 동작주와 피동작주, 사동주와 피사동주가 모두 표면화되지 않았으므로, '먹다'와 '먹이다'의 구문 또한 그 구분이 모호하다. 단지 《구급간이방》에서는 언해 시 사동형보다 주동형을 훨씬 선호하는 경향이 있는 것으로 분석되며, 이러한 언해양상은, 《구급방》은 병자가 아닌 간호자를 동작주로 언해했으며 《구급간이방》은 간호자가 아닌 병자를 동작주로 인식하고, 언해했음을 짐작하게 한다.

그러나 '먹이다' 구문에서 사동주 및 피사동주를 밝히고 있는 경우도 있다. (1'c)에서는 '[남진 병ᄒᆞ니]란 [겨집]이 [믈 ᄒᆞᆫ 잔]을 머기고', '[겨집 병ᄒᆞ니]란 [남진]이 [믈 ᄒᆞᆫ 잔]을 머기라'와 같이 분석할 수 있으며, 현대어로는 '남자 환자에게는 여자가 물 한 잔을 먹이고, 여자 환자에게는 남자가 물 한 잔을 먹이라'로 해석할 수 있다. 이때 '먹이다'의 구문은 'NP이 NP란 NP을 먹이다'로 상정할 수 있다.

(2) 브티다

'브티다' 구문은 《구급방》(66회), 《구급간이방》(144회), 《언해구급방》(21회) 모두에서 찾을 수 있다. 고유어 '브티다'를 한자와 대응하여 살펴보면 매우 다양한 한자와 대응되는데, '傅, 貼, 敷, 着在, 貼護, 菴, 塗, 封, 粘, 貼' 등이다. 이들 중 '傅, 貼'은 세 문헌 모두에서 '브티다'로 언해되었고, '敷, 粘'은 《구급방》에서, '着在, 貼護, 菴'은 《언해구급방》에서만 '브티다'로 언해된 것이다. 또한 '브텨 미요ᄃᆡ'가 《구급간이방》에서 나타나기도 한다.22)

구급방류의 언해에는 '브티다'가 나타나는 용례는 다음과 같다.

---

22) 《구급간이방》에서 나타나는 유일례이다.
  겨지븨 월경슈에 ᄆᆞ라 ᄒᆞᆰᄀᆞ티 ᄒᆞ야 브스름 우희 브텨 미요ᄃᆡ ᄆᆞᄅᆞ거든 ᄀᆞ라
  (간三26ㄱ1)

(2) a. 또 雄ᅌᅮᆼ黃ᅘᅪᆼㅅ ᄀᆞᆯᄋᆞᆯ 瘡창의 브티면 반ᄃᆞ기 汁집이 나ᄂᆞ니 즉
　　　　재 돋ᄂᆞ니라 (구上84ㄱ3)
　　 b. 煉련혼 도틔 곱ᄋᆞᆯ 노겨 골 ᄆᆡᇰᄀᆞ라 瘡창의 브티면 알포미 즉재
　　　　궂ᄂᆞ니라 (구上84ㄱ1)
　　 c. 또 金금瘡창애 피 나 궂디 아니커든 車챵前젼 니플 ᄆᆞ르 디허
　　　　브티면 피 즉재 궂ᄂᆞ니 (구上85ㄱ2)

　(2a)는 ˹[雄ᅌᅮᆼ黃ᅘᅪᆼㅅ ᄀᆞᆯ]ᄋᆞᆯ [瘡창]의 브티-˼로 분석되며, '브티다' 구문
은˹[NP이 NP을 NP에 브티-]˼와 같이 상정할 수 있다.

> (NP이) NP를 NP에 브티-

　'(NP이) NP를 NP에 브티-' 구문에서도 주어는 생략되어 있다. 이것은
명령문의 특성이자, 구급방류의 구문의 일반적인 특성이라 하겠다. 또한
(2a)와 (2b)에서처럼 목적어로는 '재료' 혹은 '약재'의 성격을 가지는 것을
취하며, 부사어로는 '처소' 혹은 '장소'와 관련되는 어휘를 취하는데, '금창,
ᄆᆞᆫ 딕, 알픈 딕, 피 나는 딕, 헌 ᄊᆞ흥, 瘡口 우흥, 니마 우흥' 등이며, 모
두 신체의 일부분이다. (2c)는 ˹[車챵前젼 닙]을 …브티-˼로 분석되며, 주어
와 부사어가 생략된 채, '(NP이) NP을 (NP애) 브티-'로만 실현되고 있다.
이러한 생략은 조건절에 상처가 난 부위와 증세가 이미 제시되었기 때문
으로 보인다.
　현대국어에서 '붙이다'는 '봉투에 우표를 붙이다, 땅에 발을 붙이다'와
같이, 부사어와 목적어의 순서가 '(NP이) NP에 NP를 붙이-'로 실현되는
것이 자연스럽다. 그러나 구급방류에서 '브티-'구문은 대체로 '(NP이) NP
를 NP에 브티-'로 실현되어, 그 순서가 다른 것이 특징이다. 이것은 중요
한 정보를 먼저 제시하는 구급방류의 서술 방식에서 그 이유를 찾을 수

있을 듯하다.

(3) 슴끼다

'슴끼다'와 관련된 용언들은 《구급방》(2회), 《구급간이방》(43회), 《언해구급방》(7회) 모두에서 찾을 수 있다. '슴끼다'는 《구급방》, 《구급간이방》, 《언해구급방》에 모두 나타나는 어휘이다. '슴끼다'는 치료를 위해 '(액체 혹은 유동식의) 약을 섭취하는 행위'이기도 하고 한편으로는 '(독이나 구슬, 빈혀, 바늘 등)몸에 해로운 것이나, 이물질을 잘못 섭취한'23) 경우일 수도 있다. 여기에서는 병의 구완을 위한 섭취 행위만을 대상으로 하였다.

고유어 '슴끼다'에 대응하는 한자를 살펴보면, '슴끼다'는 '灌, 呑, 下, 服下, 嚥津, 嚥, 服, 入'에 대응되는데, '嚥'는 세 문헌에서 모두 보이고, 대체로 '灌, 呑, 服' 등의 한자와 관련된다.

구급방류에서 '슴끼다'가 나타나는 용례는 다음과 같다.

(3) a. 싱甘감草촛 흔 寸촌올 느로니 시버 슴껴 (구下51ㄴ8)
b. 목 므르거든 셜리 늘과 두 촌만 흐닐 시버 춤 조쳐 슴끼면 (간一35ㄴ6)
c. 대초 허리 버흐니 마곰 머구머 노겨 슴끼라 (간二81ㄴ3)
d. 木耳(남긧 버슷)縣裏舍嚥津 남긧 버스슬 소오매 빠 머그머서 추믈 슴끼라 (간六5ㄴ3)

(3a)는 '[싱甘감草촛 흔 寸촌]을 슴끼-'로 분석되며, '슴끼-' 구문은 '[(NP이) NP를 슴끼-]'와 같이 상정할 수 있다.

23) 이물질이나 광물 등 잘못 삼킨 다음과 경우도 있다.
下(언上32ㄴ07), 嚥下(언上46ㄴ10), 呑(구上49ㄱ8)(언上30ㄱ06), 呑之(언上28ㄱ08), 嚥呑(구上52ㄱ7), 津(구上46ㄱ6), 誤呑(구上50ㄴ1), 下(구上51ㄴ8), 嚥(구上65ㄴ3), 嚼嚥(구上49ㄴ6), 就嚥(구上46ㄴ6)

(NP이) NP를 숨끼-

'(NP이) NP를 숨끼-' 구문에서도 주어는 나타나지 않는다. 처방구문에서는 (3b)에서도 역시 주어는 나타나지 않으나, 조건절에서는 '목 모르거든'와 같이 주어를 짐작할 수 있는 정보를 제공하고 있다. '(NP이) NP를 숨끼-' 구문에서는 'NP를'과 '숨끼-' 사이에 부사구로 확장이 되는데 이때 주로 목적어인 약재의 입자를 가늘게 하거나 용해시키는 행위와 관련이 있다. (3)의 예문들 'ᄂ로니 시버', '머구머 노겨' 외에도 '젹젹 머구머', '추메 노겨', '비븨여', '머구머서 날회여', '므르 시바' 등과 같이 확장된다. 이것을 '먹-' 구문의 확장과 관련지어 비교해 보면 흥미로운 차이를 발견할 수 있다. '먹-' 구문에서는 '무레 프러', '수레 프러', 혹은 '수레 글혀' 등으로 확장이 되는데, 이들 예를 통해, 약재를 잘게 부수거나 액체에 용해시킬 때 '숨끼-'는 입 안에서, '먹-'은 입 밖에서 행한다는 차이를 발견할 수 있다.

(4) 마시다

'마시다'와 관련된 용언들은 《구급방》(11회), 《구급간이방》(25회), 《언해구급방》(8회) 모두에서 찾을 수 있으나, '마시다'를 한자와 대응하여 살펴보면 '마시다'는 구급방류에서 한자 '啜, 啜服, 呷, 服, 飮服, 飮, 服飮'을 언해한 것인데, 한자 '飮'은 세 문헌 모두에서 보이는 것이고, '呷'은 《언해구급방》에만 보이는 것[24]이다.

구급방류에서 '마시다'가 나타나는 용례는 다음과 같다.

(4) a. 又方飮生薑汁一升 쏘 生싱薑강 汁집 흔 되를 마시라(구下68

---

[24] '마시다'가 한자 '呷'에 대응되는 예는 《언해구급방》에서 단 1회 나타나며, 그 예는 다음과 같다. '煎水時時呷服妙 달힌 믈을 시시로 마셔 머구미 됴ᄒ니라(언下35ㄴ11)'

ㄴ4)

b. 가슴앳 긔운이 답답ᄒ야 거스리거든 싀홧불휘 ᄂ를 디허 ᄶᆞ 즙
을 마시라(간二60ㄱ4)

c. 蓮花葉燒飮之 련곳과 닙과를 ᄉ라 마시라(간七25ㄱ3)

d. ᄯᅩ ᄀᆞᆺ자븐 양의 피 더운 이를 두 되를 마시면 즉시 글ᄂᆞ니라(언
上38ㄴ9)

e. 夫尿(제 남진의 오좀)二升煮令沸飮之 제 남진의 오좀 두 되를
글혀 마시라(간七19ㄱ8)

(4a)는 '[生싱薑강 汁즙 ᄒᆞᆫ 되]를 마시-'로 분석되며, '마시-' 구문은
'[(NP이) NP를 마시-]'와 같이 상정할 수 있다.

> (NP이) NP를 마시-

'(NP이) NP를 마시-' 구문에서도 주어는 나타나지 않는다. (4b)에서는
조건절에 '가슴앳 긔운이 답답ᄒ야 거스리거든'과 같이 환자에 관한 정보
가 있고, 주절에서는 주어를 생략한 채, 'NP를 마시-'의 구문이 나타나 있
다. '마시-' 구문에서는 '초, 즙, 침, 꿀, 물, 술, 젖, 오좀' 등 주로 액체 상태
의 목적어를 취하는 것이 자연스럽다. 또한 증세 구문에서 '믄득 누네 귓것
보며 고콰 입과로 모딘 귓거싀 氣킝分분을 마시거나 ᄒ야(구上15ㄴ1)'와
같은 예를 찾을 수 있는데 액체가 아닌, '氣킝分분'을 목적어로 취하기도
한다. 현대국어에서도 '마시-' 구문은 'NP이 NP를 마시-'와 같이 실현되며,
'동생이 물을 마신다', '그는 연탄가스를 마셨다'에서처럼 목적어로 액체와
기체를 취할 수 있다.

또한 예문 (4c), (4d), (4e)와 같이 'NP를'과 '마시-' 사이에 'ᄉ라', '글혀',
'상녜'와 같이 부사구로 확장이 되는데, 대체로 약재의 [복용법], [복용시
기]의 순서를 취한다.

(5) 쁘다

'쁘다' 구문은 《구급방》(5회), 《구급간이방》(2회), 《언해구급방》(1회) 모
두에서 찾을 수 있다. '빠미다'는 《구급간이방》과 《언해구급방》에서 찾아
볼 수 있는 어휘이다.

고유어 '빠미다, 빠미여두다, 쁘다, 빠시다' 중 '빠미다'는 《구급간이
방》과 《언해구급방》에서 '裹, 繫, 封, 封裹, 着, 布, 傅, 菴, 縛合, 包'를
언해한 것이다. '빠미여두다'와 '빠시다'는 《언해구급방》에만 나타나는 것
이다.

'쁘다'는 세 문헌 모두에 나타나는 것으로, 대응되는 한자는 '裹, 裹着,
封, 封裹, 塞, 菴, 裹定, 包'임을 알 수 있다.

구급방류에서 '쁘다'가 나타나는 용례는 다음과 같다.

(5) a. 믈읫 金금瘡창 헐어나 것거나 피 나거든 藥약으로 쁘고(구上81
ㄴ2)

b. 슬히 그처디며 꺼야디거든 …… 쏘 새 쏭ㅅ 거츠로 쁘고(구上
82ㄱ2)

c. ᄒ다가 히미 긋거든 旋션復복根근을 取츙ᄒ야 디허 쁘면 곧 닛
ᄂ니라(구上82ㄱ4)

d. 한니블로 머리와 ᄂ과 몸과 손바룰 횟두로 쁘고(간一65ㄴ4)

(5a)는 '[藥약]으로 쁘-'로, (5b)는 '[쏭 겇]으로 쁘-'로 각각 분석된다.
(5c)는 '(NP로 NP를) 쁘-'로 분석할 수 있다. (5d)는 '[한니블]로 [머리와
ᄂ과 몸과 손바]를 횟두로 쁘-'로 분석되며 '쁘-' 구문은 '[(NP이) NP로
NP를 쁘-]'와 같이 상정할 수 있다.

(NP이) NP로 NP를 쁘-

현대국어에서 '빳-' 구문은 '선물을 포장지에 싸다, 아기를 포대기로 싸다'와 같이 '[(NP이) NP를 NP에 빳-]' 혹은 '[(NP이) NP를 NP로 빳-]'의 구문으로 실현된다. 구급방류에도 '빳-'와 관련하여, 이 두 가지 구문을 모두 볼 수 있다. 그러나 '霍확亂롼吐통瀉샹호야 가슴 비 알커든 [봇근 소금 두 보속]를 [죠희]에 빳고 紗샹로 끼려 가슴과 비에 언고(구上34ㄴ5)'의 '(NP이) NP를 NP에 빳-'와 같은 구문은 처방과는 직접적인 관련이 없고, 처방의 전단계로서 다른 약재를 처리하는 과정상의 문제이므로 처방구문으로 다루기에는 다소 어려움이 있다. 그러므로 처방구문과 관련하여 '빳-' 구문은 '(NP이) NP로 NP를 빳-'로 실현됨으로 보는 것이 자연스럽다. 'NP로'는 '약, 쑹 겊, 한니블' 등 상처를 싸는 도구로 대치되며, (5c)에서와 같이 생략되기도 한다. 'NP를'은 상처의 부위로 대치되는데, 구급방류의 예문들에서는 대체로 생략되어 있다. 이것은 선행절에서 이미 상처 부위와 관련되는 정보를 제공하고 있기 때문인 것으로 분석된다. 이렇듯 '빳-' 구문은 구문의 요소들이 문장 속에서 뚜렷하게 나타나지 않는 경우가 많다. 또한 《구급방》에서 '빳-' 구문은 《구급간이방》에서는 주로 '빳미-'구문으로 나타나는데25), 이때 《구급간이방》에서는 'NP로 NP를 빳미-'로 표면화되는 경우가 많다. 이것으로 '빳-'보다는 '빳미-'의 의미가 좀더 뚜렷함을 알 수 있게 한다. '빳미-'가 나타나는 몇 예문을 제시하면 다음과 같다.

> (5') a. 블근 픗출 초애 무라 브른 후에 박니프로 빠미라(간六22ㄴ4)
> b. 소진을 므르 ᄀ라 ᄀ누리 글을 밍ᄀ라 헌거스로 그 우흘 빠미면 지해를 면흐리라 (간六29ㄴ8)
> c. 디혼 파로 ᄠ 딕 빠미면 즉재 됴흐리라 (간六60ㄱ6)

---

25) 《구급간이방》에서는 '빳-' 구문은 2회, '빠미-' 구문은 13회, 《언해구급방》에서는 17회 나타난다. 또한 《구급방》에는 '쌔미-'가 나타나지 않는다. 《구급방》의 '빳-'를 《구급간이방》과 《언해구급방》에서는 '빠미-'로 언해하고 있다.

(6) 침주다26)

'침법'과 관련된 용언들은 《구급방》(7회), 《구급간이방》(10회), 《언해구급방》(7회) 모두에서 찾을 수 있다. '침주다'는 《구급간이방》, 《언해구급방》에 나타나는 어휘이다. 그 중 《언해구급방》에서 자주 출현하는 어휘이다. 한자와 함께 쓰인 '針짐ᄒᆞ다'는 《구급방》에서, 한자 없이 고유어로만 표기된 '침ᄒᆞ다'는 《구급간이방》에서 보이는 어휘이다. 또한 《구급간이방》에서는 '침으로 ᄢᅦᆯ어'로도 언해되었다.

고유어 '침주다'를 한자와 대응하여 살펴보면 '침주다'는 《구급간이방》에서 '針'을, 《언해구급방》에서 한자 '針, 鍼刺, 刺'를, 《구급방》의 '針짐ᄒᆞ다'와 《구급간이방》의 '침ᄒᆞ다'는 한자 '針'을, '침으로 ᄢᅦᆯ어'도 역시 한자 '針'을 언해한 것임을 알 수 있다. '침주다'와 관련된 대응 한자로는 '針'이 가장 많고, 《언해구급방》에서 '鍼'이 보이며, 드물게는 '刺'에도 대응된다.

구급방류에서 '침주다'가 나타나는 용례는 다음과 같다.

 (6) a. 큰 침으로 네 ᄀᆞᆺ과 가온ᄃᆡᄅᆞᆯ 침주고 (간三22ㄴ1)
    b. 침구홀 법은 합곡과 인듕혈랑 침주고 (언上02ㄴ2)
    c. ᄯᅩ 밨 엄지가락톱 아래 안녁 겨틀 토ᄇᆞ로셔 三삼分뿐 만ᄒᆞᄃᆡ 針짐ᄒᆞ고 (구上40ㄴ6)
    d. ᄯᅩ 閒간使ᄉᆞᄅᆞᆯ 針짐호ᄃᆡ 一ᄒᆞᆳ百빅 숨 남ᄌᆞ기 ᄒᆞ고 (구上25ㄱ1)
    e. 손 발 열 가락 그틀 침으로 ᄢᅦᆯ어 피내오 빗보ᄀᆞᆯ 닐굽 닐굽 붓글 ᄡᅳ라 (간二40ㄴ3)

(6a)는 '[네 ᄀᆞᆺ과 가온ᄃᆡ]ᄅᆞᆯ 침주-'로 분석되며, '침주-' 구문은 '[(NP이) NP를 침주-]'와 같이 상정할 수 있다.

---

26) 고유어 '침주다'는 ≪구급방≫과 ≪구급간이방≫에서는 '針짐ᄒᆞ다'와 '침ᄒᆞ다'로 도 언해하고 있으므로 이 글에서는 합성어로 다루었다.

$$\boxed{\text{(NP이) NP를 침주-}}$$

구급방류의 다른 처방 구문과 같이 주어가 생략되어 실현되고 있으며, (6b)에서도 '침구홀 법'이라는 주제어만을 밝히고 주어는 생략되어 있다. 또한 '합곡'과 '인듕혈'이라는 전문 용어를 쓰고 있는데, 이러한 침법과 관련된 경혈에 관한 용어는 비교적 《언해구급방》에서 가장 전문적으로 나타나며, 이러한 점으로, 《언해구급방》의 주어(행위자)는 전문가일 가능성을 짐작하게 한다. 이와 대조적으로 《구급간이방》에서는 《언해구급방》에 비해 고유어로 쉽게 풀어서 언해한 경향이 뚜렷하다. 침구법에 관련한 처방은 처방 중에서도 가장 마지막에 위치하는 것이며 '침주-' 구문의 후행절에는 주로 (6d)의 '一힗百빅 숨 남ᄌ기 ᄒ고'와 같이 침놓는 횟수와 (6e)의 '빗보ᄀᆯ 닐굽 닐굽 붓글 ᄡᅳ라'와 같이 뜸뜨는 부위 및 횟수를 제시하고 있다.

6.2.3. 치료 구문

ᄒᆡᆫ 병명에 대한 구급방류 텍스트에서 치료 구문은 단락의 마지막에 제시되며, 대체로 한 가지의 증세(증세(A))에 따르는 하나 정도의 처방이 같은 문장 안에 제시되고, 그와 관련되는 치료 구문이 제시된다. 이어서 이미 제시한 증세는 생략된 채, 다양한 처방(처방(B1, B2,……Bn))구문과 치료 구문(치료(C))을 반복적으로 나열하고 있다.

증세(A)	처방 (B1)	치료 (C1)
(증세A)	처방 (B2)	치료 (C2)
	:	:
(증세A)	처방 (Bn)	치료 (Cn)

[그림 4] 텍스트 상에서 치료 구문의 위치

구급방류 치료 구문은 텍스트상에서 증세구문과 처방 구문에 후행하며, 처방과 치료 구문이 반복되어 나타난다. 이때 처방과 치료 구문을 거듭할수록 '병의 진행 중지, 회복, 완치'로 치료의 단계가 높아지기도 한다.

치료 구문의 내용별 차이로 《구급방》은 오랜 경험과 많은 시술로 인해 어느 정도 병세나 치료 등에 확신이 담긴 표현을 쓰고 있는데 비해 《구급간이방》은 다소 소극적이라는 점을 들 수 있다.

다음은 《구급방》과 《구급간이방》에서 같은 한문원문이 언해에서 어미의 쓰임에 차이를 보이는 부분이다.

(1) a. [구방] 又方纏喉風氣不通雄黃一塊新汲水磨急灌吐卽差 ᄯᅩ 纏喉ᅘᅮᇰ風봉에 氣킝分분이 通통티 아니커든 雄ᅘᅮᇰ黃ᅘᅪᇰ ᄒᆞᆫ 무저글 새 므레 ᄀᆞ라 ᄲᆞᆯ리 브ᅀᅥ 吐통ᄒᆞ면 즉재 됻ᄂᆞ니라 (구上45ㄱ2)

[구간] 雄黃(·셕우황)一塊新汲水(ᄀᆞᆺ 기·론 ·믈)磨急灌吐卽差 ·셕우 황 ᄒᆞᆫ 무저·글 ᄀᆞᆺ 기·론 ·므레 ·ᄀᆞ라 ᄲᆞᆯ리 브·ᅀᅥ 토ᄒᆞ·면 ·즉재 :됴ᄒᆞ·리라(二79ㄴ6)

용례 (1)에서 보는 바와 같이 '卽差'의 언해에 있어서 《구급방》에서는 원칙법 '-니-'를 사용하여 보다더 일반적 사실을 설명한 반면, 《구급간이방》에서 추측법 '-리-'를 사용하여 《구급방》보다는 소극적인 표현을 하고 있는 것이다.[27]

이와 같은 점을 보여주는 예는 흔히 보이며, 그 실례를 5.2.3.2.에서 제시한 바 있다.

다음은 《언해구급방》의 예이다.

> (2) [언구] 열혜 여슷 닐굽이 살고 닷쇄 엿쇄마니 쓰면 열혜 세네흔 사
>   ᄂᆞ니 닐웨 곳 디나면 쓰미 가티 아니ᄒᆞ니라 (언下37ㄱ9)
>   [언구] 일즉 구ᄒᆞ니ᄂᆞᆫ 열혜셔 닐굽여듧이 됴코 버거 구ᄒᆞ니ᄂᆞᆫ 네
>   다ᄉᆞ시 됴코 늣거야 구ᄒᆞ니ᄂᆞᆫ 열혜 ᄒᆞ나히 됴티 몯ᄒᆞᄂᆞ
>   라(언上16ㄱ3~5)

《언해구급방》에서는 (2)와 같이 '열혜 여슷 닐굽이 살고', '열혜 세네흔 사ᄂᆞ니'로 나타난다. 이와 같이 《언해구급방》은 치료 시기, 증세와 발병 정도에 따라 구완 가능한 자와 불가능한 자를 구분하고 있고, 치료 가능성을 확률화하여 다르게 제시하고 있는 등, 《구급방》과 《구급간이방》에 비해 체계적이고 현실적이다.

구급방류의 치료 구문은 증세 구문과 처방 구문에 비해 그 종류가 많지 않다는 것이 특성이다. 증세 구문과 처방 구문이 병의 종류만큼이나 다양하게 나타났다면, 치료 구문은 병의 개선 정도에 따라 다음과 같이 크게 3단계 정도로 구분할 수 있다.

> ㄱ. 병의 진행을 정지하는 단계임 - 긏다
> ㄴ. 병에 긍정적 영향을 주어 회복되는 단계임 - 둏다
> ㄷ. 병의 완치 단계임 - 살다, 둏다
>   긔특ᄒᆞ다(신험ᄒᆞ다, 묘ᄒᆞ다, 신기ᄒᆞ다)

---

27) 이 때 '-니-'와 더불어 현재를 나타내는 직설법의 선어말 어미 '-ᄂᆞ-'가 항상 함께 쓰이는데, 이것은 '둏-'을 동사로 인식하였기 때문인 것으로 분석된다. 치료구문에서의 '둏-'은 상태를 나타내기보다 '좋아진다'는 상태의 호전 과정으로 분석되는 경우이다.

대부분의 치료 단계를 나타내는 구문은 '둏다'가 쓰이고 있다. '둏다' 구문은 《구급방》(118회), 《구급간이방》(402회), 《언해구급방》(99회)로 구급방류의 치료 구문에서 가장 높은 빈도를 차지한다. 한문 원문에는 '佳, 可, 得, 得治, 妙, 神驗, 良'와 같이 다양한 한자로 기록되어 있으나 이들을 모두 '둏-'로 언해하고 있어, 치료 구문에서 '둏다' 구문이 광범위하게 사용되었음을 알 수 있다. 이렇듯 대부분의 치료 구문을 '둏다'가 담당하는 것은 구급방류라는 문헌의 특성과 관련지을 수 있겠는데, 응급상황에서의 응급처치를 다룬 것이므로 응급처치를 할 수 있으나 없느냐의 여부가 중요하지, 치료의 양태나 단계는 중요하지 않았을 것이기 때문이다. 곧 증세나 처방에 중점을 두고 언해되었다고 파악된다.

이와 같은 치료 구문은 다음과 같이 크게 두 가지 구문으로 상정해볼 수 있겠다.

(3) [병의 증상]이 긏다
　　 NP이 A/V-

(4) [약재나 처방]이 [병]에 둏다
　　 NP1이 NP2에 A-

구급방류 치료 구문은 대체로 (3)과 같이 'NP이 V/A-'로 실현되는 것이 대부분이며, 이때에도 주어를 한정적으로 나타내는 경우를 제외하고는 표면화되지 않는 경우가 대부분이다. 또한 (4)와 같이 '둏다' 구문은 'NP1이 NP2에 A-'로 실현되는 것을 기대할 수 있으나 실제로는 주어가 생략된 채 '(NP1이 NP2에) 둏-'로 표면화된다.

구급방류는 주어가 흔히 생략되는데, 응급 환자들을 구하기 위한 목적으로 편찬된 것이므로, 수용 대상은 환자임을 상정한 상태이므로 주어를 또다시 환기시키지 않는다[28]는 특성을 띠게 한다. 이것은 구급방류의 모든 구문에서 흔히 볼 수 있으며, 명령문으로 이루어진 처방 구문에서 그 특성이 더 뚜렷이 드러난다. '또 더위 메여 죽거든 길헷 더운 흙과 굴근 마늘와 等둥分분ᄒ야 ᄂ로니 ᄀ라 ᄆ레 프러 즛의 앗고 머기면 즉재 사ᄂ니라'와 같은 치료구문에서도 주어가 생략되는 경우가 흔하다.

또한 치료구문에서는 비교나 정도를 나타내는 '못, 甚씸히, ᄀ장 더, 가히', 시간을 나타내는 '즉재' 등이 높은 빈도로 결합하고 있다.

치료와 관련된 용언들이 각 구급방류에서 어떻게 언해되었는가를 중점으로 살펴볼 것이다. 구급방류에서 치료와 관련되는 것으로는 효험과 관련된 것, 회복의 단계와 관련된 것, 완치에 이르는 것 등 다양한 언해양상을 살펴볼 수 있다.

이를 바탕으로 구급방류에서 치료와 관련된 구문 '둏다, 살다, 긎다, ᄭ다, 긔특ᄒ다' 등을 분석하기로 한다. 이때 이들 어휘는 빈도가 높은 순으로 제시하였다.29)

1) 둏다

치료 구문과 관련하여 '둏다' 구문은 세 문헌 전체에서 가장 높은 빈도를 보인다. '둏다'와 관련된 용언들은 《구급방》(118회), 《구급간이방》(402회), 《언해구급방》(99회)모두에서 찾을 수 있으며, 세 문헌 모두에서 매우 높은 빈도를 보이는 어휘이다. 이 때의 '둏다'는 효험에서부터 완치에 이르는 다양한 한자를 언해한 것이다.

고유어 '둏다'을 한자와 대응하여 살펴보면 '둏다'은 '佳, 可, 得, 得治, 妙, 神驗, 良' 등에 이르는 매우 다양한 의미를 지니는 것임을 알 수 있다.30)

---

28) 주어의 공범주 원리는 그 내용이 확인되어야 하는데, 이 경우는 상황 자체에 의해 주어지는 상황 공범주에 해당한다(고성환 (2003:51)참조).

29) 치료와 관련한 구문은 세 문헌 모두에서 나타나는 어휘를 대상으로 추출하였고, 기타 구문에서는 의미는 유사하나 문헌별로 다르게 나타나는 '긔특ᄒ다, 신험ᄒ다, 묘ᄒ다'를 하나의 구문으로 묶어서 제시하기로 한다.

(6) a. 헤여디닐 고툐딕 黃蠟丹단을 フ른 밍フ라 도틱 기르메 모라 브
   튜미 됴ᄒ니라 (구上07ㄴ2)

   b. 디허 브티면 피 즉재 긋ᄂ니 불휘 조쳐 뿌미 ᄯ 됴ᄒ니라 (구上
   85ㄱ2)

   c. 믈 토ᄒ거든 고쵸를 フ라 수레 머그라 더운 브레 머거도 됴ᄒ니
   그저 세닐굽 나출 숨쪄도 됴ᄒ니라 (간一32ㄴ)

   d. 얼우ᄂ 흔 되옴 ᄒ른 세 번 먹고 져므닌 닷 호블 머그면 됴ᄒ리
   라 (구上05ㄴ2)

   e. ᄯ 감초과 거믄 콩과 계로기를 흔딕 달혀 머기면 더 됴ᄒ니라
   (언下20ㄱ3)

'됴다' 구문은 (6a)의 '[도틱 기르메 모라 브튜]이 됴ᄒ니라'와 같이 분석
되며 '됴다'와 관련되는 구문은 [NP이 됴-]로 나타난다. 이때의 '됴-'은 '대
상의 성질이 좋다'는 의미보다는 '밥은 건강에 좋다'와 같이 '어떤 물질이
(여기에서는 처방행위에 해당함) 몸이나 건강에 긍정적인 효과를 미치는
상태에 있다'는 의미와 관련지을 수 있다. 구급방류에서는 '-에 됴다'라는
여격이나 처격의 예는 보이지 않지만, 'NP이 몸에 좋다', 'NP이 병에 효능
이 있다'의 의미로 파악된다. 또한 이것은 '대상의 성질이 좋다'의 의미를
지니는 평가구문 'NP이 됴-' 구문과 비교해 보면, 평가구문에서는 '됴ᄒ
NP'와 같이 관형화 구성이 가능하나, (6)의 예들에서는 '됴ᄒ NP'와 같은
관형화 구성이 자연스럽지 못하다. 구급방류에서 대상의 성질이 좋다는 의
미를 나타내는 구문은 대체로 '됴ᄒ 먹, 됴ᄒ 쓸, 됴ᄒ 朱즁砂샹, 됴ᄒ 밀,
됴ᄒ 술' 등과 같이 관형화 구성을 띠고 있는 것이 일반적이다.

또한 예문 (6d)을 보면, 선행절에 '…져므닌 닷 호블 머그면'과 같은 조
건절이 나타나며, '됴ᄒ리라'가 단독으로 쓰이고 있다. '됴ᄒ리라'는 상위문
으로, 'NP이'가 생략된 채 실현된 것으로 분석된다. 이때의 NP는 병자나
처치자와 관련되기보다는 약재나 처치법 등으로 보인다.

---

30) 이현희(1994:189-201)에서는 평가구문의 '됴-' 구문을 다루고 있다.

그러므로 구급방류에서 보이는 '동-' 구문은 단순히 'NP이 동-'으로 나타내기보다 다음과 같이 나타낼 수 있다.

> ┌─────────────────────┐
> │   (NP이 NP에) 동-   │
> └─────────────────────┘

또한 (6b)에서와 같이 '동-' 구문 'NP이'와 '동-' 사이에 첨가의 의미를 나타내는 '또', 비교나 정도를 나타내는 '뭇, 甚씸히, ᄀ장31), 더, 가히', 시간을 나타내는 '즉재' 등이 결합하고 있다. 그 외에도 《언해구급방》에서는 'ᄆᆞᆯ 물켜 약곳 머그면 거의 가히 됴ᄒᆞ리라 (언下41ㄱ2)'와 같이 '거의'와 '가히'가 동시에 쓰이기도 한다.

2) 살다

치료 구문과 관련하여 '살다'와 관련된 용언들은 《구급방》(6회), 《구급간이방》(57회), 《언해구급방》(22회)모두에서 찾을 수 있으며, 세 문헌 모두에서 높은 빈도를 보이는 어휘이다. '살다'는 《구급방》, 《구급간이방》, 《언해구급방》 모두에서 찾을 수 있으며, 특히 《구급간이방》에서 매우 높은 빈도를 보인다. 이들을 한자와 대응하여 살펴보면 주로 한자 '愈, 救急, 活, 甦32)' 등을 언해한 것임을 알 수 있다.

구급방류의 언해에서 '살다'가 나타나는 용례는 다음과 같다.

---

31) 구급방류에서 고유어 'ᄀ장'과 관련된 언해를 문헌별로 살펴보면 세 문헌 모두에서 나타나는데, 이에 대응되는 한자는 '極, 緊, 大, 上, 深, 甚, 最,' 등이다.

32) 구급방류에서 한자 '甦'는 주로 'ᄭᆡ다'로 언해하고 있는데, 《언해구급방》에서 단 1회 '살다'로 언해되었다. 예문은 다음과 같다.
民避亂石窟賊以烟火熏之欲死生蘿蔔嚼汁下咽卽甦
빅셩이 돌 굼긔 드러 피란ᄒᆞ엿거든 도ᄌᆞ기 블 디더 닉 ᄯᅩ이여 죽고져 홀 제 싱 댓무우를 시버 믈을 ᄉᆞᆷ쪄 목의 너머 들면 즉제 사ᄂᆞ니라(下45ㄱ10)

(7) a. 또 客킥忤옹ㅣ 어나 궷거시 텨 주그니 가슴미 져기 둣ᄒᆞ닐 고툐
        ᄃᆡ 파홀 밋구무와 곳굼긔 녀흐면 아니 한 ᄉᆞᅵ예 곧 사ᄂᆞ니라
        (구上26ㄴ1)
    b. 열헤 여슷 닐굽이 살고 닷쇄 엿쇄마니 ᄡᅳ면 열헤 세네흔 사ᄂᆞ니
        닐웨 곳 디나면 ᄡᅳ미 가티 아니ᄒᆞ니라 (언下37ㄱ9)
    c. 병흔 사ᄅᆞ미 바래 춤기름을 ᄇᆞᄅᆞ고 브레 뾔면 주것더니도 살리
        라(간二52ㄱ)

(7a)는 '[…파홀 밋구무와 곳굼긔 녀흐면 아니 한 ᄉᆞᅵ예 곧] 살-'로 분
석되며, '살-' 구문은 '[(NP이) 살-]'로 상정할 수 있다. 이때 주어는 생략되
었으며, 선행 조건절의 '客킥忤옹ㅣ 어나 궷거시 텨 주그니 가슴미 져기
둣ᄒᆞ니'와 관련된다.

$$\boxed{\text{(NP이) 살-}}$$

구급방류 치료구문은 조건절이 선행하는데, (7a)에서는 '-오ᄃᆡ' 조건절에
이어, '-(으)면' 조건절이 후행하는 형태를 띤다. 이때 '-오되'의 조건절에서
는 증세에 대한 정보를 제공하고 있고, '-(으)면'의 조건절에서는 처방과 관
련되는 정보를 보여준다. 구급방류는 한 병에 대해 증세와 처방이 반복되
어 나타나고, 치료가 나타나는 '증세-처방-치료 구문'의 반복 형태를 띠고
있다. 그 중에서도 구급방류에서 '살-' 구문은 한 병의 치료법에서 가장 마
지막에 위치하고 있는데, 이것은 치료 구문 중에서도 가장 완성된 정도의
치료를 의미하는 것으로 해석할 수 있다.

(7a)에서는 '살-' 구문에 '아니 한 ᄉᆞᅵ예'와 '곧'이 함께 결합하고 있는
데, 그 외에도 '어루, 즉재, 즉자히, 즉제,[33] 이슥고, 이슥ᄒᆞ야, 자연히, 다

---

33) 이중 '즉재, 즉자히, 즉제'의 문헌별 출현양상을 살펴보면, '즉자히'는 ≪구급방≫에
    서, '즉재'는 ≪구급방≫과 ≪구급간이방≫에서 나타나는 어휘이다. 또한 '즉제'는

도로, 다시' 등과 결합한다.

(7b)는 대주어가 생략되고, 소주어인 '열헤 여슷 닐굽이 살고', '열혜 세 네흔 사ᄂᆞ니'로 나타나므로, '(NP1이) NP2이 살-' 구문으로 분석된다. 이 와 같이 《언해구급방》은 치료 시기, 증세와 발병 정도에 따라 구완 가능한 자와 불가능한 자를 구분하고 있고, 치료 가능성을 확률화하여 다르게 제 시하고 있다. 또 다른 예문 '일즉 구ᄒᆞ니ᄂᆞᆫ 열헤셔 닐굽여ᄃᆞᆯ이 됴코 버거 구ᄒᆞ니ᄂᆞᆫ 네다ᄉᆞ시 됴코 늣거야 구ᄒᆞ니ᄂᆞᆫ 열헤 ᄒᆞ나히 됴티 몯ᄒᆞᄂᆞ니라 (早者十全七八次則十全四五遲則十不全一)(언上16ㄱ3~5)'와 같이 《언해 구급방》이 예문 (7c)의 '주겻더니도 살리라'는 《구급방》과 《구급간이방》에 비해 현실적이다.

3) 긏다

치료 구문과 관련하여 '긏다'와 관련된 용언들은 《구급방》(15회), 《구급 간이방》(27회), 《언해구급방》(23회)모두에서 찾을 수 있으며, 세 문헌 모두 에서 매우 높은 빈도를 보이는 어휘이다. 고유어 '긏다'을 한자와 대응하여 살펴보면 《구급방》, 《구급간이방》, 《언해구급방》 모두에서 한자 '止'를, 《언 해구급방》에서는 한자 '定'을 언해한 것임을 알 수 있다. 또한 《언해구급 방》에서는 '긋ᄂᆞ니라'와 '귿ᄂᆞ니라'가 모두 나타나고, 자음동화된 '근ᄂᆞ니' 도 보인다.

(8) a. ᄯᅩ 靑쳥蒿홀를 디허 ᄇᆞᄅᆞ면 피 그츠며 알포미 그츠며(止血定 痛)(구上87ㄴ5)

b. ᄯᅩ 血衊竭쪓ㅅ 글을 브티면 피와 알포미 즉재 긋ᄂᆞ니라(구上 87ㄴ1)

《구급간이방》과 《언해구급방》에서 보인다. 이들의 한자 대응 양상을 살펴보 면 '즉자히'는 한자 '立, 卽'에, '즉재'는 '登時, 立, 便, 立便, 一時, 須臾, 卽, 卽便, 卽時'에 대응됨을 알 수 있다. 또한 '즉제'는 '立, 卽, 則, 便'에 대응된다.

c. 아기 빅 안해셔 울어든 …… 즉재 그츠리라(간七18ㄱ)
d. 쏘 金금瘡창을 고텨 알폼 긋게 ᄒᆞᄂᆞᆫ 牡물礪례散산은(구上83
   ㄴ8)
e. 아니 한 ᄉᆞ이에 알키 긋ᄂᆞ니라 (언下12ㄱ3)
   쏘 한슈셕 ᄀᆞᄅᆞᆯ 기름에 ᄆᆞ라 ᄇᆞᄅᆞ면 알키 즉시 긋ᄂᆞ니라 (언下
   18ㄱ10)
   샹쳐의 김 쏘이고 싯기면 즉시 아ᄑᆞ기 긋ᄂᆞ니(언下15ㄱ9)

(8a)는 '[[[피]Ø 긏]으며] [[[알폼]이 긏]으며]'로 분석되며, '긏-' 구문은
'[(NP이) 긏-]'로 상정할 수 있다.

$$\boxed{\text{NP이 긏-}}$$

(8a)에서는 '쏘 靑쳥黛ᄃᆡᆺ홀ᄅᆞᆯ 디허 ᄇᆞᄅᆞ면'과 같이 처방과 관련된 조건절
이 선행한다. 구급방류의 'NP이 긏-' 구문의 의미는 '계속되던 일이나 움직
임이 멈추거나 끝나다. 또는 그렇게 하다' 혹은 '더 이상의 진전이 없는 어
떤 상태에 머무르다'이며, NP에 해당하는 것은 '피, 아픔, 울음' 등으로, 액
체, 신체 감각, 소리 등이다. 현대국어에서도 '피, 아픔, 울음, 웃음, 불평,
잔소리' 등과 결합된다. 현대에는 'NP이 그치-', 'NP을 그치-', 'NP에 그치
-', 'NP으로 그치-' 구문이 모두 쓰이나, 구급방류에서는 'NP이 그치-'와
'NP을 그치-'구문만이 확인된다. 'NP을 그치-'는 (8d)에서 '알폼 긋게 ᄒᆞᄂᆞᆫ
牡물礪례散산은'에서 찾아볼 수 있는데, 이것을 다시쓰면, '牡물礪례散산
은 알폼을 긋게 ᄒᆞ-'로, '긏-' 구문의 사동 구문은 'NP1이 NP2을 긋게 ᄒᆞ
-'가 된다. 이때의 주어인 'NP1'은 약재인 무생물 주어가 된다.
  '긏-'구문은 '즉재, 즉시, 아니 한 ᄉᆞ이' 등의 짧은 시간을 나타내는 부사
가 선행하는 경우가 많다.

4) 씨다

치료 구문과 관련하여 '씨다'와 관련된 용언들은 《구급방》(15회), 《구급간이방》(11회), 《언해구급방》(28회)모두에서 찾을 수 있으며, 세 문헌 모두에서 매우 높은 빈도를 보이는 어휘이다. '씨다'는 《구급방》, 《구급간이방》, 《언해구급방》 모두에서 찾을 수 있으며, 이들을 한자와 대응하여 살펴보면 주로 한자 '醒, 省, 甦, 活'을 언해한 것임을 알 수 있다.

(9) a. 그 證징이 믄득 죽거든 ……도 흔 服뽁을 머기면 두 服뽁애 넘디 아니ᄒᆞ야 즉재 씨ᄂᆞ니 머릿 百빅會ᅘᅬᆼ穴ᅘᅯᇙ을 四ᄉᆞᆼ十씹九굴壯장을 ᄡᅳ고(구上38ㄱ7)

b. 그 사ᄅᆞ미 헐헐홀 소리 듣고 곧 사ᄅᆞᆷ무로 브르게 흘더니 블르디 씨디 아니ᄒᆞ면 이 귓거시 놀로미니 아니 한 사이를 救귷티 아니ᄒᆞ면 죽ᄂᆞ니(구上21ㄴ6)

c. ᄌᆞ녹ᄌᆞᄂᆞ기 쇼ᄅᆞᆯ 잇거든녀 빈 안햇 므를 내오 ᄒᆞ다가 씨어든 …… 氣킝分분이 一힔定뎡ᄒᆞ면 즉재 씨ᄂᆞ니라(구下94ㄴ6)

d. 긔히혈과 관원혈을 이삼빅 붓쏠 ᄡᅳ면 즉시 씨ᄂᆞ니라(언上02ㄱ9)

겸ᄒᆞ야 파로 빗복을 울흐면 즉시 씨ᄂᆞ니라(언上04ㄱ6)

소곰을 빗복의 실고 이삼빅 붓씨나 ᄡᅳ면 즉제 씨ᄂᆞ니(언上24ㄴ6)

(9a)는 '[(NP이) [두 服뽁애 넘디 아니ᄒᆞ야 즉재] 씨ᄂᆞ니]'로 분석되며, '씨-' 구문은 '[(NP이) 씨-]'로 상정할 수 있다.

$$\boxed{\text{(NP이) 씨-}}$$

'(NP이) 씨-' 구문은 (9a)에서와 같이 증세와 관련되는 조건절 '그 證징이 믄득 죽거든', 처방과 관련된 조건절 '도 흔 服뽁을 머기면' 등이 선행

한다. 구급방류에 보이는 'NP이 씨-' 구문은 현대국어에서는 'NP에서 깨-'
와 'NP이 깨-'로 실현되고 있고 '(술)기운 따위가 사라지고 온전한 정신 상
태로 돌아오다'로 풀이하고 있는데, 구급방류에서는 'NP에서 깨-' 구문은
나타나지 않고, 'NP이 씨-' 구문만이 나타난다.

이때 'NP이'에 해당하는 주어는 현대국어의 '술이 깨다'처럼 '술이나 기
운' 등이라기보다 (9b)의 조건절 '그 사ᄅ미……'에 보이는 '사람' 혹은 '환
자'를 대입하는 것이 자연스럽다. '(NP이) 씨-' 구문이 나타나는 병의 증세
를 살펴보면, '중풍, 鬼魘鬼打, 더위 먹은 사람, 기운이 막혀 통하지 않는
사람' 등인데, 증세가 위급하고 심각한 경우, 혼수상태인 경우에 치료구문
으로 '씨-' 구문이 쓰이고 있다. 또한 (9a)의 '그 證징이 믄득 죽거든'과
(9b)의 '씨디 아니ᄒ면 이 귓거시 놀로미니 아니 한 사ᄉ이를 救굴티 아니
ᄒ면 죽ᄂᆞ니'에서 '씨다'의 반의어를 '죽다'로 볼 수 있으며, 현대어의 '깨
다'의 반의어가 '자다'인 점을 감안하면, 의미역에서 다소의 차이가 있음을
알 수 있다.

또한 '씨-' 구문은 선행절과 후행절에서 침구법과 관련된 처방이 동반되
는 경우가 많다. (9d)는 《언해구급방》에서 침구법이 동반되는 예이다.

'씨-'구문도 '긏-'구문과 같이 '즉재, 즉시, 곧, 아니 한 ᄉᆞ이' 등의 짧은
시간을 나타내는 부사가 선행하는 경우가 많다.

5) 기타

기타 치료 구문에서는 유사한 의미이나 문헌에 따라 다르게 쓰인 '기특
ᄒ다, 신험ᄒ다, 묘ᄒ다'와 구문을 분석하기로 한다. '신험ᄒ다'는 《구급
방》과《구급간이방》에서, '긔특ᄒ다'와 '묘ᄒ다'는 《언해구급방》에 나타나
는 구문이다.

① 긔특ᄒ다

치료 구문과 관련하여 '기특ᄒ다'와 관련된 구문은《언해구급방》에서만 14회의 빈도를 보인다.

'긔특ᄒ다'를 한자와 대응하여 살펴보면 '神妙, 神, 神驗, 妙' 등에 이르는 의미를 지니는 것임을 알 수 있다. 이와 유사한 의미를 지니는 것으로 '신험ᄒ(神驗)-, 신기ᄒ(神奇)-, 묘ᄒ-' 등을 찾을 수 있다.

> (10) a. 열흘만이 효험이 긔특ᄒ니라(언下41ㄴ3)
> b. ᄯ 누에 난 죠ᄒᆡᄅᆞᆯ 스라 믈에 ᄒᆞᆫ 돈 플어 머기면 긔특ᄒ니라 (언下32ㄴ2)
> c. 구완ᄒᆞᆯ 법은 감초ᄅᆞᆯ 딛게 달혀 머기면 토ᄒᆞ야 나ᄂᆞ니 긔특ᄒ니라(언下32ㄴ1)
> (10)' a. ᄀᆞᄅ 빙ᄀᆞ라 글는 믈에 플어 안초와 머기면 ᄒᆞᆫ 번의 긔특이 ᄂᆞ니라(언上23ㄴ4)

'긔특ᄒ다' 구문은 (10a)의 '효험이 긔특ᄒ다'와 같이 'NP이 긔특ᄒ다'로 분석된다. 이때의 'NP'에 대체될 수 있는 것은 '효험' 정도로 한정되며, '(NP이) 긔특ᄒ다'와 같이 표면형으로 나타나지 않는 것이 일반적이다. (10b)에시와 같이 [[ᄯ 누에 난 죠ᄒᆡᄅᆞᆯ 스라 믈에 ᄒᆞᆫ 돈 플어 머기면] (효험이) 긔특ᄒ니리]로 분석할 수 있다. 또한 선행절 'ᄯ 누에 난 죠ᄒᆡᄅᆞᆯ 스라 믈에 ᄒᆞᆫ 돈 플어 머기면'은 '긔특ᄒ-'에 대응되는 처방이 된다. 예문 (10c)에서 보듯이 '구완ᄒᆞᆯ 법'은 '감초ᄅᆞᆯ 딛게 달혀 머기'는 것이다. 그러므로 '긔특ᄒ다'와 관련되는 구문은 [NP1은 NP2이 긔특ᄒ-]로 상정할 수 있고 이때의 'NP1 = 처방'이고, 'NP2 = 효험'이 된다.

(NP1은) NP2이 긔특ᄒ-

현대어에서 '긔특ᄒ-'는 '[어린아이]가 [하는 짓]이 기특하다'에서처럼 [NP1가 NP2이 긔특하다]의 이중주어 구문으로 나타나고 있다는 점에서는 같은 구조를 지니고 있으나, 'NP1'의 주어는 [+사람][-존경]의 의미로 한정되는 듯하다.《표준국어대사전》의 뜻풀이에서도 '말하는 것이나 행동하는 것이 신통하여 귀염성이 있다'고 [+귀염성]의 의미를 포함하고 있으므로 NP1는 손아랫사람으로 한정됨을 시사한다.

그러나 구급방류에서 '긔특ᄒ-'는 '어떤 약재나 처방이 병에 특별한 효험이 있다'는 의미로, NP1은 사람 주어가 아닌, '약재나 처방'에 해당되며, NP2는 '효험이나 기능'을 나타내는 것이라 하겠다.

또한 구급방류에서는 (10′a)와 같이 '긔특이 돋ᄂ니라'를 찾아볼 수 있는데,《언해구급방》에서 모두 3회 나타난다.[34] 그 외에 '긔특흔 NP이 잇다' 혹은 '긔특흔 NP을 보다'와 같은 구문은 찾을 수 없다. 구급방류 이외의 다른 문헌에서는 '아는 사ᄅᆞᆷ이 긔트기 녀기더라《동국신속삼강행실도 忠一 56》, 긔트기 녀기다(奇之)《동문유해하 52》, 고로오믈 긔특이 녀겨《소학언해六 54》, 긔특이 넉이다(驚奇)《한청문감 169a》'와 같이 '긔특이 녀기다'가 있을 뿐이다.

② 신험ᄒ다

치료 구문과 관련하여 '신험ᄒ다'와 관련된 구문은 《구급방》에서 3회, 《구급간이방》에서 3회, 모두 6회의 빈도를 보인다.

'신험ᄒ다'를 한자와 대응하여 살펴보면 '神驗, 神効, 神' 등에 해당하는 것임을 알 수 있다.

---

34) 디를 버혀 ᄀᆞ라 빙ᄀᆞ라 술에 플어 머기면 다 긔특이 돋ᄂ니라 (언上14ㄱ-5)
ᄀᆞ라 빙ᄀᆞ라 글ᄂᆞᆫ 믈에 플어 안초와 머기면 흔 번의 긔특이 돋ᄂ니라 (언上23ㄴ-4)
올흔 눈이 병들거든 왼 고해 고ᄌᆞ면 긔특이 돋ᄂ니라 (언上33ㄱ-10)

(11) a. (ᄒ다가 傷샹ᄒᆫ 後뚱 사나ᄋ래 비르서 藥약을 ᄲᅳ디니) 모로매
더운 므레 시서 피 나게 ᄒ고 곧 브튤디니 이 藥약이 ᄀ장 神
씬驗엄ᄒ니라(구上81ㄴ5)

b. 이 두서 법이 다 신험ᄒ니라(간二72ㄱ)

c. 수레 달혀도 ᄯᅩ 됴ᄒ니 ᄀ장 신험ᄒ니라(간七39ㄴ)

d. 산미ᄌᆞᆺ불휫 거프를 디투 달혀 머그면 몰애와 여러가짓 거시 슈
신으로 나리니 신험ᄒ니라(간三113ㄴ)

e. 놀ᄀ닐 미러 내오 새롤 오게 ᄒ야 것거 傷샹ᄒᆫ 게 神씬驗엄ᄒᆫ
方방이니(구下30ㄴ4)

(11a)에서의 '신험ᄒ다'는 [[이 藥약]이 ᄀ장 神씬驗엄ᄒ니라]와 같이
분석되며, 'NP(약)이 신험ᄒ-' 구문으로 상정할 수 있다.

NP1이 (NP2이) 신험ᄒ-

(11b)의 예문에서도 [[이 두서 법]이 다 신험ᄒ니라]와 같이 'NP이 신
험ᄒ-'로 분석된다. (11a)와 (11b)의 예문을 통하여 NP는 '약재'이거나 '처
방법'임을 알 수 있다.

또한 '신험ᄒ-' 구문은 선행절에서 (11a) 예눈 '傷샹ᄒᆫ 後뚱 사나ᄋ래
비르서 藥약을 ᄲᅳ디니'와 같이 증세의 정도가 악화된 경우를 제시하고 '신
험ᄒ-' 구문을 써서, 치료법의 효능을 강조하거나, (11c)의 '수레 달혀도 ᄯᅩ
됴ᄒ니', (11d)의 '몰애와 여러가짓 거시 슈신으로 나리니'와 같은 1차 치료
단계를 거친 후, '신험ᄒ-' 구문을 배치시킴으로써 치료 단계가 완료되었음
를 나타내기도 한다.

또한 (11e)의 '[신험ᄒ-]ㄴ 方'과 같이 '신험ᄒᆫ NP' 구문이 나타나기도
한다.

③ 묘ᄒ다

치료 구문과 관련하여 '묘ᄒ다'와 관련된 용언들은 《언해구급방》(2회)에서 찾을 수 있다. 이들을 한자와 대응하여 살펴보면 한자 '妙'를 언해한 것임을 알 수 있다.

> (12) a. 겨집은 두 져즐 자바 둥기미 ᄀ장 묘ᄒ니라 (언上22ㄴ1)
>   b. 쏘 긔히를 두닐굽 붓 쓰면 묘ᄒ니라 (언上24ㄴ7)

(12a)에서의 '묘ᄒ다'는 '[[[겨집]은 [두 져즐 자바 둥김]]이 [ᄀ장 묘ᄒ니라]]'와 같이 분석할 수 있다. 그러나 '묘ᄒ니라'가 속한 문맥은, '토샤를 심히 ᄒ면 온 몸애 힘 줄이 둥기여 빅예 들면 죽ᄂ니 구완홀 법은 스나히ᄂ 손오로 제 슈신을 자바 둥기고 겨집은 두져즐 자바 둥기미 ᄀ장 묘ᄒ니라(上22ㄱ9~22ㄴ1)'이다. '묘ᄒ니라'의 주어는 '구완홀 법'이며, 이후의 '스나히ᄂ 손오로 제 슈신을 자바 둥기고 겨집은 두져즐 자바 둥기미'가 구체화된 동격의 주어부가 된다.

현대어에서 '묘하다'는 '모양이나 동작이 색다르다'로 풀이하고 있어, [[구완홀 법(=겨집은 두져즐 자바 둥김)]이 (효험이) 묘ᄒ다]와 같이 [NP(구완법)이 (효험이) 묘ᄒ-] 구문으로 상정할 수 있고, 이때의 '묘하다'는 현대의 [+특이성]에 [+긍정적 영향]이 추가된 의미 기능을 보인다.

> NP1이 (NP2이) 묘ᄒ-

예문 (12b) '[[쏘 긔히를 두닐굽 붓 쓰면] [묘ᄒ니라]'에서도 '묘ᄒ-'의 선행절은 처방과 관련된 정보를 포함하고 있다. 또한 '긔특ᄒ다'구문 (10a)'에서의 '긔특이 돛다'처럼 [NP1(구완법)이 [묘ᄒ]게 돛다]구문을 기대할 수 있으나 구급방류에서는 나타나지 않는다.

구급방류에서 중세와 관련된 구문은 '답답ᄒᆞ다, 어즐ᄒᆞ다, 헐다, 모ᄅᆞ다, 막히다, 티와티다, 미치다, 주리다' 등이며 이들의 구문 분석 결과는 다음과 같다.

(1) 답답ᄒᆞ다 : NP이 답답ᄒᆞ−
　　　　　　 [원인], [계기], [과정] + NP이 답답ᄒᆞ− + [진행], [예정],
　　　　　　 [추측], [결과]

(2) 어즐ᄒᆞ다 : NP이 어즐ᄒᆞ−
　　　　　　 [원인], [계기], [과정], [시간] + NP이 어즐ᄒᆞ− + [다른
　　　　　　 증세], [상태], [경과], [결과]
　　　　　　 아득ᄒᆞ− : NP이 아득ᄒᆞ−

(3) 헐다 : (NP1이) + NP2{이/Ø} + 헐−
　　　　 : NP이 + [원인], [정도], [색채] + 헐−
　　　　 헐이 : NP애 + 헐이−

(4) 모ᄅᆞ다 : (NP이) NP를 모ᄅᆞ−
　　　　　 [원인], [경과], [과정] + {NP이} NP를 모ᄅᆞ−
　　　　　 아디 몯− : (NP이) NP를 아디　−

(5) 막히다 : NP이 막히−
　　　　　 [상태], [원인] + NP이 막히− + [결과], [상태]
　　　　　 막딜이− : NP이 막딜이−

(6) 티와티다 : NP1이 (NP2애) 티와티−
　　　　　　 [원인], [계기] + NP1이 {NP2애} 티와티− + [상태], [결
　　　　　　 과], [진행]　티티− : NP으로 티티−
　　　　　　 NP이 NP{의/애} 티티−

(7) 미치다 : NP{Ø/이} 미치−
　　　　　 [원인], [계기], [시기] + NP이 미치−

(8) 주리다 : NP1이 주리−
　　　　　 NP이 + [정도] + 주리−

다음은 구급방류에서 처방과 관련된 구문은 '먹다, 브티다, 숨끼다, 마시다, 벗다, 침주다' 등이다. 다음은 이들의 구문 분석 결과를 빈도가 높은

어휘순으로 제시한 것이다.

    (1) 먹다 : (NP이) NP을 먹-
          [증세]…[대상(고체, 액체, 기체)]+[방법(조제법, 복용량, 복용시
          기)]+먹-
          먹이- : (NP이) NP란 NP을 먹이-
    (2) 브티다 : (NP이) NP를 NP에 브티-
          [증세 및 상처 부위]… [재료]를 + [신체의 일부]에 + 브티-
    (3) 숨끼다 : (NP이) NP를 숨끼-
          [대상(고체, 액체, 기체)]을 + [약재의 가공(구강 내에서 이루어
          짐)] + 숨끼-
    (4) 마시다 : (NP이) NP를 마시-
          [대상(분말, 기체, 액체)]을 + [방법(복용법, 복용시기)]+마시-
    (5) 빳다 : (NP이) NP로 NP를 빳-
          [도구]로 + [신체의 일부]를 빳-
    (6) 침주다 : (NP이) NP를 침주-
          (NP이) [신체 부위]를 침주- + [횟수][다른 처방]

치료 구문의 표면형으로는 [(NP이) V/A-]가 일반적이다. 이때 이들
어휘는 빈도가 높은 순으로 제시하였다.

    (1) 둏다 : (NP이 NP에) -
          조건절(처방에 대한 정보] + NP(처방)이 NP(병)에 + [첨가], [비
          교], [정도], [시간] + 둏-
    (2) 살다 : (NP이) 살-
          조건절(증세에 대한 정보)]+(NP(환자)이) +[시간][정도][수] +
          살-
    (3) 긏다 : NP이 긏-
          조건절(처방에 대한 정보] + NP(액체, 신체감각, 소리 등)이 +
          [시간] + 긏-
          사동 구문 : ʻNP1(약재인 무생물 주어)이 NP2을 긏게 ᄒ-ʼ

(4) 씨다 : (NP이) 씨 —
        조건절(증세, 처방에 대한 정보) + (NP이(사람, 환자))+ [시
        간] + 씨 —
(5) 긔특ᄒ다 : (NP1이) NP2이 긔특ᄒ —(신험ᄒ —, 묘ᄒ —)
        조건절(증세, 처방에 대한 정보) + (NP이(사람, 환자)) +
        NP2(효험)이 + 긔특ᄒ —(신험ᄒ —, 묘ᄒ —)

7. 문 체

이 장은 한글 의서의 문체적 특성을 밝히는 데 목적이 있다.

조선시대 대부분의 자료들이 불경과 유경 등의 경전인 경우가 많고 이들 문헌들은 종교적인 면을 지니며, 번역 어투이므로 중세국어의 실재를 밝히는데 있어 그 범위가 제한적이다.

이에 비해 의서는 실용적인 문헌이며 일반인을 대상으로 한 것이므로, 경전 자료와는 또다른 특성을 갖고 있다. 따라서 조선시대 한글 의서만이 갖는 문체적 특징을 밝혀, 조선시대 문체의 다른 일면을 파악하고자 한다.

7.1. 한글 의서 문체의 특성

한글 의서는 다음과 같은 특징이 있다.

> 시대 - 조선시대
> 코드(언어) - 한글 옛글
> 내용 - 병의 중세·처방·치료
> 텍스트 생산자 - 의원(醫員) 또는 전문가, 권위자
> 텍스트 수용자 - 2차적 전문가, 환자 또는 비전문가

이들 문헌은 모두 조선시대에 쓰인 것으로, 언어 코드는 한글 옛글이다. 내용은 크게 세 가지를 담고 있는데, 병의 증상, 처방, 치료에 관한 것이다.

병의 부위, 원인, 증상 등을 밝힌 뒤, 그에 해당하는 약재, 약재 사용법, 환자 시술 방법 등의 처방을 알리고, 효능 및 증상 완화, 완치 등의 치료 경과를 담고 있다. 특히 처방과 관련한 구문에서 명령법을 주로 쓰고 있는데, 현대에도 '처방을 내린다'라는 표현을 쓰듯이, 분명하고 강한 명령 어투인 점으로 미루어 보아, 텍스트 생산자는 의사 또는 전문가, 의학의 권위자로 파악이 되며, 수용자는 환자 또는 비전문가이거나, 또 다른 의사 또는 전문가로 파악된다.

조선시대 한글 의서의 문체를 분석하기 위하여 의서 텍스트의 문체 형성 요소와 문장의 특성으로 나누어 살펴보기로 한다.

7.1.1. 문체 형성 요소

한글 의서 문체의 형성 요소는 의서의 내용과 의서 텍스트를 둘러싸고 있는 화용석 상황과 관련시어 살펴볼 수 있다. 의서 덱스드 형성의 내적 요소로 내용상 증세에 의한 문체, 처방에 의한 문체, 치료에 의한 문체로 나누어 분석하고, 텍스트 외적 요소로는 의술인의 심리와 태도, 의서의 관습(전거 문헌의 답습)에 관해 고찰해 볼 것이다.

7.1.1.1. 증세에 의한 문체[1]

의서의 내용 형성에 있어서 증세와 그 처방, 치료는 필수불가결한 것이다. 이들 관련 용언은 이 문헌이 의서라는 것을 매우 분명하게 보여주는 문체 형성의 요소가 되는 것이다. 먼저, 증세 관련 용언의 위치, 출현 양상, 선행절과 후행절의 결합 관계를 통해 문체 형성의 요소를 살펴본다. 증세와 관련된 용언은 앞부분인, 하나의 병명(혹은 목록) 다음에 위치한다. 또

---

1) 본 장에서 다루어지는 문체 형성의 요인 중 내용상의 원인인 증세, 처방, 치료의 구문 및 자세한 내용은 김남경(2007ㄱㄴ, 2008)에서 그 특성을 논한 바 있다.

한 하나의 병명 안에서 증세와 처방이 여럿 나열될 경우, '증세＋처방', '증세＋처방'이 수회 반복되며 나타난다.

다음은 한글의서의 문체적 특성을 밝히기 위해 추출된 증세 관련 용언의 예문이다. 표준국어대사전에 등재되지 않았거나, 한글 의서라는 특수하고 한정된 문헌 안에서만 볼 수 있는 증세 관련 용언들을 실례로 아래와 같이 제시한다.

> (1) a. 답갑다 - 쏘 마자 안히 傷샹ᄒ야 ᄇᆡ 안해 얼읜 피 이셔 알ᄑᆞ고
>   답갑거든(又方治打傷內損腹中有瘀血疼痛煩悶)(구下
>   19ㄴ)
>   b. 듕독ᄒ - 금 든 약돌 든 약 머거 듕독ᄒ엿거든(中金石藥毒)(언
>   下24ㄱ)
>   c. ᄇᆞᄅᆞᆷ맞 - 과ᄀᆞ리 ᄇᆞᄅᆞᆷ마자 추미 올아 다와텨 아득ᄒ야 신끠 모
>   ᄅᆞ거든(卒中風涎潮昏塞不知人)(간一4ㄴ)
>   d. ᄇᆡ멀믜ᄒ - 션운이란 증은 ᄇᆡ멀믜ᄒ야 크기 토코 즈치고 머리
>   어즐코 눈이 가마ᄒ고 ᄉᆞ지과 몸이 거스리 ᄎᆞ고 죽고
>   쟈 ᄒ거든 船暈者乘船大吐瀉頭旋眼花肢體逆冷欲死
>   (언上23ㄴ)
>   e. 시긧병ᄒ - 샹한 시긧병ᄒ야 머리 알ᄑᆞ고 ᄀᆞ장 덥다라 믹이 긇
>   거든(傷寒及時氣溫病頭痛壯熱脉)(간一107ㄱ)

(1a)의 '답갑-'는 한자어 '煩悶'에 대응되는 것으로, '답답하다'의 의미로 분석된다. 이때 '답갑-'의 주어는 '안ᄒ' 또는 'ᄇᆡ 안ᄒ' 정도로 파악되므로, 신체의 내부가 답답하다는 의미로 해석할 수 있다. 선행절을 살펴보면, '마자'와 같은 병의 [1차적 원인], '안히 傷샹ᄒ야'에서처럼 병의 [진행], 'ᄇᆡ 안해 얼읜 피 이셔' 등 병의 [고질화]로 [2차적 원인]을 설명하고 있으며, '알ᄑᆞ고 답값거든'이라는 조건절로 증세를 나타내고 뒤이어 처방을 제시하게 된다. 또한 '답갑-'의 다른 예문을 보면 'ᄆᆞᅀᆞ미 답갑고 胎팅衣ᄒᆡᆼ 거스리 올아 ᄆᆞᅀᆞ메 다와티ᄂᆞ니 아니한 더들 고티디 아니ᄒ면 그 어미 즉재

죽ᄂᆞ니(其證心頭迷悶胎衣逆上衝心須臾不治其母卽亡)(구下88ㄱ)'와 같이 '닶갑-'의 후행절에 병의 [심화]와 '고티디 아니ᄒᆞ면~죽ᄂᆞ니'라는 병의 심각한 [예후]를 나타내고 있다.

(1b)의 '듕독-'은 한자 '中毒'에 대응되며, 현대어의 '생체가 음식물이나 약물의 독성에 의하여 기능 장애를 일으키는 일'의 의미이다. 여기에서 주어는 생략되었으며, 의미상 '사람이, 병자가' 등으로 예상된다. '듕독ᄒᆞ-'의 선행절에서는 [원인]이 나타난다.

(1c)의 'ᄇᆞᄅᆞᆷ맞-'은 한자어 '中風'에 대응되며, 현대어의 '풍병에 걸리다'의 의미이다. 주어가 생략되었으며, '과ᄀᆞ리'라는 [시기]가 선행하며, 이후 병의 [증상], [진행], [결과] 등이 나타난다. 예문 'ᄇᆞᄅᆞᆷ 마자 왼 녁 올ᄒᆞᆫ 녁을 다 몯 ᄡᅳ며 입과 눈과 기울며 추미 올아 다와텨 말ᄉᆞ미 굳 ᄇᆞᄅᆞ며 모미 다 알ᄑᆞ거든(中風癱瘓口眼喎斜涎潮語澁渾身疼痛)(구간一6ㄴ)'에서는 병의 [진행]과 [과정]을 구체적으로 설명하고 있다.

(1d)의 'ᄇᆡ멀믜ᄒᆞ-'는 한자어 '船暈'에 해당하며, 현대어의 '뱃멀미, 배를 탔을 때 어지럽고 메스꺼워 구역질이 나는 일'을 의미한다. 주어는 생략되었고, 후행절에서 병자의 증세를 입, 머리, 눈, 사지, 몸 등의 신체 부위별로 구체적으로 언급하고 있으며, '죽고쟈 ᄒᆞ거든'과 같이 증세의 [심화], [정도]를 나타내고 있다.

(1e)의 '시긧병ᄒᆞ-'는 한자어 '時氣溫病'에 대응되며, 현대어의 '유행병, 돌림병, 전염병'의 의미이다. 역시 주어가 생략된 채 제시되고 있다. '시긧병'은 '상한' 혹은 '과ᄀᆞᆯ이' 같은 [시기]를 나타내는 말이 선행하거나, 또 다른 예문 '하ᄂᆞᆳ긔운이 평화티 아니ᄒᆞ야 시긧병이 흔커든(天氣不和疫疾流行)(간一109ㄴ)'과 같이 [기후], [원인]이 선행하기도 한다. 또한 후행절에서 처방을 제시하는데, [병의 진행 정도]에 따라 차이를 두기도 한다. '시긧병ᄒᆞᆫ 사ᄅᆞ미 ᄒᆞᄅᆞ리어든 ᄯᆞᆷ 내요미 맛당ᄒᆞ니 이틀 사ᄋᆞ리라도 ᄯᆞᆷ 내요미 ᄯᅩ 됴코 나ᄋᆞ리어든 토ᄒᆞ고 닷쇄어든 즈ᅀᅴ요미 맛당ᄒᆞ니라(時氣得病一日

宜發汗二日三日亦可發汗四日可吐五日宜下)(구간一103ㄴ)'

그 외 한글 의서에서 증세와 관련한 용언은 '거스리오르[逆]-, 굳짓
[堅]-, 굴러디[倒]-, 그우러디[倒]-, 긔졀ᄒ[厥]-, 나[吐]-, 누[血淋]-, 다ᄃ
[到]-, 답답ᄒ[悶]-, 더위들[中暑]-, 더위몌[中熱暍]-, 두위틀[反張]-, 뒤틀
[反張]-, 뒤혀[反張]-, 듕한ᄒ[中寒]-, 룽ᄒ[作膿]-, 맞[中]-, 막히[塞]-, 모
ᄅ[不知]-, 몯누[不得]-, 몯보[不通]-, 몯ᄒ[不通]-, 무더나[出來]-, 믈이
[咬]-, 미치[狂]-, 믹치[結]-, 박히[入]-, 바ᄃ랍[危急]-, 뵈왓브[急]-, 샹ᄒ
[傷]-, 세 [僵]-, 시긧병ᄒ[時氣溫病]-, 時쎵急급ᄒ-, 싸디[溺]-, 아니토
ᄒ[不吐]-, 앓[痛]-, 알프[痛]-, 어렵[難]-, 어즐ᄒ[煩亂]-, 업더디[覆]-, 오
라[遠]-, 위급ᄒ[危]-, 위듕ᄒ[危重]-, 인ᄉ모로[不省]-, 주거가[欲死]-, 주
리[縮]-, 中듕氣킝ᄒ-, 즈츽[瀉]-, ᄎ[逆冷]-, 티와티[上衝]-, 티티[上衝]-,
티쁘[上視]-, 下ᄒ앵血혈ᄒ-, 헐[損]-, 흘리[出]-, ᄒ야디[損]-' 등이 있다.

한글의서에서 증세 관련 부분은 앞부분에 위치하며, 조건절의 형태를
띤다. 선행절에서는 주로 병의 범위를 제한하는 [시기], [부위], 병의 원인
을 나타내는 [1차적 원인], [심화된 원인], 진행을 나타내는 [과정], [정도],
[심화], [고질화]를 그 내용으로 한다. 증세 관련 용언의 후행절에는 [부연
설명], [진행], [예정], [추측], [결과] 등이 나타나며, 증세 관련 설명이 끝
나면, 처방과 관련되는 내용을 제시한다.

중세 관련 부분에서 주어가 주로 실현되지 않는데, 텍스트 생산자가 불
특정 다수의 텍스트 수용자에게 지시사항을 전달하는 화용적 상황 속에서
문체가 형성되었기 때문으로 해석된다.

이때의 텍스트 생산자는 의원(醫院), 전문가, 권위자이며, 텍스트 수용
자는 2차적 전문가, 2차적 권위자, 혹은 비전문가, 환자로 파악할 수 있다.

7.1.1.2. 처방에 의한 문체

이 장에서는 처방 관련 용언의 위치, 출현 양상, 선행절과 후행절의 결합 관계를 통해 문체 형성의 요소를 살펴본다.

한 병명에 관한 구급방류 텍스트에서 처방 관련 부분은 증세 관련 부분의 다음에 위치하며, 문헌이나 병에 따라 증세와 처방이 일대일(1:1)로 수회 반복되기도 하며, 한 증세에 관한 다양한 처방(P1, P2,……Pn)이 일대다(1:多)로 제시되기도 하여, 의서 텍스트에서 처방의 비중은 가장 높다고 볼 수 있다.

다음은 한글의서의 문체적 특성을 밝히기 위해 추출된 처방 관련 용언의 예문이다. 표준국어대사전에 등재되지 않았거나, 한글 의서라는 한정된 문헌 안에서 볼 수 있는 처방 관련 용언들의 실례를 아래와 같이 제시한다.

(2) a. 빠뮈다-ᄆ리 사ᄅ뮈 음란을 므러 그 음란이 드려 디여 나거든 미러 드리고 ᄡ나놋 거프롤 ᄀᄂ리 뼈야 ᄒ고 오셰ᄃᆰ의 간을 아ᄉᆞ ᄀᄂ리 사ᄒ라 빠뮈오 ᄯ 츠마 오좀 누디 말면 즉재 됴ᄒ리라(馬齧人陰卵脫出推內入以.桑皮細作線縫之破鳥雞取肝細剉以封之且忽勿便即愈)(간 六72ㄱ)

b. 욕죠기케ᄒ-제 머리터릿 그틀 이베 머구머 욕죠기케ᄒ면 뒤조치 즉재 나리라(口御 自己髮尾(제 머리터럭 귿)於口中令嘔口歲 衣即下)(구下54ㄴ)

c. 울ᄒ다- 노폰 ᄃᆡ셔 ᄂ려디니와……조흔 흙 닷 되롤 뻐 젓게 ᄒ야 반 만 ᄂ화 늘근 뵈로 두서 믈 빠 알폰 ᄃᆡ 울ᄒ오ᄃᆡ 너무 덥게   말라(從高墮下……淨土五升蒸令溜分半以故布數重裹之以熨病上勿令大熱)(간一80ㄱ)

d. 젓바눕다[2]-ᄯ 雞겅蘇송와 朴곽硝숄롤 等등分분ᄒ야 彈딴子ᄌ

---

2) '젓바눕다'의 기본형에 관해서는 표준국어대사전의 표제어를 따랐다. 정호완(2010;97)에 의하면 '젓바누어'의 기본형을 '젓바누이다'로 보고, 현대어 해석도 '반드시 눕게 하고'로 풀이하고 있다. 아마도 텍스트 수용자를 환자로 보기보다는 처치자 혹은 간호자로 파악했기 때문일 것으로 분석된다.

만 ᄒᆞ닐 졋바누어 세 다ᄉᆞᆺ 버늘 머구머 노기면 즉재 됻ᄂᆞ니라
(方用雞蘇朴硝等分如彈子大仰臥嚼化三五丸卽愈)(구上51ㄴ)

(1a)의 '빠미다'는 한자 '封'에 대응하는 것으로, 현대어의 '싸매다'의 의미로 파악된다. 이때 '빠미-'의 행위의 주체는 생략되어 나타나지 않는다. 그러나 텍스트 생산자는 'ᄆᆞ리 사ᄅᆞ미 음란을 므러'에서 피행위자를 구분하고 있으므로, 일반적인 사람과 대립하여 의료 시술을 행하는 자를 염두에 두고 있음을 알 수 있다. 그렇다면 '빠미-'의 주어는 환자가 아닌 간호자 혹은 또다른 전문가임을 예상할 수 있다. '빠미-'의 선행절에는 증세를 나타내는 'ᄆᆞ리 나거든' 부분에 이어 처방 부분이 제시된다. 처방 부분에서는 [1차적 처치], [약재명], [약재 부위], [약재 가공], [약재 손질], [약재 처치법] 등이 제시되며, 후행절에서는 [2차 처방], [부가적 처방]에 이어 [결과], [치료]의 내용으로 구성된다.

(2b) '욕죠기ᄒᆞ-'는 한자어 '嘔口歲'에 대응되는 것으로, 현대어의 '욕지기질하다'와 음상과 의미면에서 유사한 것으로 보이며, 의미는 '속이 메스꺼워 자꾸 토하려고 하다, 구역질하다'의 의미로 파악된다. 처방과 관련된 '욕죠기케 ᄒᆞ-(令嘔口歲))'는 주체와 '욕죠기ᄒᆞ-'3)의 주체 모두 드러나지 않는다. 내용상 전자의 주체는 '처방을 행하는 자(의원 혹은 산파)', 후자의 주체는 '처방을 받는 자(겨집 혹은 어미)'로 추정할 수 있다. '욕죠기케 ᄒᆞ-'의 선행절에서는 [약재명], [약재부위], [약재 활용] 등이 제시되어 있고, 후행절에서는 [처방의 결과], [치료] 등이 나타난다.

(2c)의 '울ᄒᆞ다'는 한자 '熨'에 대응되며, 현대어로 '찜질하다'의 의미이다. 역시 주어에 해당하는 부분이 나타나지 않는다. '울ᄒᆞ다'의 선행절에서는 [증세]를 밝힌 부분이 전반부에 나타나며, 처방과 관련된 부분에서는

---

3) 《언해두창집요》에서도 '혹 토ᄒᆞ며 혹 ᄆᆞ른 욕죠기ᄒᆞ면 위티ᄒᆞ거니와(언두上60)'의 예를 볼 수 있는데, 이것은 증세에 해당하는 것이다.

[약재명], [약재의 양], [약재의 손질], [약재의 가공], [처방 부위] 등이 나타나며, 후행절에는 [조건], [제약] 등을 제시하고 있다. 또한 '빈복 가온대 몌오고 군웃 흔 볼을 펴고 더온 거스로 울흐면 즉시 쑴이 나 둗ᄂᆞ니라(벽신 3)'와 같이 [시간], [효과], [결과], [치료] 등이 후행함을 볼 수 있다. 또한 「언해구급방」에서는 '총울법은 파 흰믿틀 싸흐라 두서 되만 덥게 봇가 두 봄애 분흐야 서ᄅᆞ ᄀᆞ라 빗복을 울호ᄃᆡ ᄎᆞ거든 쏘 봇가 울허 손발 더우모로 효험을 사ᄆᆞ라(葱熨法(葱白細切二三升炒熱分兩包互熨臍中冷則再炒熨之以手足溫爲效) (언上04ㄱ)'와 같이 '울ᄒᆞ다'와 관련된 처방을 '총울법'이라 하여 좀더 전문적이고 체계적으로 제시하고 있기도 하다. 이러한 전문 용어의 사용, 체계적 구성방식을 통한 처방 제시는 텍스트 생산자의 전문성을 파악할 수 있는 근거가 된다.

(2d)의 '졋바누어'는 다른 문헌에서는 보이지 않으나, 의서 문헌에서는 두루 나타나고 있다.4) 한자어 '仰臥'에 대응되며, '등을 바닥에 대고 바로 눕다'의 의미이다. '졋바눕-'의 선행절에는 [약재명], [약재의 가공], [약재의 크기] 등이 제시되며, 후행절에는 [복용법], [복용횟수] 등이 제시되고, [효능]의 단계에 미친다.

그 외 한글 의서에서 처방과 관련한 용언은 ᄀᆞ람ᄒᆞ[易]-, '건뎌내[漉出]-, 겸ᄒᆞ[兼]-, 곱갓씨[伸]-, 글히[煮]-, 기드리[候]-, 기울[向]-, 기우리혀[側]-, 내[出]-, 녛[入]-, 녹이[化]-, 놓[安]-, 녹[消]-, 누이[臥]-, 뉘[臥]-, ᄂᆞ리[下]-, ᄂᆞᆫ호[分]-, 담[盛]-, 다완[搏]-, 다혀[抵]-, 달히[煎]-, 더퍼둣[盖]-, 더ᄒᆞ[加]-, 덥게ᄒᆞ[令煖]-, 두[停]-, 둧[過]-, 들에ᄒᆞ[令入]-, 딯[擣]-, 둠그[漬]-, ᄃᆞ시ᄒᆞ[溫]-, 마초[對]-, 말[末]-, 먹[食]-, 믈려내[却]-, 믈저지[水蘸]-, 밀[送]-, 밧기[去]-, 버히[去]-, 벗기[去]-, 봇[灸]-, 불[吹]-, 브티[着]-,

---

4) '졋바눕-'은 《구급방》뿐 아니라, '말ᄉᆞᆷ 몯 ᄒᆞ거든 회홧 고즐 구스게 니기 봇가 삼경 후에 평상 우희 졋바뉘이고 므ᅀᅳᆷ 조초 머기라(구간一16ㄴ), 횡산은 닐온 아긔 소니 몬져 나미니 산모로 ᄒᆡ야곰 졋바누이고(언태23ㄱ)'와 같이 「구급간이방」과 《언해태산집요》에서도 수차례 나타난다.

브스[灌]-, 비븨[挼]-, 빗나게ᄒ[슈光]-, ᄇ리[却]-, 플[和]-, 물외[乾]-, ᄇ
리[却]-, ᄇᄅ디말[不可]-, ᄇᄅ[塗]-, 쩨혀더디[去]-, 뼈내[出]-, 뜯[取]-,
뜲[剌]-, ᄠᄅ르[刺]-, 싸미[包]-, 뻘[剌]-, 뭊[拭]-, 쓰[收]-, ᄡ[裹]-, 뼈ᄇ리
[却滅]-, ᄲᄅ르[刺]-, 싸미[封]-, ᄲᆡ[炙]-, ᄠᆡ[和]-, 사ᄒ[散]-, 셔[和]-, 서케
ᄒ[슈立]-, 스[作]-, 스러디[消]-, 싯[淋]-, 쓰[書]-, 숨ᄭᅵ[呑]-, ᄭᅬ[撚]-, ᄭᅵ
오[覺]-, 쓰[炙]-, 똠내[出]-, 빠혀ᄇ리[去]-, 아니케ᄒ[不可]-, 앗[去]-, 얼
의[凝]-, 업게ᄒ[去]-, 업데[伏]-, 업시ᄒ[勿令]-, 연조[上]-, 엶[薄]-, 올이
[上]-, 욕죠기ᄒ[嘔口歲]-, 우희[搤]-, 熨퇇ᄒ-, 잡[抱]-, 적시[淋]-, 졋바눕
[仰臥]-, 졋바뉘이[仰臥]-, 조심ᄒ[倦]-, 조케ᄒ[슈淨]-, 짓[作]-, 처디[滴]-,
침쥬[刺]-, 타[劗]-, 펴[攤]-.' 등이 있다.

한글의서에서 처방 관련 부분은 증세 관련 부분 다음에 위치한다. 선행
절에서는 처방 부분에서는 [1차적 처치], [약재명], [약재 부위], [약재 가
공], [약재 손질], [약재 처치법] 등이 제시되며, 후행절에서는 [2차 처방],
[부가적 처방]에 이어 [시간], [효과], [결과], [치료]의 내용으로 구성된다.
처방 제시가 끝나면, 이후 치료 및 효능과 관련되는 부분으로 일단락한다.

그 외 처방 관련 용언 특성으로 약의 복용과 관련하여, '먹다'가 의서
문헌 전체에서 가장 높은 빈도를 보이며, '마시다', '숨ᄭᅵ다'가 비교적 높은
빈도를 보이는데, 이것은 한글의서에서 처방 시 '먹는 약'이 가장 널리 쓰이
고 있음을 짐작하게 한다. 이들 용언은 주로 명령문으로 실현된다.5)

의서에서는 명령, 친근함이나 걱정, 위로 등은 전혀 찾아 볼 수 없는 태
도가 상정되어 있다. 이러한 강경하고 딱딱한 문체는 텍스트의 성격이 의
학 전문서적이라는 데서 그 원인을 찾을 수 있겠지만, 상하 구분이 분명한
계급사회의 일면을 반영하는 것임도 고려할 수 있겠다.

---

5) 또한 문헌에 따라 '먹다'의 경우, 주동형 '머그면/머그라'로 되어 있기도 하고, 사동
형 '머기면/머기라'로 되어 있기도 하다. 사동형인 경우는 병자가 아닌 간호자를
중심으로 언해한 것으로 짐작할 수 있다.

7.1.1.3. 치료에 의한 문체

한 병명에 대한 구급방류 텍스트에서 치료 용언은 단락의 마지막에 제시되며, 대체로 한 가지의 증세에 따르는 하나 정도의 처방이 같은 문장 안에 제시되고, 그와 관련되는 치료 용언이 제시된다. 이어서 이미 제시한 증세는 생략된 채, 다양한 처방(P1, P2,⋯⋯Pn) 부분과 치료 부분을 반복적으로 나열하고 있다.

다음은 한글의서의 문체적 특성을 밝히기 위해 추출된 치료 관련 용언의 예문이다. 표준국어대사전에 옛말로 등재되지 않은6) 처방 관련 용언들을 실례로 아래와 같이 제시한다.

(3) a. 긔특ᄒᆞ다-쏘 무근 파 흰 밑 다ᄉᆞᆯ 느로니 ᄀᆞ여 ᄎᆞᆷ기름 넉 냥의 플어 머기면 모긔 너므며 즉제 씨ᄂᆞ니 긔특ᄒᆞ니라(葱白五根搗爲膏調香油四兩灌之下咽立甦神效)(언上18ㄱ)

b. 면ᄒᆞ다-가시 든 독으로 브서 알파 우르 적시며 피 업스며 고롬도 업서 자디 몯 ᄒᆞ거든 소진을 므르 ᄀᆞ라 ᄀᆞ느리 굴을 딩ᄀᆞ라 헌 거스로 그 우흘 싸미면 지해를 면ᄒᆞ리라(刺毒腫痛叫聲冤無血膿不得眠研爛松脂(소진)爲細末帛封其上免災愆)(간六29ㄴ)

c. 신험ᄒᆞ다 -수레 달혀도 또 됴ᄒᆞ니 ᄀᆞ장 신험ᄒᆞ니라(酒煎亦得神驗)(간七39ㄴ)

d. 신긔ᄒᆞ다-ᄲᆞᆯ리 니예 모딘 감창이 머거 입시울와 혀왜 슬히 서그며 니 ᄲᅡ디며 내 나고 즛므르거든 비상과 동록과를 각 ᄒᆞᆫ 량을 ᄀᆞ느에 가라 죠히 우희 펴 먹는 우희 브티라 효험이 신긔ᄒᆞ니라 (走馬惡證牙疳蝕損脣舌肉腐牙落臭爛信砒(비상)銅綠(各一兩)研爲細末攤紙上塗疳蝕處其效如神)(간三50ㄱ)

(3a)의 '긔특ᄒᆞ-'는 한자어 '神效'에 대응되는 것으로 현대어의 '기특하다

---

6) 치료 관련 용언에서 '긔특ᄒᆞ다, 신긔ᄒᆞ다, 묘ᄒᆞ다, 신효ᄒᆞ다' 등은 한자어이므로 사전에 등재되지 않은 것으로 보여진다. 그러나 의서의 문체를 형성하는 데 특징적인 어휘가 된다고 판단하였으므로 본 논의의 대상으로 다루었다.

(말하는 것이나 행동하는 것이 신통하여 귀염성이 있다)'의 의미가 갖는 가
치와는 다른 위상을 갖는 것으로 파악된다.7) 치료와 관련하여 '특별히 효
험이 좋다'의 의미로 해석된다. '긔특ᄒ-'의 주어 역시 생략되어 나타나지
않으며, 의미상 주어는 '효험이' 정도로 보인다. '긔특ᄒ-'의 선행절은 [증
세]와 [처방]에 이어, 치료 관련 부분에서는 '즉제 씨ᄂ니'와 같이 [짧은
시간], 처방의 [작용], [결과] 등이 나타나며, '독역 시작ᄒ올 제 긔특ᄒᆫ 약이
라(언두下:69)'와 [증세와 관련된 처방 시기] 등도 나타난다. 후행절은 나
타나지 않는다.

(3b)의 '면ᄒ-'는 한자 '免'에 대응되며, 현대어의 '면하다'와 같은 의미로
파악되며, 여기에서는 '어떤 일을 당하지 않게 되다'의 의미로 해석된다.
주어가 생략되었으며, 목적어로 '지해를'을 취하고 있다. 선행절에 [증세]
와 [처방]의 조건절이 나타나며, 목적어로 [부정적 상황]을 당하지 않게 됨
으로써 [병의 진행 중지]를 나타내고 있다.

(3d)의 '신긔ᄒ-'는 한자 '神'에 대응하는 것으로, 현대어 '신기하다(믿을
수 없을 정도로 색다르고 놀랍다)'의 의미로 해석된다. [증세]+[처방]이 선
행한다. 어말어미 '-다'로 한 단락이 끝나고, '효험이 신긔ᄒ니라'와 같이 치료
의 효과를 제시하였는데, 이와 같이 하나의 독립된 절로 나타내는 문장 제시
방법은 그 내용을 더욱 주목하게 하여, 강조하는 문체적 효과를 가진다.

(3c)의 '신험ᄒ-'는 한자어 '神驗'에 대응되는 것으로 표준국어대사전에
는 '신험하다'가 현대어로도 등재되어 있지 않다.8) 한자로 미루어 '신기하
고 효험이 있다'의 의미로 파악된다. '신험ᄒ-'의 선행절은 ([증세]), [처방]

---

7) '긔특ᄒ다'의 의미 분석에 대한 논의는 김남경(2008:335)에서 다룬 바 있다.

8) '신험하다'가 현대어 사전에 등재되어 있지 않은 이유를 의미와 음상의 유사성 때
  문으로 추정할 수 있다. '신험하다'는 비교적 초기의 의서인 《구급방》(3회)과 《구
  급간이방》(3회)에서 나타나는 것으로, 이후 문헌에서 유사한 의미를 가진 '신효ᄒ
  다(빗소기 더우면 튀긔 편안ᄒᄂ니 신효ᄒ니라(태산18ㄴ))'와 음상의 유사성을
  가진 '신엄(神嚴)ᄒ다' 사이에서 세력이 약화된 것으로 보인다.

이 나타나며, 'ᄀᆞ장'이라는 [정도]를 나타내는 부사로 의미를 더해주기도 한다. 주어는 드러나지 않으며, 증세 관련 용언인 '신험ᄒᆞ-'로 하나의 텍스트를 완결하고 있다.

그 외 한글 의서에서 치료와 관련된 용언은 '나[下]-, 낳[生]-, 낟[生]-, 내[出]-, 노가디[化]-, 누[利]-, 니ᄅᆞ[至]-, 둏[良]-, 들[入]-, 말ᄒᆞ[能廻語]-, 뵈[見]-, 살[生]-, 움즉이[動]-, 펴디[伸]-, 편안ᄒᆞ[便安]-, 효험잇[效]-, ᄂᆞ리[下]-, ᄃᆞ외[化]-, ᄢᅵ여나[出]-, ᄲᅡ디[出]-……' 등이 있다.

치료와 관련 용언으로는 효험과 관련된 것, 회복의 단계와 관련된 것, 완치에 이르는 것 등 다양한 양상을 살펴볼 수 있다. 구급방류 치료 구문은 텍스트 상에서 증세구문과 처방 관련 용언에 후행하여 나타나며, 처방과 치료 부분이 반복되다가, 치료 내용으로 일단락된다. 이때 처방과 치료 구문을 거듭할수록 '병의 진행 [중지], [회복], [완치]'로 치료의 단계가 높아지기도 한다. 대체로 [증세]와 [처방]의 조건절에 후행하며, 하나의 독립된 절로 나타내기도 하는데, 이때는 주목하게 하여, 의미가 강조되는 문체적 효과를 가진다.

치료 관련 용언은 후행절이 거의 나타나지 않는 것이 일반적이며, 하나의 텍스트를 완결하고, 일단락하는 기능을 가진다.

7.1.1.4. 의술인의 심리 · 태도와 문체

의술인의 심리와 태도는 의서 문체의 형성에 영향을 미치게 된다. 다음은 권위와 신뢰감을 높이기 위한 의술인의 심리가 드러나는 예와, 수용자를 배려하는 태도를 엿볼 수 있는 예들이다.

(4) a. 細셰末ᄆᆞᇙᄒᆞ야 鍊련ᄒᆞᆫ ᄢᅮᆯ로 梧옹桐동子ᄌᆞᆼ만케 丸환 ᄆᆡᇰᄀᆞ라 ᄒᆞᆫ 服뽁애 스믈 丸환곰 塩염湯탕ᄋᆞ로 空콩心심에 머그라(구上57ㄴ)
b. 천궁 당귀 각 두 돈 이ᄅᆞᆯ 싸ᄒᆞ라 달혀 머기라(두창上58ㄴ)

(5) a. 산민줏불휫 거프를 디투 달혀 머그면 몰애와 여러가짓 거시 슈
　　　신으로 나리니 신험ᄒᆞ니라(간三113ㄴ)
　　b. 수빅신을 시험ᄒᆞ니 다 쓤 ᄆᆞᄎᆞ며 즉재 니러 앗더라(간二61ㄴ)
(6) a. 臘茶淸엿ᄃᆞ래 ᄠᆞᆫ 작셜찻 믈(간二6ㄴ), 車前草(뵈땅이)(간三110ㄴ),
　　　地龍(五枚)蜈蚣(一枚)것위 다숫 낫과 지네 ᄒᆞᆫ 나치(구 上74ㄱ)

의서에서는 높임을 나타내는 어휘나 선어말어미가 사용되지 않고 '하라
체'가 쓰인다. 특히 (4a)와 (4b)와 같이 '-(으)라, -이(사동접사)라'와 같은 명
령형 어미가 매우 높은 빈도로 사용되고 있다.《구급방》의 경우, 한자어가
많다는 점, 전문 용어의 사용 빈도가 높은 점 등은 텍스트 생산자인 의술
인의 권위를 짐작할 수 있다.

또한 의서에서는 (5a)의 '신험ᄒᆞ니라'와 같이 처방에 대한 효능을 강조
하고 있다. 그 외에도 '묘ᄒᆞ니라, 긔특ᄒᆞ니라, 신효ᄒᆞ니라' 등이 나타나며,
예문(5b)와 같이 과학적 검증을 거친 효능이라는 점을 나타내기도 하며 신
뢰감을 높이고 있다.

예문 (6)과 같이 한글 의서에서는 문헌에 따라 정도의 차이는 있으나 한
문 원문의 언해를 비전문가가 보더라도 충분히 이해할 수 있도록 고유어
중심으로 언해하였다. 또 전문용어나 이해하기 힘든 어휘는 주석을 달아
설명하고 있는 등, 텍스트 수용자의 이해를 돕고 있다.

7.1.1.5. 의서의 관습과 문체(전거 문헌의 답습)

조선시대 한글 의서에는 經驗良方, 葛氏備急方, 直指方, 聖惠方, 經
驗秘方, 壽域神方, 醫方集成, 衛生易簡方 등 해당 방문의 출처를 밝혀 놓
고 있다. 또한 특정 문헌을 직접 언급하지 않더라도 '又方' 등 인용의 흔적
을 보여주고 있다.

(7) a. 經驗良方 … 중략 … 枯白礬爲末每服一大錢白沸湯點服 枯콩

白빅礬뻔을 細셍末맗ᄒ야 흔 服뽁에 흔 큰 돈올 一힗白빅 번
숫글흔 므레 프러 머기라 (구上31ㄴ)

b. 霍亂 枯白礬(브레 노긴 빅번)爲末每服一大錢百沸湯點服 도와
리 ᄒ거든 브레 노긴 빅번을 ᄀ라 흔 돈곰 일빅 소솜 글힌 므
레 프러 머그라(간二61ㄴ)

c. 急取枯白礬末一錢白沸湯點服 셜리 블에 술온 빅번 ᄀᄅ 흔
돈을 일빅 번 글힌 믈에 플어 머기고(언上23ㄴ)

한문 원문과 언해를 통하여 이들 의서들이 매우 유사함을 알 수 있다. 먼저, 한자 원문의 '枯白礬'은 약재로 세 문헌 모두에서 공통적으로 나타나며, 《구급방》에 '枯콩白빅礬뻔으로, 《구급간이방》에는 '브레 노긴 빅번', 《언해구급방》에는 '블에 술온 빅번'으로 풀이되어 어휘 언해 상 약간의 차이가 있으나, 전체적인 문장 구조와 문체적 특성은 유사하다. 이들의 유사성은 동일한 원문을 답습한 결과로 해석된다. 《구급간이방》과 《언해구급방》에서는 원문의 출처를 밝히지 않고 있으나, 전거 문헌의 답습을 통하여 동일하거나 유사한 한문원문을 공유하는 매우 유사한 문체를 보인다.

전거 문헌을 밝힌 《구급방》에서는 어느 정도의 전문적 식견이 있는 사람들을 고려하여 의사와 같은 전문인들에게 읽히기 위한 간행이었을 가능성이 있고, 《구급간이방》의 경우, 전문적인 지식이 부족한 민간인들을 고려하여 이들이 출처보다는 증상을 먼저 확인하고 그에 해당하는 구급법을 찾아 치료할 수 있도록 간행한 것으로 추정해 볼 수 있다.

7.1.2. 문장

의서는 텍스트 생산자가 의학적 지식이나 경험을 일방적으로 텍스트 수용자에게 전달하는 지시적, 직설적 문체를 갖고 있다. 의서문체는 공적인 텍스트이며, 설명적, 학문적이고, 의도성을 가진 문체이다. 대우법에 있어서도 한글 의서에서는 '하라체'만 나타나며, 높임법을 찾아 볼 수 없다.

이러한 전반적인 문체 특성을 바탕으로, 의서 문체에 두드러진 특성을 문장의 길이, 문장 종결 형식에 따른 특성 으로 나누어 분석하였다.

7.1.2.1. 장문(長文)9)

비교적 체재가 잘 갖추어진 의서 문헌들에서는 한자원문이 나오고 이를 언해한 언해문이 나타나는데(한자원문-언해문) 이때 한자를 번역한 언해문은 대체로 문장을 끊지 않고 나열하고 있다.

다음은 《구급간이방》의 '溺死' 부분이다.

> (8) a. 비옛 긔우니 므릐게 자펴(S1) 아라우히 막딜여(S2) 긔우니 수이 통티 몯ᄒᆞ거든(S3) 샐리 ᄇᆞᄅᆞ엄슨 ᄃᆡ 가(4S) 병신의 두 허튀를 구펴(S5) 산 사ᄅᆞ미 엇게 우희 엱고(S6) 힘센 사ᄅᆞ므로 ᄀᆞ라곰 둥의 병ᄒᆞ닐 업고(S7) 다시 소ᄂᆞ로 두 바ᄅᆞᆯ 자바(S8) 머리를 드라디게 ᄒᆞ야(S9) 날혹ᄌᆞᄂᆞ기 움즈겨 ᄃᆞᆫ뇨ᄃᆡ(S10) 두 사ᄅᆞ미 ᄀᆞ라곰 소ᄂᆞᆯ 뼈야(S11) 병ᄒᆞᆫ 사ᄅᆞ미 비와 녑콰를 믄져(S12) 므리 이브로 다 나거든(S13) 샐리 병ᄒᆞᆫ 사ᄅᆞᄆᆞᆯ 더브러다가(S14) 더운 ᄶᅢ해 젓바뉘이고(S15) 죠히를 믈위여(S16) 곳굼글 막고(S17) ᄒᆞᆫ 니블로 머리와 ᄂᆞᆺ과 몸과 손 바ᄅᆞᆯ 횟두로 ᄡᆞ고(S18) 버거 두 촌ㅅ 기리 만 ᄒᆞᆫ 져고맛 대롱 세흘 병ᄒᆞᆫ 사ᄅᆞ미 입과 두 귀예 다 히고(S19) ᄒᆞᆫ오ᄉᆞ로 입과 귀와 횟두로 막고(S20) ᄯᅩ 셴 남진 두 사ᄅᆞ미 서ᄅᆞ ᄀᆞ라곰 이베 대롱을 므러(S21) 산 긔운을 구러(S22) 더운 긔우니 비예 드러(S23) 병ᄒᆞᆫ 사ᄅᆞ미 긔운과 서ᄅᆞ 븓돋게 ᄒᆞ요ᄆᆞᆯ(S24) 반 날만 ᄒᆞ야(S25) 긔우니 ᄉᆞ무초ᄆᆞᆯ 기드리면(S26) ᄌᆞ션히 살리니(S27) 모로매 져근 대롱을 샏로ᄃᆡ 갓가(S28) 항문애 녀코(S29) 사ᄅᆞ미 서ᄅᆞ ᄀᆞ람 더운 소ᄂᆞ로 ᄇᆞᄅᆞᆯ 눌러(S30) 므리 큰믈 져근믈 보ᄂᆞᆫ ᄃᆡ로 조차 나게 ᄒᆞ라(S31)10) (간一65ㄱ～

---

9) B. 조빈스키(1999: 138)에 의하면 '긴문장'은 약 7개 문장 성분과 약 20개 단어들이 있는 문장이라 설명하고 있다. 또한 특정한 문체 의도가 있을 수 있는데, 규정 심화, 역동성 높임, 강조 등 특별한 반복이나 긴장을 조성해내는 작용을 언급하였다.

10) 예문 제시 방법은 강용택(2007: 215) 참조.

66ㄱ)
b. 됴경죵옥탕은 슉디황 향부ㅈ 각 여슷 돈 당귀 술의 싯고 오슈유
   초ㅎ고 쳔궁각 너 돈 빅샤약 빅복녕 딘피 현호삭 모란피 각 서
   돈육계 건강 구으니 부븬 뿍 각 두 돈 이를 싸ㅎ라(태산4ㄱ)
c. 니싯 곳 흔 량 므레 디투글힌 즙을 머그라(간七52ㄱ)
   삸불휘 세 줄기를 므레 달혀 머그라(간七54ㄱ)
   먹 세 춘만 ᄀ라 수레 프러 머그라(간七55ㄱ)

(8a)의 예는 모두 146어절, 31개의 문장으로 구성되어 있다. 증상의 원
인에 대한 설명, 응급처치에 대한 구체적이고 과정적인 지시 사항을 나열
하고 있다. 31개의 문장은 '-어, -거든, -고, -오듸, -면, -니'로 연결되어
있다.11)

《구급방》이나 《구급간이방》과 같은 초기 한글 의서에서는 하나의 병에
관한 병의 증세를 설명하는 부분에서- 병에 대한 설명, 증세의 원인, 원인
에 따른 처방 등이 연결어미로 연결된, 매우 긴 장문의 병렬문이 나타나고
있다.

간혹 (8c)와 같이 장문이 아닌 문장이 보이는데, 이것은 'ᄆᆞᅀᅳ미 답답고
뒤조치 거스리 올아 가ᄉᆞ매 다외텨 아니 한 사ᄉᆡ 고티디 아니ᄒᆞ면 그 어
미 즉재 죽ᄂᆞ니 큰 부ㅈ 흔 나츨 죠히에 빠 믈저져 뼈대[게]12) 구워 거플
와 브르도ᄃᆞᆫ 것 앗고 ᄀᆞ론 ᄀᆞᄅᆞ와 ᄆᆞᄅᆞᆫ 옷 반 량 ᄀᆞ론 ᄀᆞᄅᆞ와 대황불휘
ᄀᆞ론 ᄀᆞᄅᆞ 반 량올 술와 초애 고아 특특거든 우흿 두 가짓 약을 섯거 ᄆᆞ
라 환 지소ᄃᆡ 머귀여름 만케 ᄒᆞ야 머글 제 세 환곰 믈ᄀᆞᆫ 더운 수레 슴ᄢᅵ
고 아니 한 더데 쏘 두 번을 머그면 뒤조치 즉재 나리니 이 약은 미리 몬
져 머고미 됴ᄒᆞ니라(간七48ㄱ~49ㄱ)'와 같은 증세에 대한 설명과 처방이
장문으로 제시된 후, 또다른 처방을 첨가하여 나열하는 경우이다.

---

11) 강용택(2007: 215-216)에서면 이와 같은 복합문체는 중세 번역 산문체의 문장 구
   성의 특징으로 보았으며, 구결문 및 한문 직역체와의 관련을 언급하였다.
12) 원본이 파손되어 볼 수 없으므로, 문맥에 맞게 필자가 재구한 것이다.

예문 (8b)의 《언해태산집요》와 같은 이후의 의서에서도 문장의 길이가 상당히 짧아지기는 하였으나 여전히 긴 문장의 형태를 띤다.

한글의서에서는 하나의 병에 해당하는 증세, 처방, 치료를 하나의 단락으로 제시하면서 문장이 대체로 길어지는 경향이 있다.

7.1.2.2. 문장 종결 형식[13)]

한글 의서의 문장 종결 형식에는 평서형과 명령형만이 나타난다. 의문형, 청유형, 감탄형 등은 보이지 않는다.

(1) 평서형

문장 종결 형식에서 화자가 청자에 대해 가지는 태도가 드러나는데, 의서에서는 명령형(지시, 행동을 요구하는)이 지배적으로 나타나나, 객관적인 사실을 서술할 때는 평서형을 쓰고 있다.

주로 종결어미 '-라'[14)]로 실현되며, 단순한 사실을 제시하거나, 비전문가인 일반인이 알 수 있도록 병명에 대한 설명, 간략한 증상이나 효능을 밝히는 데 평서형을 쓰고 있다.

> (9) a. 卒死 과골이 긔졀ㅎ야 죽는 병이라 (언上08ㄴ-8)
>   b. 서ᄅ 뎐ㅎ야 아는 거시모로 여긔 다 을이디 아니ㅎ노라(구황12ㄴ)
>   c. 이 약은 능히 긔운을 고티며 건춤을 삭게 ㅎ고 풍긔 업게 ㅎ요매 ᄀ장 됴ㅎ니라(간一ㄱ)

---

13) 이유기(2001: 21)에서는 '문체법'을 '평서법, 의문법, 명령법, 청유법, 약속법'의 5가지로 설정하여 기술하고 있다.

14) 종결어미 '-다'로 나타나기는 하나, 그 수가 극히 적고, 인용의 내포문 안에서 보이는 예이므로 문체 분석에서는 다루지 않는다. '허뤼 몬져 나ᄂ니 ᄀ로듸 거스리 낟ᄂ다 ㅎᄂ니(구下81ㄴ)'

(4a)는 '卒死'라는 병명을 제시하고, '과굴이 긔졀ᄒ야 죽ᄂᆞ 병'이라는 것을 설명하고 있다.

(4b)에서는 '아니ᄒ+-ᄂᆞ-+-오-+-라'와 같이 분석되어, 화자의 의도를 나타내는 의도법 '-오-'가 쓰였다. (4c)에서는 확인법 '-니-'가 나타난다.[15] (4b)에서는 텍스트 생산자가 직접 드러나며, (4c)를 통하여서는 한글 의서에서 텍스트 생산자의 단언적, 확정적 문체를 엿볼 수 있다.

> (10) a. 슈다리 ᄢᅢ롤 머구머 이시면 즉재 나ᄂᆞ니라(간六3ㄴ)
>   b. 소곰쟝 믜온 열흔 것둘흘 ᄀᆞ쟝 금단ᄒ고 ᄆᆞᆯ 믈 믈켜 약곳 머그면 거의 가히 됴ᄒ리라(언下41ㄱ)
>   c. 즉재 우흐로 ᄉᆞᆯ리 내야 고티롤 보니 아래로 낫 줄와 미ᄂᆞ리 벅여나 다 헌ᄃᆡᆨ 업더라(간六16ㄴ)

한글 의서에서는 시제와 관련된 표지와 관련하여, 주로 무표인 현재형으로 실현된다. 용언이 동사인 경우 (10a)의 예 '나-+-ᄂᆞ-+-니-+-라'와 같이 현재시제 선어말어미 '-ᄂᆞ-'가 쓰인다. (10b)와 같이 선어말어미 '-리-'가 나타나는데, 처방 이후의 치료의 예후와 관련되는 내용에서 찾아 볼 수 있으므로, 추측, 예정의 의미로 해석할 수 있다. 매우 드물게 (10c)에서와 같이 과거시제 선어말어미 '-더-'가 나타나는데, '-더-'는 경험과 확인의 의미를 나타낸다. 한글 의서에서는 의료 행위 시의 직접 경험을 나타낸다.

또한 평서문에서 명령의 의미를 지니는 경우가 있는데, 조건절을 동반한 서술에서 그러한 예를 찾아볼 수 있다.

다음의 예는 평서형이나 텍스트 수용자의 행동이나 정서적 반응을 요구하는 것으로 간접 지시, 간접 명령의 의미를 가진 문장들이다.

---

15) 김성란(2006: 127-130)을 참조하면, '-니-'는 화용적으로 화자와 청자가 모두 있는 발화 환경에서만 가능하며, 화자의 경험이나 인지하고 있는 상황에 대하여 주관적인 판단을 확정적으로 할 때 많이 쓰였다.

(11) a. 즉재 고티디 아니ᄒᆞ면 사ᄅᆞᄆᆞᆯ 주기ᄂᆞ니라(구上18ㄱ)

　　b. 쏘 猪뎡膏곯ᄅᆞᆯ 들기 알 만ᄒᆞ닐 醋총 흔 호배 글혀 모기 브스
　　면 됴ᄒᆞ니라(구上25ㄴ)

'의서'라는 텍스트 구조의 특수성으로 조건문의 경우, 화자에 대한 청자
의 행동을 간접적으로 지시하고 있다.

(11a)의 '아니ᄒᆞ면~죽ᄂᆞ니'와 같은 문장은 매우 강한 명령(혹은 협박에
이르는)의 의미를 갖고 있다. 또한 '中듕惡학學證징이 웃 입시울 안홀 보ᄃᆡ
힌 거시 기장ᄲᆞᆯ ᄀᆞᆮᄒᆞ니 잇ᄂᆞ니 바ᄂᆞᆯ로 ᄣᅡ 아ᅀᆞᆯ디니라(구上 18ㄱ)'와 같
이 마땅히 그러해야 함을 나타내는 'ㄹ디니라', '~도 둏다', '~(으)ㅁ이
둏다', '~면 사ᄂᆞ니라' 등도 내용상 명령의 의미를 지닌다.

(2) 명령형

한글 의서의 처방 부분에서는 텍스트 생산자가 수용자에게 어떤 행동을
요구하거나 지시하는 내용이므로 문장 종결에서는 주로 명령형으로 실현
된다.

(12) a. 공심에 흔 번 먹고 누을 제 흔 번 머거 ᄒᆞᄅᆞ 두 번곰 머그라(간
　　一ㄱ)

　　b. 녀름 몯 머근 ᄒᆡ예 주우린 사ᄅᆞᆷ 구홀 죵요로윈 법 뫼혼 것 굴
　　믄 사ᄅᆞᆷ 을 더운 거슬 머기면 반ᄃᆞ시 죽ᄂᆞ니 모로매 식거든 머
　　기라(구황1ㄱ)

　　b'. 과ᄀᆞ리 주거 딥달어든 빅번 반 근을 믈 흔 말 반애 글혀 녹거
　　든 바ᄅᆞᆯ 저죠ᄃᆡ 밧 귀머리 줌게 ᄒᆞ라 (간一44ㄱ)

(11a)는 한글 의서에서 처방과 관련하여 명령형으로 실현된 예이다. 어
간 '먹-'에 명령형 어미 '-(으)라'가 결합한 것이다. '-(으)라'는 간접 명령에
서 쓰이는 것으로 책이라는 매체를 통해, 텍스트 생산자가 불특정다수의

텍스트 수용자를 대상으로 문체를 형성하였음을 알 수 있다. 이때의 텍스트 수용자는 텍스트 생산자와 다소 거리가 있으며, 지목되어 있지 않은 상태이다. 그러므로 환자일 수도 간호자일 수도 있다. (11b)는 '먹-+-이-+-라'와 같이 사동형성접사 '-이-'가 결합하여 사동형으로 실현된 예이다. 또 (11b')의 '-게 ᄒ-'로도 나타나는데, 이와 같은 사동형은 환자 외에 의술에 식견이 있는 사람을 상정하고 있는 것으로 파악된다. 이때의 텍스트 수용자는 환자를 치료하는 전문가 혹은 간호자이다.

한글의서에서는 평서형과 명령문만이 나타나며, 평서형도 실제로는 명령의 의미를 지니는 경우가 많다. 이러한 특성은 한글의서 문헌이 환자를 살리기 위해 지시와 실행이라는 기본적인 틀 안에서 생성되었으며, 조선 전기 관청에서 한글을 사용하던 일반인들에게 배포된 것으로 시작되었고, 또한 계급사회라는 사회 구조와 무관하지 않았을 것으로 해석된다.

의서들은 '언어코드 - 한글 옛글, 시대 - 조선시대, 내용 - 병의 증세와 처방, 텍스트 생산자 - 의사 또는 전문가, 권위자, 텍스트 수용자 - 2차적 전문가, 환자 또는 비전문가'와 같은 공통점을 지닌다.

조선시대 의서 문체의 형성 요소를 병의 증세, 처방, 치료, 의술인의 심리, 전거 문헌의 답습으로 나누어 파악하였다. 증세 관련 용언은 대체로 주어가 나타나지 않는데, 이는 텍스트 생산자가 불특정 다수의 텍스트 수용자에게 지시사항을 전달하는 화용적 상황 속에서 문체가 형성되었기 때문이다. 처방과 관련한 용언은 명령형으로 실현되며, 강경하고 딱딱한 문체를 엿볼 수 있다. 이는 텍스트의 성격이 의학 전문서적이라는 데서 그 원인을 찾을 수 있지만, 상하 구분이 분명한 계급사회의 일면을 반영하는 것일 수도 있다. 치료 관련 용언은 후행절이 거의 나타나지 않는 것이 일반적이며, 하나의 텍스트를 완결하고, 일단락하는 기능이 있다.

또한 의술인의 심리에는 권위와 신뢰감을 높이기 위한 문체적 장치들이 보이는 반면, 전문용어나 이해하기 힘든 어휘는 주석을 달아 설명하고 있는 등, 텍스트 수용자의 이해를 돕고 있기도 하다. 의서 문헌들은 동일하거나 유사한 한문원문을 공유하는 경우가 있는데, 이러한 경우에는 전거 문헌의 답습을 통하여 매우 유사한 문체를 보이게 된다.

의서 문체의 특징을 문장의 길이, 문장종결형식 등으로 분석하였다. 매우 긴 장문의 병렬문이 나타나며, 처방에서는 현재법이, 치료 단계에서는 미래법이 주로 보인다. 의서 문체는 명령형과 평서형만이 나타난다는 것이 두드러진 특징이다. 특히, 명령형이 매우 높은 빈도로 나타나는데, 평서형 문장도 '~ㅎ면 둏다, ~ㅎ면 죽ᄂ니라'와 같이 실제로는 명령 혹은 강한 명령의 의미를 지니는 것이 특징이다.

8. 결 론

이 글은 백성들이 질병을 쉽게 구급할 수 있도록 간행된《구급방》,《구급간이방》,《언해구급방》을 중심으로 의서들의 국어학적 특징을 밝히는 데 그 목적이 있었다. 이들 자료는 의학서로서의 가치뿐만 아니라 방대한 어휘와 표기, 음운, 문법 등 중세한국어 문헌 자료로서도 그 가치가 매우 높다. 또한 이들 문헌들은 한문원문에 언해를 병기하고 있어 번역학적인 면에서도 그 가치가 크다. 이상에서 논의된 결과를 요약하면 다음과 같다.

첫째, 2장에서는 형태 서지와 내용 체계를 살펴보았다.

① 《구급방》과《구급간이방》은 판심과 어미의 종류가 각 10가지와 14가지인 점으로 미루어 볼 때 두 문헌은 수차례 번각되었다. 여러 가지의 어미가 뒤섞여 있다는 것은 책판이 일률적이지 않다는 것을 나타내고 수차례 번각되었음을 보여주는 단서가 된다. 이와 달리《언해구급방》은 어미나 글자의 모양, 크기가 일정하므로 한 시기에 간행된 것임을 알 수 있다.

② 책판의 형태 및 어미 모양으로 번각시기를 추정해 보면,《구급방》은 원간본의 번각본(1466년 이후) → 번각본의 번각판(15C말-16C초) → 보각판(16C 후반),《구급간이방》은 원간본의 번각본(1490-1500년대) → 번각본의 번각판(1550년 이후) → 보각판(1600년 이후)의 순서로 책이 만들어진 것으로 판단된다. 이중 보각판으로 분류된 대흑구상하내향6엽화문어미는 임란 전후에 나타나는 것인데,《구급간이방》에서는 이 어미가 나타나는 장에는 방점과 괘선이 없고, 특히 구개음화가 반영된 '먹지'가 보인다.

③ 전체 목록은 164가지로,《구급방》에만 있는 목록은 3가지,《구급간

이방》에만 있는 목록은 66가지, 《언해구급방》에만 있는 목록은 33가지이다. 세 문헌의 목록 모두에서 나타나고 그 내용이 현전하여 비교 가능한 목록은 中風, 舌腫, 骨鯁, 墮壓傷, 失音, 鬼魘, 九竅出血, 吐血, 中寒, 難産, 霍亂, 纏喉風喉閉, 凍死, 溺死, 自縊死, 卒死 모두 16가지에 불과하다.

④ 각 문헌의 전체적인 체재는 《구급방》은 대체로 '병명 - 원인 - 증세 - 처방'의 순서로, 《구급간이방》은 대체로 '병명 - 전문처방 - 간단한 증세 - 매우 다양한 구급 처방'의 순서로, 《언해구급방》은 대체로 '병명 - 증세 - 처방 - 침구법'의 순서로 되어 있다.

⑤ 각 문헌의 내용상 특징은 《구급방》은 발병의 원인과 증세에 관해 비교적 전문적이고 과학적으로 설명하고 있는데, 성인과 노약자의 복용량 차이, 계량 단위의 세분화 등이 특징이다. 《구급간이방》은 양이 매우 방대하고 처방 또한 매우 다양한 점을 큰 특징으로 들 수 있고, 신뢰도를 높이기 위한 언급이 있었다. 《언해구급방》은 《구급방》과 《구급간이방》에 비해 구체적이고 체계적이며, 처방의 마지막에 침구법을 다루고 있고, 처방 내용도 추가된 부분이 있으며 다른 문헌에 비해 현실적이다.

둘째, 3장에서는 구급방류에 나타나는 문자 체계와 세 문헌의 표기 및 음운을 비교하였다.

① 《구급방》은 동국정운식 한자음('ㆆ', 'ㄲ', 'ㄸ', 'ㅃ', 'ㆅ', 'ㅁ', 'ㆌ', 'ㆋ', 'ㅁ')을 쓰고 있고, 《구급간이방》과 《언해구급방》은 현실한자음으로 표기하고 있다. 《구급방》에서는 'ㅸ'이 1회 나타나며, 《구급간이방》에서는 각자병서 'ㅉ'이 쓰였다. 또한 세 문헌에 나타나는 합용병서의 빈도를 보면, 《구급방》은 'ㅼ > ㅴ > ㅶ > ㅄ > ㅅ > ㅾ > ㅳ > ㅵ > ㅲ', 《구급간이방》은 'ㅄ > ㅼ > ㅾ > ㅴ > ㅶ > ㅅ > ㅳ > ㅵ > ㅲ', 《언해구급방》은 'ㅼ > ㅅ > ㅄ > ㅴ > ㅳ > ㅲ > ㅾ > ㅶ > ㅵ'의 순서이다.

② 연철, 분철, 중철 표기는 《구급방》, 《구급간이방》, 《언해구급방》에

나타나는 선행체언의 마지막 음절을 기준으로 'ㄱ, ㄴ, ㄷ, ㄹ, ㅁ, ㅂ, ㅇ'으로 분류하여, 이들 연철·분철·중철의 빈도를 비교한 결과, 연철의 표기 빈도는 'ㄹ>ㅁ>ㄴ>ㄱ>ㅂ>ㅇ', 분철은 'ㄹ>ㄴ>ㅂ>ㄴ>ㄱ/ㅁ>ㅇ', 중철은 'ㄹ>ㅁ>ㅂ>ㄱ'의 빈도로 나타났다. 《구급방》과 《구급간이방》에 비해 《언해구급방》이 연철의 빈도가 매우 낮은 수준이고, 분철과 중철의 빈도가 매우 우세함을 알 수 있었다. 모음조화에 있어서 《구급방》에서는 대체로 모음조화를 따르고 있었고, 《언해구급방》은 모음조화에 어긋난 표기가 높은 빈도로 나타났다.

셋째, 4장에서는 구급방류의 어휘를 사전에 등재되지 않은 어휘와 용례가 가장 앞선 시기인 어휘를 찾아 분석하였다.

① 사전에 등재되지 않은 어휘로는 《구급방》의 선행 연구에서 다루어진 어휘를 포함하여, 《구급간이방》에서는 '림질, 부수목/브수목, 새, 슈마, 투슈, 글구다, 두위여디다, 펴량·ㅈ·간' 《언해구급방》에서 '고겨석, 곱갓기다, 걱쉬다, 당옴, 뒤틀다, 부들좆, 뽀ㄱ뽀ㄱ, 산구화, 쇠진에, 잇기플, 잇츠다, 견ㅎ다, 나질, 디골피, 현호삭'이 있었다.

② 용례가 가장 앞선 시기인 어휘로는 《구급방》에서는 '곰뜨다, 믓고·기, 직강, 신챵, 명마기', 《구급간이방》에서는 '고쵸, 구블, 들팡이, 도·랏,: 도·와:리, 마좀, 막딜·이다, 벽돌, 수유, 슴슴ㅎ다, 시·욱쳥, 어르·러지, 죵, 춤뼈, 평상, 딥지·즑, 머·릿곡뒤ㅎ, 미·긔·치, 쌔·티다, 욕죠기ㅎ다', 《언해구급방》에서는 '쥐방울(蘭根), 서모난(三稜), 부거미' 등이 있었다.

넷째, 5장에서는 원문의 한자와 언해문 고유어의 대응 양상을 고찰하여 구급방류 언해들의 특징에 대하여 살펴보았다.

① 고유어에 대응되는 한자들을 추출하여 각 문헌에 나타나는 한자들을 비교하였다. 고유어는 체언, 용언, 수식언으로, 체언은 다시 사람(신체,

성별, 호흡 및 배설), 곡물, 동물, 수량으로, 용언은 증세, 처방, 치료로 나눈 것이다. 또한 한자에 대응되는 고유어를 가나다 순으로 제시하였다.

② 같은 한자원문이 문헌별, 문맥별로 어떻게 언해되었는지를 분석하였다. 원전제시의 차이, 언해의 차이로 나누어 분석하였다. 원전제시의 차이는 《구급방》에서는 '備急大全良方, 經驗良方, 聖惠方, 得效方, 管見大全良方, 壽域神方, 千金方' 등의 원전을 제시하고 있거나 '又方'이라 하여, 인용의 흔적을 나타내었으나, 《구급간이방》과 《언해구급방》에서는 원전을 제시하지 않았다. 또한 언해의 차이는 같은 원문에 대해 《구급방》과 《구급간이방》은 언해에서 차이를 보이는데, 여기에서는 어순을 바꾼 것, 문장 구조를 달리한 것, 문법 요소가 다른 것 등으로 나누어 살펴보았다. 대체로 《구급방》에서는 한문원문의 순서에 맞추어 언해하였음을 알 수 있고, 《구급간이방》의 어순은 《구급방》에 비해 고유어 어순에 더 가까움을 알 수 있다. 또한 《구급방》에서 한자어가 많다는 점, 전문 용어가 많이 쓰인 점, 사동형이 많다는 점 등은 민간에서 직접 이 문헌을 보고 병을 구완했을 가능성보다는 전문지식이 있는 사람들에 의해 읽혀졌을 가능성을 생각할 수 있었다.

다섯째, 6장에서는 세 문헌의 구문을 '증세, 처방, 치료' 구문으로 나누고 각각을 분석하였다.

증세와 관련된 구문으로, '답답ᄒ다, 어즐ᄒ다, 헐다, 모ᄅ다, 막히다, 티와티다, 미치다, 주리다' 등을 분석하였고, 처방과 관련된 구문으로 '먹다, 브티다, 숨끼다, 마시다, ᄲᅡ다, 침주다' 등을 분석하였으며, 치료와 관련된 부분으로, '둏다, 살다, 궂다, 씌다, 긔특ᄒ다'를 분석하였다.

여섯째, 7장에서는 의서 문체의 특성과 그 원인을 파악하였다. 조선시대 의서 문체의 형성 요소를 병의 증세, 처방, 치료, 의술인의 심리, 전거 문헌의 답습으로 나누어 파악하였다. 대체로 명령형으로 실현되며, 강경하고 딱딱한 문체가 엿보였다. 이는 의학 전문서적이라는 성격에 그 원인을 찾을 수도 있겠지만, 조선시대 계급사회의 일면을 반영하는 것일 수도 있다. 또한 의술인의 권위와 신뢰감을 위한 문체적 장치들이 보이며, 이전 문헌의 답습을 통한 매우 유사한 문체가 유지되는 경향이 있다.

참고문헌

〈자료〉

《救急方 上下》(1975) (서울:한글학회)
《救急簡易方諺解》(1982) (서울:단국대학교 출판부)
《救急簡易方諺解 卷之一》(서울대학교 일사문고본)
《救急簡易方 三·六》(1997) (서울:홍문각)
《救急簡易方諺解 卷之七》(대구 개인 소장 자료)
《救急簡易方諺解 卷之七》(영남대학교 마이크로 필름)
《諺解救急方 上下卷》(대구 개인 소장 자료)
《諺解救急方 上下卷》(서울:아세아문화사)

고영근(1992):《표준 중세국어문법론》. (서울:탑출판사).
고정의(1981): "十五世紀國語의 副詞研究". 단국대학교 대학원(석사 학위 논문).
고정의(1984):《諺解救急方》의 一考察,《울산어문논집 1》.
국립국어연구원(1999):《표준국어대사전》. (두산동아).
김광해(1989):《固有語와 漢字語의 對應現象》. (탑출판사)
김남경(2000ㄱ): "《구급간이방》의 서지와 어휘 연구". 대구효성가톨릭대학교
        대학원(석사학위논문).
김남경(2000ㄴ): "《불셜금강유가최승비밀셩불슈구》 연구 -〈수구즉득다라니〉
        와 비교를 중심으로-".《한국말글학 17집》. (한국말글학회).
김남경(2001ㄱ): "《구급간이방》의 국어학적 연구".《어문학 69》. (한국
        어문학회).
김남경(2001ㄴ): "《언간독》과 《물명고》 자료 소개". 국어사자료학회 발표요
        지. (국어사 자료학회).
김남경(2001ㄷ): "《언간독》과 《증보언간독》 비교 연구".《민족문화논총 24
        집》. (경산:영남대학교 민족문화연구소).
김남경(2002ㄱ): "《구급간이방》의 국어학적 연구". 한글학회 대구지회 발표요

지. (한글학회 대구지회).

김남경(2002ㄴ): "《구급간이방》의 서지와 어휘 연구". 홋카이도대 언어정보학 강좌 발표요지. (홋카이도대 대학원)

김남경(2005ㄱ): "구급방류의 언해서의 국어학적 연구". 대구가톨릭대학교 대학원 박사학위논문.

김남경(2006): "구급방류 구문 연구 - 증세구문을 중심으로".《민족문화논총 33》. 영남대학교 민족문화연구소.

김남경(2007): "구급방류 구문 연구 - 처방과 관련된 구문을 중심으로".《어문 연구53》. 어문연구학회.

김남경(2008): "구급방류 의서의 치료구문 연구".《민족문화논총40》. 영남대 학교 민족문화연구소.

김남경(2010): "조선시대 의서에 나타난 병명에 대하여".《국어사연구11》. 국 어사학회.

김남경(2012), "구급방류 한글 의서의 문체 연구".《언어과학 63》. 언어과학회.

김동소(1997): "《월인석보》 권4 연구".《月印千江之曲第四·釋譜詳節第四》. (경 북대학교 출판부).

김동소(2000): "《월인석보》 권19의 국어학적 연구".《국어사 자료 연구》 창간 호. (국어사자료학회).

김동소(2003ㄱ):《한국어 변천사》; 제4쇄. (서울:형설출판사).

김동소(2003ㄴ):《중세 한국어 개설》. (한국문화사).

김동소(2003ㄷ):《역주 구급방 언해 상》. (서울:세종대왕기념사업회).

김두종(1979):《한국의학사》. (서울:탐구당).

金文雄(1986):《十五世紀 諺解書의 口訣 硏究》'楞嚴經 諺解를 中心으로'. (서울: 형설출판사).

김문웅(1999): "활자본《능엄경언해》의 국어학적 고찰 -권1을 중심으로-".《한 글 246》. (한글학회).

김문웅(2000): "필사본 용비어천가의 고찰 -한글 가사를 중심으로- ".《경산문 화연구 4》. (경산대학교 경산문화연구소).

김신근(1987): "《구급간이방》 언해".《韓醫藥書攷》. (서울:서울대학교 출판부).

김영신(1976): "구급방 언해 상·하의 어휘 고찰".《부산여대 수련어문논집 5》.

(부산여자대학 국어국문학과).

김영신(1978): "구급방 언해(상·하)의 연구 -굴곡론 중심으로-". 《부산여대 논문집 6》. (부산여자대학 출판부).

김영일(2001): "15세기 국어 쌍형어 고찰". 《한글 251》. (한글학회).

김영일(2001): "漢 속의 우리말 난해어(구) 연구". 《어문학 73집》. (한국어문학회).

김중권(1994): 《諺解救急方》의 書誌學的 硏究". 《서지학 연구 10》. (서지학회).

김중진(1999): 《國語 表記史 硏究》. (서울:태학사).

김종학(1988): "향약문헌에 나타난 약재명어휘 연구". 중앙대학교 대학원(박사학위논문).

김주원(1993): 《모음조화의 연구》. (영남대학교 출판부).

김주원(1997): "구개음화의 과도 교정". 《국어학 29》. (서울:국어학회).

김지용(1971): "《구급방 언해》 문헌고". 《한글 148》. (한글학회).

남경란(2000): "《五大眞言》 '靈驗略抄'에 관하여". 《문헌과 해석》 2000년 봄호. (서울:태학사).

남경란(2001): "《능엄경》의 음독 입겿 연구". 대구가톨릭대학교(박사학위논문).

남광우(1997): 《고어 사전》. (서울:교학사).

남권희(1998): "자료소개-《언해구급방》 하권, 《마경쵸(언해)》, 《삼냑언히》, 《불설장수멸죄수제동자다라니경(언해)》". 국어사연구회 하계발표회 발표 요지문 (연세대학교).

남권희(2002ㄱ): "한국학 자료 전산화의 문제점과 바람직한 방향". 한국학 국제학술대회 발표논문집(한국국학진흥원).

남권희(2002ㄴ): 《고려시대 기록문화 연구》. (청주고인쇄박물관).

남권희·남경란(2000): "《月印釋譜》 권19의 書誌 및 《妙法蓮華經》 諺解 권7과의 본문 대조". 《국어사 자료 연구》 창간호. (국어사자료학회).

남권희·김남경(2001): 《구급간이방 권7 서지》. (홍문각).

남기심·고영근(1992): 《표준 국어문법론》. (서울:탑출판사).

남성우(1996): "《月印釋譜》 卷十三과 《法華經諺解》의 飜譯". 제15회 구결학회 공동연구 발표 요지문 (충남대학교).

남성우(1997): "《飜譯小學》 卷六과 《小學諺解》 卷五의 飜譯". 제16회 구결학회 공동연구 발표 요지문 (관동대학교).

리서행(1991): 《조선어 고어 해석》. (여강출판사).

문화관광부 문화재 관리국(1998): 《動産文化財指定報告書》. (96-97지정편). (개
　　문사).

박병철(1997): 《한국어 훈석 어휘 연구》. (서울:이회문화사).

백두현(1992): 《영남 문헌어의 음운사 연구》. 국어학 총서 19. (서울:태학사).

백두현(2002ㄱ): "〈현풍곽씨언간〉의 종합적 고찰". 《어문론총 36》. (경북어문
　　학회).

백두현(2002ㄴ): "신자료 '십구사략언해' 第二之二 연구". 《국어사 자료 연구》.
　　(국어사자료학회).

三木榮(1973): 《朝鮮醫書誌》. (서울:학술도서간행회).

서종학(1986), 《구황촬요》와 《救荒》에 관한 고찰, 《국어학 15》, (서울:탑출판사)

서형국(2002): "《救急簡易方》의 서지와 언어에 대하여-만송문고본을 중심으
　　로-". 《국어사 자료 연구》. (국어사자료학회).

소강춘(2001): "국어사 자료의 정보처리 방법론". 《국어문학 36》. (국어문학회).

손병태(1996): "향약 약재명의 국어학적 연구", 영남대학교 대학원(박사학
　　위논문).

손희하(1991): "새김 어휘 연구". 전남대 대학원(박사학위논문).

심재기 편(1998): 《國語 語彙의 基盤과 歷史》. (서울:태학사).

안병희(1978): "촌구의 향명에 대하여". 《언어학 3》. (한국언어학회).

안병희(1992ㄴ): 《국어사 자료 연구》. (서울:문학과 지성사).

안춘근(1992): 《한국 서지학 원론》. (서울:범우사).

여찬영(2003ㄱ): "조선조 언해서의 번역비평적 연구", 《배달말 33》. (배달말
　　학회).

여찬영(2003ㄷ): "《효경언해》의 원문에 대한 연구", 《어문학 84》. (한국어문
　　학회).

여찬영(2004): "《어훈언해》의 번역비평적 연구", 《언어과학연구 29》. (언어
　　과학회).

연규동(1996): 《근대 국어 어휘집 연구》. 서울대학교 대학원(박사학위논문).

원순옥(1996): "《구급방 언해》의 어휘 연구". 대구효성가톨릭대학교 대학원
　　(석사학위논문).

원순옥(2003): "《구급방 언해》의 희귀 어휘 연구". 《한국말글학 20》. (한국말
　　글학회).

유창돈(1994): 《이조어 사전》. (서울:연세대학교 출판부).

유탁일(1989): 《한국 문헌학 연구》. (아세아문화사).

윤혜정(1996): "《언해구급방》의 국어학적 연구". 숙명여자대학교 대학원(석사
　　학위논문).

이기문(1959): "《구급간이방》에 대하여". 《문리대 학보 제13호》. (서울대학교).

이기문(1977): 《국어음운사 연구》. (서울:탑출판사).

이기문(1998): 신증판 《국어사개설》. (서울:태학사).

이승자(2003): 《조선조 운서한자음의 전승양상과 정리규범》. (도서출판 역락).

이은규(1993): "《향약구급방》의 국어학적 연구". 효성여자대학교 대학원(박사
　　학위논문).

이은규(1996): "향약명 차자 표기의 통시적 연구(1)". 《어문학 57》 . (한국어
　　문학회).

이은규(1998): "필사본 《우역방》연구". 《어문학 63집》. (한국어문학회).

이은규(1999): "《구급 신방》의 표기와 음운". 《언어과학연구 16》. (인어과
　　학회).

이은규(2000ㄱ): "을해자본 《분문온역이해방》의 낙장에 대하여". 《국어사자료
　　연구》창간호. (서울:국어사자료학회)

이은규(2000ㄴ): "《두창경험방》 이본의 비교 연구". 《언어과학연구 18》. (언어
　　과학회).

이은규(2001): "《장수경 언해》의 어휘 연구". 《어문학 73》. (한국어문학회).

이은규(2003): "《백병 구급 신방》의 표기와 음운 고찰". 《언어과학연구 27》. (언
　　어과학회).

이태영(1988): "국어 동사의 문법화에 관한 연구". 전북대학교 대학원(박사학
　　위논문).

장윤희(1998): "중세국어 종결어미에 대한 통시적 연구". 서울대학교 대학원
　　(박사학위논문).

전광현(1982): "《구급간이방 언해》 해제". 《구급간이방 언해》. (서울:단국대학
　　교 출판부).

전광현·홍윤표(1982): "《구급간이방 언해》 국어 색인". 《구급간이방 언해》. (서울:단국대학교 출판부).

정광(2001): "사역원 한학서의 판본 연구(1)". 《한국어학 14》. (한국어학회).

정락송 편성(1989): 《동의학 사전》. (서울:여강출판사).

정희준(1949): 《조선 고어 사전》. (동방문화사)

제홍규 편저(1974): 《한국 서지학 사전》. (서울:경인문화사).

조규태(1999): "두음법칙 표기에 대하여". 《배달말 25》. (배달말학회).

채인숙(1986): "17세기 의서언해의 국어학적 고찰". (한양대 대학원).

천혜봉(1993): 《한국 서지학》. (서울:민음사).

최동주(1995): "국어 시상체계의 통시적 변화에 관한 연구". 서울대학교 대학원(박사학위논문).

최영순(1995): "《마경초집 언해》 연구". 효성여자대학교 대학원(석사학위논문).

최현배(1960): 《고친한글갈》. (서울:정음사).

한국정신문화연구원(1991): 《한국민족문화대백과사전》. (서울:동아출판사).

한글학회(1992): 《우리말 큰사전》. (서울:어문각).

韓榮均(1993): "楞嚴經諺解". 《국어사 자료와 국어학의 연구》. 안병희선생 회갑기념논총. (서울:문학과 지성사).

한재영(1994): "16세기 국어 구문의 구조 연구". 서울대학교 대학원(박사학위논문).

홍윤표 외(1995): 《17세기 국어 사전》. (서울:태학사).

홍윤표(1993): 《국어사 문헌 자료 연구 (근대편Ⅰ)》. (서울:태학사).

홍윤표(1997) 《국어사 연구, -한글 자료의 성격과 해제-》. (서울:태학사).

B.조빈스키, 이덕호 옮김. (1999): 《문체론》, 한신문화사.

찾아보기

김 남 경

대구 출생
대구가톨릭대 국어국문학과 졸업
대구가톨릭대 대학원 문학석사
대구가톨릭대 대학원 문학박사
서울대학교 규장각한국문화연구소 박사후과정
영남대학교 민족문화연구소 연구교수
대구가톨릭대 글쓰기센터 연구교수
현 대구가톨릭대 한국어문학부 조교수

「구급방류의 언해서의 국어학적 연구」(2005)
「구급방류 구문 연구 - 중세구문을 중심으로」(2006)
「구급방류 구문 연구 - 처방과 관련된 구문을 중심으로」(2007)
「구급방류 의서의 치료구문 연구」(2008)
「조선시대 의서에 나타난 병명에 대하여」(2010)
「구급방류 한글 의서의 문체 연구」(2012)
「국어 음소 표기의 스펙트럼 비교 분석」(2015)

구급방류 의서 연구 값 26,000원

2016년 11월 25일 초판 인쇄
2016년 12월 05일 초판 발행

저　　자 : 김 남 경
발 행 인 : 한 정 희
발 행 처 : 경인문화사
　　　　　경기도 파주시 회동길 445-1 경인빌딩 B동 4층
　　　　　전화 : 031 - 955 - 9300 팩스 : 031 - 955 - 9310
　　　　　이메일 : kyungin@kyunginp.co.kr
　　　　　홈페이지 : http://kyungin.mkstudy.com
등록번호 : 제406-1973-000003호

ISBN : 978-89-499-4227-8 93810
ⓒ 2016, Kyung-in Publishing Co, Printed in Korea
* 파본 및 훼손된 책은 교환해 드립니다.